totem 3

méthode de français **B1**

Marie-José Lopes – Jean-Thierry Le Bougnec

hachette
FRANÇAIS LANGUE ÉTRANGÈRE

Tous nos remerciements à Nelly Mous pour les pages DELF.

Couverture : Nicolas Piroux
Conception graphique : Nicolas Piroux
Mise en page : Sylvie Daudré
Secrétariat d'édition : Astrid Rogge
Enregistrements audio, montage et mixage : Quali'sons

ISBN 978-2-01-401552-2

© HACHETTE LIVRE, 2015
43, quai de Grenelle – F 75905 Paris Cedex 15, France.
http://www.hachettefle.fr

Avant-propos

Chers collègues,

Totem 3 s'adresse à un public de grands adolescents et adultes et correspond au niveau B1 du CECRL. À la fin de *Totem 3*, les apprenants peuvent se présenter à l'épreuve du DELF B1.

Totem 3 est composé de 8 dossiers comprenant chacun :
• une page contrat ;
• 5 leçons (une double page = une leçon) ;
• une double page regroupant des activités de réemploi (« Entraînement ») ;
• une page « Action ! » proposant la réalisation d'un projet.

Un dossier « Faisons connaissance » permet de démarrer en douceur.

Les 8 dossiers se construisent autour d'une vidéo authentique (extrait de série télévisée, extrait d'émission culturelle ou de divertissement, bande-annonce, publicité, reportage, micro-trottoir...). Chaque vidéo structure le dossier : elle en donne le thème et introduit le champ lexical.

L'extrait vidéo est exploité comme un support de compréhension dans la première leçon de chaque dossier ; les trois leçons suivantes s'appuient sur des supports écrits et oraux variés et complémentaires. La cinquième leçon (« Culture ») présente un type d'écrit spécifique (roman, poème, pièce de théâtre, lettre...). L'ensemble de ces doubles pages constitue donc une véritable typologie des écrits, permet d'identifier les spécificités de chaque texte et offre un savoir « culturel ». Tous les documents sont authentiques et sensibilisent les apprenants à une culture explicite et partagée.

Notre expérience nous a montré que les étudiants veulent aussi s'initier aux classiques de la culture française et les partager. Dans *Totem 1* et *2*, nous avions abordé avec eux les implicites culturels ; dans *Totem 3*, nous les confrontons à une culture plus « savante ».

L'exposition des apprenants à la culture française se produit également grâce au choix des documents. Pour la plupart authentiques, ils présentent aux apprenants une langue actuelle au travers des médias familiers aux Français.

Totem 3 reste fidèle à l'approche communicative, que nous enrichissons d'une perspective actionnelle. Nous gardons le savoir apprendre, la construction progressive du sens, la découverte de la langue au service de la réalisation d'actions réelles et réalistes. Ces moments de travail en grand groupe offrent aux apprenants de réels échanges, dans une communication authentique, alliant réflexion et plaisir. Nous avons veillé à la diversité des rôles et des recherches.

Les démarches que nous proposons restent balisées et structurées. Simples d'utilisation pour votre enseignement, elles sont à la fois rassurantes et gratifiantes pour vos élèves.

Nous avons conçu *Totem 3* pour qu'il vous apporte autant de bons moments de classe que *Totem 1* et *2* !

Bien à vous,

Marie-José Lopes et Jean-Thierry Le Bougnec

Mode d'emploi

La structure du livre de l'élève :

- 8 dossiers de 5 leçons + une action collective
- des évaluations de type DELF
- des annexes :
  - un glossaire du cinéma
  - un précis de phonétique
  - un précis de grammaire
  - un précis de conjugaison
  - un lexique multilingue
  - un livret de transcriptions

❙ Action

❙ Savoir-faire

❙ Vidéo authentique

❙ Questionnaire thématique

Une page d'ouverture ❙ Savoir culturel

❙ Titre de la leçon

❙ Document déclencheur

❙ Point sur la phonétique avec renvoi vers le précis

❙ Vocabulaire

❙ Micro-tâches

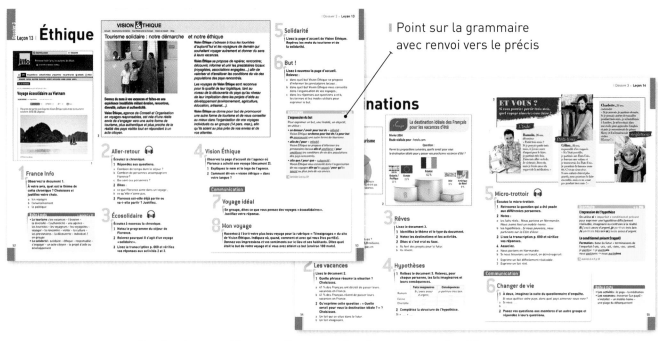

❙ Point sur la grammaire avec renvoi vers le précis

Quatre leçons d'apprentissage. Une leçon = une double page.

Une double page *Culture*

pour comprendre différents types d'écrits.
Des documents pour découvrir la culture.

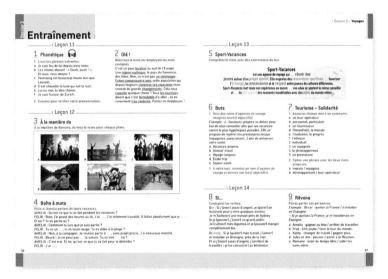

Une double page *Entraînement*

pour systématiser et renforcer les acquis.

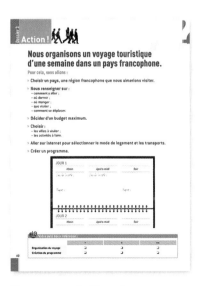

Une page *Action !*

auto-évaluée pour mettre en œuvre
des savoir-faire du dossier.

Une préparation au DELF B1

tous les deux dossiers.

Tableau des contenus

Dossier 3 — Voyages

	Type de supports	Savoir-faire	Lexique	Grammaire
L'aventure ▷ Leçon 11	Émission de télévision (divertissement) : *Rendez-vous en terre inconnue*, France 2	Imaginer des activités de voyage Présenter une émission de télévision de divertissement	Voyager La localisation Les habitants La satisfaction L'imagination	
Bonne route ! Leçon 12	Affiche publicitaire d'Air France Page Facebook Publicité de Quick-post	Caractériser des photos sur Facebook	Les actions Les expressions	Les pronoms démonstratifs avec des pronoms relatifs simples
Éthique Leçon 13	Chronique de radio : *Aller-retour*, France Info Page Internet du voyagiste Vision Éthique	Donner son avis sur les voyages écosolidaires Raconter un voyage pour le site du voyagiste Vision Éthique	Le tourisme La solidarité	L'expression du but
Destinations Leçon 14	Enquête Protourisme pour *L'Écho touristique* Enquête IFOP pour hotels.com Page de magazine Micro-trottoir	Créer un questionnaire d'enquête Répondre à un questionnaire d'enquête	Les activités Les vacances	L'expression de l'hypothèse Le conditionnel présent (rappel)
Culture Leçon 15 ▷ **Le Tour du monde**	Type de texte : le roman – *Le Tour du monde en quatre-vingts jours* de Jules Verne	Raconter un souvenir de voyage de manière littéraire Recherches personnelles : le style littéraire de Jules Verne	Le rêve Le caractère Les voyages / L'aventure	

Action ! Organiser un voyage touristique d'une semaine dans un pays francophone.

Dossier 4 — Nouvelles familles

	Type de supports	Savoir-faire	Lexique	Grammaire
Nos chers enfants ▷ Leçon 16	Bande-annonce : *Les Enfants*, film de Ch. Vincent avec K. Viard et G. Lanvin	Écrire et lire le texte pour la voix off de la bande-annonce du film *Les Enfants*	La famille Garder / Interrompre le contact	
Familles Leçon 17	Graphiques statistiques, le magazine du *Monde* Article de presse, *Le Monde* Témoignages	Échanger ses idées à propos des nouvelles familles Présenter une polémique actuelle dans son pays à la manière du journal *Le Monde*	La garde partagée Les relations familiales Les expressions	L'expression de la conséquence
Solos Leçon 18	Interview de Marcel Rufo, pédopsychiatre Page Internet du site parent-solo.fr Article de presse	Répondre à des questions en atténuant ses propos Rédiger une petite annonce pour une colocation	La modalisation La colocation La psychologie La monoparentalité	La modalisation
Évolution Leçon 19	Publicités pour Éram et la Chèvre rit Micro-trottoir	Débattre sur la notion de famille Poster son opinion sur les nouvelles familles sur le site psychologie.com	Les attitudes Les opinions	L'expression de l'opinion Les valeurs du subjonctif
Culture Leçon 20 ▷ **Correspondance**	Type de texte : épistolaire – Lettres de Saint-Exupéry et de Baudelaire à leurs mères	Imaginer les lettres de la mère des auteurs Recherches personnelles : *Les Fleurs du mal* de Baudelaire, les circonstances de la mort de Saint-Exupéry	L'affection / L'amour	

Action ! Créer une liste de films sur le thème de la famille pour le site vodkaster.com.

Tableau des contenus

	Type de supports	Savoir-faire	Lexique	Grammaire
Culture Leçon 30 ▷ **Petite Poucette**	Type de texte : l'essai philosophique – *Petite Poucette* de Michel Serres	Présenter sa relation aux nouvelles technologies Recherches personnelles : Michel Serres, ses études, son parcours, son travail actuel	Les activités mentales	

Action !	Créer un projet de domotique pour son école, imaginer des « scénarios ».

	Type de supports	Savoir-faire	Lexique	Grammaire
Superstitions Leçon 31 ⓟ	Reportage : interview sur les superstitions, *100 % mag*, M6	Parler de sa relation aux superstitions	Croire La religion Les animaux	
Croyances populaires Leçon 32	Article de presse, *Historia Magazine*	Imaginer des superstitions et les présenter dans un article pour *Historia Magazine*	Les actions Les objets La matière La disposition	Les indéfinis
Nouvelles croyances Leçon 33	Couverture et article du magazine *Clés* Micro-trottoir	Présenter ce qui pourrait remplacer Dieu Échanger sur les nouvelles croyances	Les croyances Les objets religieux Les sentiments	Les adverbes (emploi, place et formation des adverbes en -*ment*, -*emment* et -*amment*)
Religions Leçon 34	Graphique statistique, L'Observatoire du patrimoine religieux Sondage du magazine *Clés* Micro-trottoir	Répondre aux questions d'un sondage Écrire un texte présentant les résultats d'un sondage à la manière du magazine *Clés*	Les lieux de culte La religion / La vie spirituelle La pensée	La nominalisation Le conditionnel passé
Culture Leçon 35 ▷ **Le Horla**	Type de texte : le conte fantastique – *Le Horla* de Guy de Maupassant	Imaginer un récit à la manière du conte fantastique Recherches personnelles : des informations sur Maupassant au moment où il a écrit *Le Horla*	Les personnages fantastiques La peur Le mystère	

Action !	Réaliser un sondage sur les croyances dans la classe.

Tableau des contenus

Phonétique

Faisons connaissance

À propos de vous

1 Regardez les tableaux.

a Choisissez celui qui vous représente le plus.

b Trouvez dans la classe d'autres étudiants qui aiment le même tableau que vous. Regroupez-vous.

1 Claude Monet

2 Georges de La Tour

3 René Magritte

4 Robert Delaunay

2 En groupe.

a Lisez les questions et choisissez.

1 Qui aimeriez-vous avoir comme professeur ? Pourquoi ?
- D'Artagnan.
- Tintin.
- Amélie Poulain.
- Marie-Antoinette.

2 Vous préférez :
- lire.
- parler.
- écrire.
- écouter.

3 Par jour, vous étudiez :
- moins d'une demi-heure.
- moins d'une heure.
- entre une heure et deux heures.
- plus de deux heures.

b Complétez à la manière de Georges Perec.

« J'AIME : les parcs, les jardins, les stylos, le jazz,
les trains, être en avance...
JE N'AIME PAS : les légumes, les montres-bracelets,
les lunettes de soleil, le sport, les voitures,
les Champs-Élysées... »

 1 Nous aimons...

 2 Nous n'aimons pas...

c Dites à la classe vos réponses aux activités précédentes.

Écrivain français
(1936-1982)

Quiz culturel

1. Que savez-vous ?

En groupe.

1 Choisissez la réponse correcte.

a La devise de la France est :
 1 La liberté guide le peuple.
 2 Un pour tous, tous pour un.
 3 Liberté, égalité, fraternité.

b La population française au
1er janvier 2014 était de :
 1 55 millions.
 2 66 millions.
 3 86 millions.

c Le français est parlé dans
le monde par :
 1 200 millions de personnes.
 2 274 millions de personnes.
 3 400 millions de personnes.

Eugène Delacroix
(1798-1863)

2 Associez une légende à une photo.

1 La Libération de Paris
2 Jeanne d'Arc pendant la guerre de Cent Ans
3 La Construction européenne
4 La Prise de la Bastille – le début de la Révolution française
5 Napoléon Ier, empereur
6 Charlemagne, premier empereur des Français

a

b

c

d

e

f

3 Cherchez les dates correspondant à chaque événement historique.

En France

1 Trouvez le nom de ces villes françaises.

a N _ _ _ _ s   c L _ _ n   e P _ _ _ s   g B _ _ _ _ _ _ x

b M _ _ _ _ _ _ _ e   d N _ _ e   f S _ _ _ _ _ _ _ _ g

2 Lesquelles connaissez-vous ? Dites pourquoi.

1. Rappel

1 *Un* ou *le* ? Complétez.

J'ai ___ dictionnaire de français. C'est ___ dictionnaire de mon grand-père.

2 *Qui* ou *que* ? Complétez.

C'est un Français ___ vous connaissez peut-être et ___ a obtenu le prix Nobel de littérature en 2014. Qui est-ce ?

3 Choisissez.

a Hier, je suis allé *à le / au* cinéma. J'ai mangé *de le / du* pop-corn qui venait *de les / des* États-Unis.

b Je *l' / la / lui* offre des fleurs, je *l' / la / lui* invite au restaurant et je *l' / la / lui* regarde avec amour. Qui est-ce ?

c Si nous avons le temps, nous *allerons / allons / irons* au cinéma demain.

d Avant, *je ne parlais pas / je n'ai pas parlé* français. *Je prenais / J'ai pris* des cours pendant deux ans. Maintenant, je suis en B1.

e Je souhaite que vous *venez / veniez* à l'anniversaire de Corina. Mais ne dites rien, il faut que *c'est / ce soit* une surprise !

f Vous *voulez passer / que vous passez* le DELF B1 ?

4 Masculin ou féminin ?

a Les noms qui finissent par *-teur*, *-age* et *-ment* sont ___ .

b Les noms qui finissent par *-trice* et *-tion* sont ___ .

5 Indicatif ou subjonctif ?

a Après « je pense que », on utilise ___ .　　**c** Après « je crois que », on utilise ___ .

b Après « je trouve que », on utilise ___ .　　**d** Après « j'espère que », on utilise ___ .

2. Selfie

Lisez et traduisez en français.

[bɔ̃ʒuratus]
[mariʒoeʒɑ̃tjɛri / sɛnu]
[bjɛ̃vəny / dɑ̃ləbeæ̃]
[amyzevubjɛ̃ / avɛktɔtɛm]

Au boulot !

**Nous créons une affiche
pour présenter un métier
d'avenir**

Nous allons savoir comment :
- expliquer l'organisation de notre travail
- présenter un métier
- donner notre avis
- écrire une chronique

▶ Série de télévision :
Fais pas ci, fais pas ça,
saison 1, « La rentrée
des classes »

▷ **Culture :**
Une bande dessinée :
Les Profs
de Pica et Erroc

Dites-nous tout !

1 Est-ce que les études sont
indispensables pour réussir
dans la vie ?

2 Quelles sont les qualités
d'un bon professeur ?

3 Est-ce que c'est une bonne idée
de garder un même travail
toute la vie ? Pourquoi ?

4 Quels sont les métiers d'avenir ?

Leçon 1 | # Le bac

1 Christophe

1. Fais pas ci, fais pas ça 1

Regardez la vidéo sans le son.

1 Dites où se passe la scène. Justifiez votre réponse.

2 À deux, relevez pour chaque personnage :

a les vêtements, les actions, les gestes ;
Christophe : une chemise, il écoute...
Renaud : une veste, il fait de grands gestes...

b le plan avec lequel il est filmé (voir le glossaire du cinéma p. 150).

3 À deux, imaginez le synopsis (2 phrases) de cette scène.

2 Renaud

2. Christophe et Renaud [totem]1

Regardez la vidéo avec le son.

1 Quelle phrase résume la situation ? Choisissez.

a Christophe a trouvé un travail et son père lui donne des conseils pour bien s'organiser.

b Renaud explique à Christophe comment organiser son travail scolaire pour lutter contre le stress du bac.

c Christophe explique à son père qu'il ne veut pas passer son bac parce que ça le stresse.

2 Associez les phrases aux personnages.

a Christophe

b Renaud

1 La base de tout, c'est l'organisation.

2 Tu n'as qu'à alterner un peu de tout.

3 De toute façon, je ne m'amuse pas à faire deux fois des maths.

4 Le but, c'est pas de bosser moins, c'est de bosser sans stress.

3. Les devoirs

Regardez à nouveau la vidéo avec le son.

1 Dites si c'est vrai ou faux.

a Christophe évite de répondre aux questions de son père.
b Christophe trouve les maths faciles.
c Pour combattre le stress du bac, Christophe propose de devenir plombier.

2 Ajoutez trois verbes pour « apprendre ».

Se concentrer, chercher, ___, ___, ___

3 Lisez la transcription p. III pour vérifier vos réponses.

Culture/Savoir ❙

Le bac est l'examen de fin d'études secondaires. Cet examen existe depuis 1808.
Un CAP (certificat d'aptitude professionnelle) donne une qualification d'ouvrier ou d'employé. Il s'obtient en deux ans après la classe de « troisième ». (Voir p. 19)
Il existe plus de 200 spécialités de CAP.

4. Système antistress

Lisez la transcription p. III.
Relevez d'autres phrases qu'utilise Renaud pour expliquer son système.

a La base de tout, c'est l'organisation.
b Règle numéro deux : alterner le dur et le facile.
c ___
d ___

5. L'organisation

Écoutez comment Renaud prononce *l'organisation.* **Répondez aux questions.**

1 Pourquoi découpe-t-il les syllabes ?
2 Repérez les 5 syllabes.
3 Les deux « a » sont-ils prononcés de la même façon ?

Phonétique → p. 153

Rythme, syllabation, voyelles

La syllabe est vocalique ; la voyelle garde le même son quelle que soit sa place dans le mot ; le débit peut être lent ou rapide mais le rythme reste régulier.
Si on veut insister, montrer l'importance de ce que l'on dit, se faire bien comprendre, on peut découper les syllabes.
l'organisation → l'or – ga – ni – sa – tion

▶ Activité 1 p. 26

Boîte à mots ➤ Activité 2 p. 26

• **L'organisation :** la base de tout – mettre en place (des solutions) – règle numéro 1 / 2 / ... – permettre de
• **Le stress :** combattre – alterner (le dur et le facile) – bosser / travailler – sans stress
• **L'apprentissage :** réfléchir – chercher – se concentrer – savoir – un CAP (de plombier)
• **Le plaisir :** s'amuser

Communication

6. Échangez !

À deux, répondez oralement aux questions.

1 À propos de la vidéo.

Que pensez-vous de cet extrait ? Qu'est-ce qui est amusant ? Pourquoi ?

2 Vous et le travail.

Êtes-vous organisé(e) dans le travail ? Que pensez-vous de ce que propose Renaud ? Pensez-vous, comme lui, qu'organiser son travail dans le temps permet de réduire le stress ? Quelles sont vos techniques personnelles ?

Leçon 2 | **Diplômes**

1 **A** Sur 100 jeunes entrés en 6e en 1995, 44 sont aujourd'hui diplômés de l'enseignement supérieur. Les filles sont plus souvent diplômées de l'enseignement supérieur que les garçons (50 % contre 38 %).

B Niveau d'étude de la génération entrée en 6e en 1995 selon la catégorie socioprofessionnelle des parents

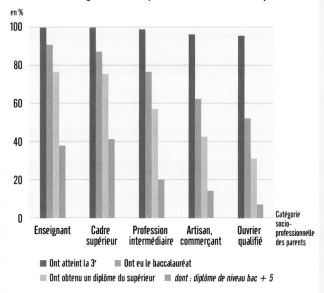

- Ont atteint la 3e
- Ont eu le baccalauréat
- Ont obtenu un diplôme du supérieur
- *dont : diplôme de niveau bac + 5*

DES DIPLÔMES, ÇA RAPPORTE

La dernière enquête de l'OCDE* montre qu'être diplômé de l'enseignement supérieur protège du chômage et permet d'obtenir un travail mieux rémunéré, moins fatigant et plus intéressant.

Elle révèle que les diplômés sont moins souvent obèses et dépendants du tabac que les autres. L'OCDE a aussi calculé que, dans les 34 pays étudiés, un diplômé de l'enseignement supérieur gagne, en moyenne, 64 % de plus qu'un titulaire du seul baccalauréat.

En France, la différence est un peu moins importante (47 %), mais elle l'est plus en Allemagne (64 %), au Royaume-Uni (57 %), aux États-Unis (77 %) et beaucoup plus dans les pays d'Europe de l'Est où manquent les personnels très qualifiés, comme la République tchèque (76 %), la Hongrie (107 %) ou la Slovénie (83 %).

Les études restent le meilleur investissement. Un autre fait dont parlent les auteurs de l'enquête est l'impact de la crise économique. Les périodes de crise accentuent encore les inégalités de revenus entre diplômés et non-diplômés. Les salariés qu'on paye le plus sont les informaticiens et les ingénieurs. Les artistes et les professions sociales, dont les diplômes sont moins valorisés, gagnent moitié moins. Enfin, la carrière, qui continue à être importante, ne favorise pas les moins diplômés.

2 * Organisation de coopération et de développement économique.

1. Les études

1 **Présentez l'organisation des études secondaires de votre pays.**

a À quel âge rentre-t-on au lycée ?
b Comment s'appelle le diplôme de fin d'études secondaires ? À quel âge le passe-t-on ?

2 **Comparez avec le système français (voir Culture/Savoir p. 19).**

2. Statistiques

1 **Lisez l'introduction du document 1 (1A) et indiquez les pourcentages.**

a Les non-diplômés : ___
b Les diplômés : ___
c La différence entre les filles et les garçons diplômés : ___

2 **Observez le document 1B.**
Faites correspondre chacun des mots suivants à une partie du document.

le titre – le graphique – les intitulés – la légende – les pourcentages

3 **Classez ces professions dans les catégories du document et trouvez d'autres professions.**

a professeur de français
b mécanicien
c boulanger
d infirmière
e plombier
f directeur d'entreprise
g assistante sociale

3. L'OCDE

Lisez l'article (document 2).

1 **Dites quel est l'objectif de l'étude de l'OCDE.**

2 **Retrouvez les mots correspondants.**

a une période sans salaire
b un salaire
c un placement
d être payé
e être très gros
f mettre en évidence

4. Comparer

1 Relisez l'article et notez les avantages d'être diplômé.

Être diplômé protège du chômage et permet d'obtenir un travail mieux rémunéré, moins fatigant et plus intéressant.

2 Classez les mots utilisés par degré de comparaison.

a Supériorité : *mieux rémunéré*, ___
b Infériorité : *moins fatigant*, ___

3 La différence de salaire entre diplômés et non-diplômés varie selon les pays. Dans quel pays la différence est-elle :

a la plus petite ?
b la plus importante ?
c À votre avis, où se situe votre pays ?

4 Observez ces deux phrases. Quels mots permettent de nuancer l'information ?

a La différence est un peu moins importante.
b La différence est beaucoup plus importante.

Grammaire → p. 168

Les comparatifs

• *Plus / moins / aussi* + <u>adjectif ou adverbe</u> (+ *que / qu'*)
*Les diplômés sont **moins** souvent <u>obèses</u>.*

❶ *bon → meilleur ; bien → mieux*

• *Plus de (d') / moins de (d') / autant de (d')* + <u>nom</u> (+ *que / qu'*)
*Les diplômes des artistes ont **moins de** <u>valeur</u>.*

• <u>Verbe</u> + *plus / moins / autant* (+ *que / qu'*)
*Un diplômé <u>gagne</u> **plus** qu'un titulaire du bac.*

• Pour nuancer une comparaison ou indiquer un classement : **un peu, beaucoup, vraiment**
*La différence est **beaucoup** <u>plus</u> importante dans les pays de l'Est.*

• Pour marquer une progression : **de plus en plus, de moins en moins**
*La différence est **de plus en plus** importante.*

▷ Activité 3 p. 26

Boîte à mots ▷ Activité 5 p. 26

• **Le travail (1)** : le chômage – obtenir un travail – un salarié – un revenu – le personnel – être qualifié – intéressant – fatigant – la carrière – rémunérer – gagner
• **Les études** : diplômé – titulaire (de) – valorisé
• **La sociologie / L'économie** : une enquête – une étude – un investissement – la crise économique – une période de crise – un fait – l'impact – l'inégalité – accentuer – favoriser – rapporter
• **Les résultats d'une enquête** : montrer que – révéler que – calculer que – parler d'un fait

---

5. Caractériser

Relisez l'article et retrouvez les phrases correspondantes.

*La carrière continue à être importante.
La carrière ne favorise pas les moins diplômés.
→ La carrière, qui continue à être importante, ne favorise pas les moins diplômés.*

a Les auteurs de l'enquête parlent d'un autre fait. Ce fait est l'impact de la crise économique.
b Les artistes et les professions sociales gagnent moitié moins. Les diplômes des artistes et des professions sociales sont moins valorisés.

Grammaire → p. 158

Les pronoms relatifs simples

On utilise les pronoms relatifs pour caractériser, définir. Ils remplacent un mot ou un groupe de mots.

• *Qui* représente une personne ou une chose. Il remplace un sujet.
*La carrière, **qui** continue à être importante, ne favorise pas les moins diplômés.*

• *Que / Qu'* représente une personne ou une chose. Il remplace un complément d'objet direct.
*Les salariés **que** les entreprises payent le plus sont les informaticiens et les ingénieurs.*

• *Où* remplace un complément de lieu ou de temps.
*La différence est plus importante dans les pays d'Europe de l'Est **où** manquent les personnels qualifiés.
Au moment **où** il y a une crise économique, les différences de salaire sont plus importantes.*

• *Dont* remplace un complément (verbe / nom) introduit par *de*.
*Un autre fait **dont** <u>parlent</u> les auteurs. (parler **de**)
Les artistes **dont** <u>les diplômes</u> sont moins valorisés. (les diplômes **des** artistes)*

▷ Activité 4 p. 26

Culture/Savoir

L'organisation de l'enseignement secondaire :
• 11 ans – 15 ans : collège → 6ᵉ, 5ᵉ, 4ᵉ, 3ᵉ
• 15 ans – 18 ans : lycée → seconde, première, terminale (année du baccalauréat)

Communication

6. Votre métier

Devant la classe, présentez oralement votre métier ou celui que vous aimeriez faire. Expliquez ses avantages.

Leçon 3 | # Question d'éducation

Parlez-vous le SMS ?

Eric Poussevy

DICTIONNAIRE FRANÇAIS/SMS

1

1. SMS

Observez la couverture du livre (document 1).

1 Dites de quel type de livre il s'agit.
Donnez son titre et le nom de l'auteur.

2 Décrivez le dessin.

3 Lisez les deux textes. Lequel est en langage SMS ?
Signifient-ils la même chose ?
Quelles différences remarquez-vous ?

4 *Piger*, en langage familier, signifie « comprendre ».
Lisez le SMS de la femme.

a Choisissez une traduction.
1 T'as pigé ?
2 Tu as pigé ?

b Récapitulez les changements.
1 Mots contractés : ____
2 Une seule lettre pour remplacer une syllabe : ____

2

info france info

ACCUEIL > PROGRAMMES & CHRONIQUES > QUESTION D'ÉDUCATION
Lé SMS ne ft pa baisser l'ortograf

2. Au programme

Lisez le titre du document 2.
Faites des hypothèses sur
le sujet de la chronique.

3. Textismes

Écoutez la chronique.

1 Choisissez la phrase correcte.

Le journaliste...
a explique comment écrire des SMS.
b explique les résultats d'une étude sur
le langage SMS.
c donne des conseils aux parents.

2 Répondez aux questions.

a Combien de SMS les chercheurs ont-ils
analysés ?
b Est-ce que les jeunes font des fautes
d'orthographe à cause des SMS ?

3 Les chercheurs ont créé le mot *textisme*.
Choisissez la définition correcte.

a C'est un autre mot pour dire SMS.
b Ce sont les changements orthographiques pour
écrire en langage SMS.

4 Lisez ces explications et mettez-les dans
l'ordre de la chronique.

a La moitié des SMS sont écrits selon les règles
orthographiques traditionnelles.
b Les bons élèves font plus de transformations
orthographiques.
c Les élèves faibles apprennent plus lentement à
fabriquer des textismes.
d C'est l'orthographe de l'enfant qui détermine la
forme des SMS envoyés.

5 Écoutez à nouveau la chronique.
Lisez la transcription p. III et vérifiez
vos réponses.

Culture/Savoir |
un texto = un SMS

4. D'abord...

**Relisez la transcription p. III.
Trouvez les mots qui introduisent :**

a la première idée / explication → *d'abord* ;
b une information qui renforce l'idée / l'explication précédente ;
c une précision ;
d un résumé de l'ensemble des idées / des explications ;
e une conclusion.

Grammaire → p. 169

L'organisation des idées

Les articulateurs permettent d'organiser et de relier les idées, les explications, les faits de manière logique. Ils créent la cohérence du texte.
D'abord introduit la première idée.
De plus présente une idée qui renforce la précédente.
En fait apporte une précision.
Bref introduit le résumé de l'ensemble des idées.
Donc exprime la conséquence et permet de conclure.

D'abord, *lorsqu'un enfant commence à envoyer des SMS, c'est son niveau d'orthographe qui détermine la forme des SMS.* ***De plus****, l'étude montre que ce sont les bons élèves qui font le plus de textismes.* ***En fait****, c'est ce qu'on appelle le langage SMS. [...]* ***Bref****, les élèves faibles en orthographe ont un apprentissage long du langage SMS.* ***Donc****, pour écrire des SMS, il faut savoir écrire.*

▶ Activité 6 p. 27

5. Pourquoi, pourquoi pas ?

Lisez les phrases et associez-les à une explication.

a Comme ils sont bons en français, ils savent adapter leur langue au contexte.
b Parce qu'ils écrivent en langage SMS.
c On n'écrit pas seulement en langage SMS, puisque l'étude montre que 48 % étaient écrits selon les règles traditionnelles.
d Car ce sont les bons élèves qui sont le plus capables de fabriquer des nouveaux mots.

1 Exprime la cause sans répondre à la question « Pourquoi ? ».
2 Exprime la cause en répondant à la question « Pourquoi ? ».

Grammaire → p. 169

L'expression de la cause

• ***Parce que*** et ***car*** répondent à la question « Pourquoi ? ».
Ils font des fautes ***parce qu'****ils écrivent des SMS. Cela n'affecte pas leur niveau d'orthographe* ***car*** *ce sont les bons élèves qui font le plus de textismes.*

• ***Comme*** et ***puisque*** présentent la cause sans répondre à la question « Pourquoi ? ».

Comme s'emploie toujours en début de phrase.
Comme *ils sont bons en français, ils savent adapter leur langue au contexte.*

Puisque présente une cause évidente.
On n'écrit pas seulement des SMS en langage SMS, ***puisque*** *l'étude montre que 52 % contenaient des textismes et 48 % étaient écrits selon les règles traditionnelles.*

▶ Activité 7 p. 27

Boîte à mots ▶ Activité 8 p. 27

• **La langue :** un niveau – l'orthographe / orthographique – la forme – un mot – le langage – le contexte – une règle
• **Les explications :** déterminer – influencer – affecter – contenir

Communication

6. À vos téléphones !

À deux, fixez un rendez-vous pour une soirée par SMS. Indiquez le lieu, la date et l'heure. Utilisez le langage SMS.

7. Et vous ?

En groupe.

1 Répondez aux questions.

a Écrivez-vous des SMS ? À qui ?
b Utilisez-vous le langage SMS ? Donnez des exemples.
c Pensez-vous que, dans votre langue, écrire en langage SMS fait produire des erreurs d'orthographe ? Pourquoi ?

2 Comparez un exemple de transformation en langage SMS dans votre langue avec l'exemple de la couverture du livre (document 1).

21

Leçon 4 | **Métiers**

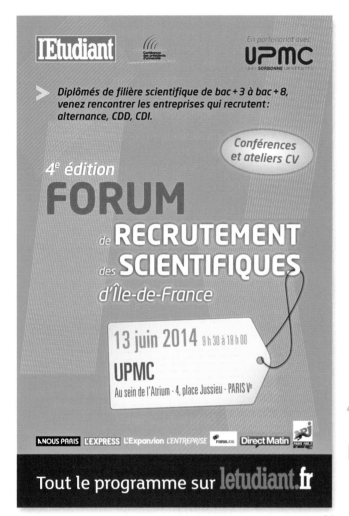

DOSSIER : LE PALMARÈS DES MÉTIERS QUI RECRUTERONT EN 2015

Choisir un métier en fonction de ses goûts et de son caractère, c'est naturel. Mais le choisir aussi en fonction des perspectives d'emploi qu'il offrira demain, au moment d'entrer sur le marché du travail, c'est mieux. Voici donc les secteurs et métiers où les besoins seront les plus importants dans les prochaines années.

L'arrivée, en fin de carrière, de la génération du baby-boom* va modifier le marché du travail dans les prochaines années. Ces départs à la retraite représenteront, d'ici à 2015, 80 % des emplois offerts. L'enseignement, par exemple, devra recruter 345 000 personnes. De même, la population des cadres administratifs et dirigeants devrait augmenter de 131 000 actifs. Le tertiaire continuera sa progression.

Cinq secteurs concentreront l'essentiel des créations d'emplois à l'horizon 2015 : les services aux particuliers (400 000 nouveaux emplois), la santé et l'action sociale (308 000), les transports et la logistique (225 000), les métiers administratifs (197 000), le commerce et la vente (194 000). Cette progression des métiers de service s'accompagnera d'une féminisation des professions. Ce sont l'enseignement, la formation et la communication qui offriront les plus belles opportunités d'emploi aux femmes.

* Née après la Deuxième Guerre mondiale.

2

2. Le travail dans le futur

Lisez l'article (document 2).

1 Résumez en une phrase de quoi il s'agit.

2 Lisez ces affirmations et relevez dans l'article ce qui permet de les justifier.

a Il y aura plus d'offres de travail.

b L'Éducation nationale offrira de nombreux postes de professeurs.

c Il sera plus facile de trouver un travail comme aide aux personnes.

d Certains métiers favoriseront le travail des femmes.

3 Complétez les prévisions avec les expressions de temps utilisées dans l'article.

a Voici donc les secteurs et métiers où les besoins seront les plus importants ——

b L'arrivée, en fin de carrière, de la génération du baby-boom va modifier le marché du travail ——

c Ces départs à la retraite représenteront, ——, 80 % des emplois offerts.

d Cinq secteurs concentreront l'essentiel des créations d'emplois ——

4 Dites à quel temps sont exprimées ces prévisions.

1

1. Une affiche

Lisez l'affiche (document 1).

1 Répondez aux questions.

a À qui s'adresse-t-elle ?

b De quel événement s'agit-il ? À quel moment de l'année universitaire ? Où se passera-t-il ?

2 Relevez dans la liste suivante les objectifs du forum.

a Rédiger un CV.

b Préparer ses études.

c Trouver un travail.

d Rencontrer des scientifiques.

e Rencontrer les entreprises.

f Obtenir un contrat.

3 Retrouvez les mots en relation avec :

a les études : *étudiant, diplômés,* ——, ——, ——, ——

b le travail : *entreprises,* ——, ——

L'expression du futur

• On utilise **le futur proche** pour situer une action dans un avenir assez proche ou quand on est sûr de la réalisation de l'action.

Formation : *aller* + infinitif.
L'arrivée de la génération du baby-boom va modifier le marché du travail dans les prochaines années.

• On utilise **le futur simple** pour exprimer une prévision, faire des projets.
Cinq secteurs concentreront l'essentiel des créations d'emplois à l'horizon 2015.

Formation : infinitif + *-ai, -as, -a, -ons, -ez, -ont*.

❶ Pour les verbes en *-re*, on supprime le *e* : *prendre : je prendrai.*
❶ Futurs irréguliers → p. 172-176.

Les indicateurs du futur

demain – la semaine / l'année prochaine – dans les prochaines années / dans X ans – au moment de / d' + infinitif – *en* + année – *d'ici à* + année – *à l'horizon* + année

▶ Activité 9 p. 27

3. Info campus 🎧 4

Écoutez la chronique.

1 Quel est le thème abordé ?

2 Dites si ces affirmations sont vraies ou fausses.

a La France devrait compter 2,6 millions d'étudiants à l'horizon 2022.

b Le nombre d'étudiants à l'université devrait augmenter de 10 %.

c Par manque d'argent, les universités s'inquiètent de l'augmentation du nombre d'étudiants.

3 Observez ces phrases : qu'expriment-elles ? Associez.

a À l'horizon 2022, la France devrait compter 2,6 millions d'étudiants contre 2,4 aujourd'hui.

Communication

5. Une chronique

b Les universités devraient aussi voir leurs effectifs progresser de plus 9 %.

1 Information qu'on ne peut pas encore vérifier.
2 Projet dans le futur.

4 Quel est le mode utilisé dans ces phrases ?

Le conditionnel présent

C'est le mode de l'irréel. On l'utilise pour :
– exprimer une éventualité, donner une information non vérifiée :
À l'horizon 2022, la France devrait compter 2,6 millions d'étudiants.
– exprimer une hypothèse ;
– formuler une demande polie.

Formation : radical du futur + les terminaisons de l'imparfait : *elle devra → elle devrait.*

▶ Activité 10 p. 27

4. En 2022

Lisez la transcription p. III.

1 Trouvez le contraire de ces expressions.

a Une question <u>simple</u>.
b Une <u>baisse</u> de 10 %.
c Le nombre d'étudiants va <u>diminuer</u>.
d Les universités pourront accueillir 10 000 étudiants <u>de moins</u>.

2 Associez les mots à une explication.

a les effectifs   1 manquer d'argent
b les finances   2 le nombre d'étudiants
c être dans le rouge   3 l'argent

• **Le travail (2) :** un métier – une perspective d'emploi – un secteur – le marché du travail – la retraite – un cadre administratif – un dirigeant – un actif – le tertiaire – une création d'emploi – la profession – les opportunités

• **Les secteurs d'activité :** les services aux particuliers / aux personnes – la santé – l'action sociale – les transports – la logistique – les métiers administratifs / de services – le commerce – la vente – la formation / l'enseignement – la communication

• **L'argent :** les finances – être dans le rouge
• **L'école :** accueillir – les effectifs
• **La sociologie :** vaste – une hausse – supplémentaire – progresser

À deux, sur le modèle de la chronique « Info campus », écrivez une chronique pour France Info.

Pour commencer : *Comment apprendra-t-on les langues étrangères dans vingt ans ? Vaste question !...*
Pour finir : *... Donc, nous pourrons communiquer plus facilement.*
Vous pouvez utiliser les mots suivants : *intéressant, fatigant, diplômé, l'impact, favoriser, rapporter...*

Les profs

1. En classe

Lisez la B.D. de Pica et Erroc et répondez aux questions

a Quelle matière enseigne le professeur ?
b Quel est le thème de son cours ?
c Que font les élèves ? Pourquoi ?
d Quelle solution le professeur trouve-t-il ?

2. Sens de lecture

1 Observez cette vignette et dites dans quel ordre les bulles doivent être lues.

a De bas en haut et de gauche à droite.
b De haut en bas et de gauche à droite.

2 Cette règle est-elle valable pour toutes les B.D. ?

3. Les indications de la B.D.

1 Associez les dessins aux significations.

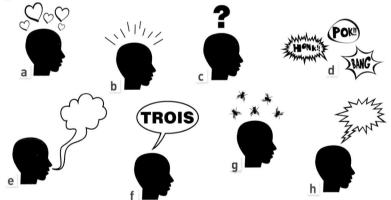

1 Le personnage est en colère.

2 Il y a des bruits.

3 Le personnage sent mauvais.

4 Le personnage ne comprend pas.

5 Le personnage est embarrassé.

6 Le personnage parle fort.

7 Le personnage est surpris.

8 Le personnage est amoureux.

2 Parmi ces caractéristiques, lesquelles se trouvent dans la B.D. ? Dans quelles vignettes ?

4. Et vous ?

Lisez-vous des B.D. ? Pourquoi ?

Recherches personnelles

Cherchez des informations sur Pica et Erroc et faites la liste de leurs ouvrages.

À vos plumes !

Lisez le scénario. En groupe, créez une B.D. de trois ou quatre vignettes.

Dans un autobus, un homme parle au téléphone. Sa conversation est très sérieuse car il veut faire croire qu'il est le patron d'une grande entreprise : il donne des ordres, parle d'argent. Deux amies écoutent sa conversation. Elles semblent très impressionnées par ce que dit l'homme. Mais son téléphone se met à sonner : l'homme faisait semblant. Il n'y avait personne au bout du fil. Les deux amies comprennent qu'il n'est pas un grand patron. L'homme est très embarrassé et répond. C'est sa mère qui l'appelle.

Entraînement

Leçon 1

1 Phonétique

1 Lisez les groupes de mots en découpant chaque syllabe.

a Tout à l'heure.

b Règle numéro 2.

c Alterner le dur et le facile.

d Qu'est-ce que tu n'aimes pas ?

e Je réfléchis.

f Alterner un peu de tout.

g Qu'est-ce qui te stresse ?

h Tu peux mettre en place.

i Le stresse du bac.

2 Écoutez pour vérifier.

3 Répétez lentement, puis « normalement », puis vite.

2 L'intervention de Renaud

Christophe raconte à un copain « la présentation » de son père. Choisissez le mot ou l'expression correct(e).

Mon père trouve que je manque *d'organisation* / *de stress* et me propose *des idées* / *des solutions* pour combattre le stress. Il est venu dans ma chambre avec *un tableau* / *un ordinateur* pour m'expliquer *le travail* / *les bases de tout*. Sa proposition, c'est *d'alterner le dur et le facile* / *de faire tout*. *C'est ce que veut* / *C'est ce qu'il appelle* l'organisation. Cette année, je ne vais pas *m'amuser* / *bosser* parce qu'il y a le bac. Pour me *trouver* / *permettre* de ne pas être stressé, je lui ai proposé d'être *avocat* / *plombier*. Il n'a pas trouvé ça drôle !

Leçon 2

3 L'enseignement en France

Comparez les informations suivantes.

a

Dépenses moyennes par élève en 2012

primaire	secondaire	supérieur
6 010 euros	9 620 euros	11 740 euros

b

Nombre d'étudiants inscrits dans l'enseignement supérieur

universités	formations d'ingénieurs	écoles paramédicales et sociales
1 462 716	130 420	140 600

4 Gratuité

Choisissez le pronom relatif qui convient.

a La France est un pays *que* / *où* / *qui* l'enseignement est gratuit jusqu'au bac.

b L'université, *qui* / *que* / *dont* les frais d'inscription sont minimes, attire beaucoup d'étudiants.

c Les étudiants *dont* / *que* / *qui* sont inscrits peuvent obtenir un diplôme en 4 ou 5 ans.

d Les formations *où* / *dont* / *que* l'université offre sont nombreuses et variées.

e Le chômage, *que* / *ou* / *qui* continue de progresser, est un danger pour les non-diplômés.

5 Le travail en France

Complétez l'article avec : *chômage, révèlent que, revenus, la crise, diplôme, investissements, les salariés, carrière, un impact.*

La situation du travail en France reste fragile. ___ a ___ très fort et même ___ titulaires d'un ___ peuvent se retrouver au ___.

Il semble difficile aujourd'hui de faire ___ dans une entreprise. Les chiffres ___ les ___ ne sont pas assez nombreux pour favoriser l'offre d'emploi.

Enfin, les ___ des familles baissent, non seulement parce qu'on gagne moins, mais aussi parce que l'état les aide de moins en moins.

┌ Leçon 3

6 Au collège

Ajoutez les articulateurs à cet article.

Le textisme influence-t-il le niveau d'orthographe des collégiens ?

Non, selon une étude du CNRS*. —, pour faire des textismes, il faut connaître les règles d'orthographe. —, les chercheurs pensent qu'il faut utiliser les téléphones et les SMS comme technique d'apprentissage. —, les SMS ne sont pas dangereux pour les collégiens. — ne leur interdisons pas d'écrire en langage SMS !

* Centre national de la recherche scientifique.

7 Portables

Reliez les phrases avec : *parce que, puisque, car, comme*.

a Simone n'écrit jamais de SMS. Elle utilise son téléphone uniquement pour téléphoner.

b Baptiste n'a pas de portable. Il n'écrit pas de texto !

c Je n'écris pas en langage SMS. Mon téléphone a la fonction écriture inductive.

d Antonin a un vieux téléphone. Il n'a pas accès à Internet.

8 Traduction

1 À deux, traduisez par écrit les SMS que Charlotte a envoyés à Sofia.

a Slt ! on svoi o ciné ce soir ?

b T où ? on sretrouv pour 1 Kfé ?

2 Écrivez ce message en langage SMS. Comparez votre texte avec celui de votre voisin(e).

J'ai acheté un cadeau pour Marius. J'arrive.

┌ Leçon 4

9 Plus tard

Répondez personnellement à ces questions.

a À quelle heure rentrerez-vous chez vous ?

b Qu'est-ce que vous allez faire demain ?

c Avez-vous des projets pour le week-end prochain ?

10 Bulletin du ministère de l'Enseignement supérieur

Conjuguez les verbes au futur ou au conditionnel présent.

À la prochaine rentrée universitaire, il y (avoir) 1 576 200 inscrits à l'université. L'Île-de-France (accueillir) le plus grand nombre d'inscrits. Selon toute hypothèse, dans les prochaines années, les frais d'inscription (devoir) augmenter en moyenne de 1,6 % et le pourcentage d'étudiants étrangers (augmenter).

11 Activités professionnelles

Donnez deux exemples de professions pour chaque secteur d'activité.

Exemple : Service aux particuliers : plombier, femme de ménage

a Les services aux personnes : __

b La santé : __

c L'action sociale : __

d La logistique : __

e La vente : __

f Les métiers administratifs : __

27

Action !

Nous créons une affiche pour présenter un métier d'avenir.

Pour cela, nous allons :

▷ Faire un sondage sur les métiers proposés par les membres de la classe.

La classe

▷ Note les cinq métiers les plus populaires du sondage.

▷ Se partage en cinq groupes pour travailler sur chacun de ces métiers.

Par groupe

▷ Dire pourquoi c'est un métier d'avenir.

▷ Faire des recherches sur le métier choisi :
   – les avantages (être son propre patron, travailler à l'extérieur, voyager…) ;
   – les inconvénients (les horaires, le stress, les déplacements…) ;
   – la rémunération ;
   – les qualifications nécessaires (type de diplôme).

▷ Chercher des images pour illustrer l'affiche : photos, petite annonce.

▷ Rédiger le texte qui présente le métier en utilisant des articulateurs pour organiser les idées.

▷ Créer l'affiche avec le texte et les photos.

▷ Exposer l'affiche.

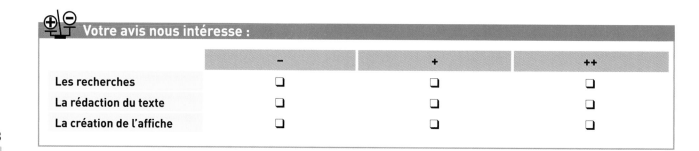

Votre avis nous intéresse :

	−	+	++
Les recherches	❏	❏	❏
La rédaction du texte	❏	❏	❏
La création de l'affiche	❏	❏	❏

Images

Nous organisons une exposition sur le thème de la nature dans la ville

Nous allons savoir comment :

- présenter une émission qu'on aime
- donner notre avis
- rédiger des articles pour une charte
- parler de notre relation aux médias
- écrire le texte de présentation d'une exposition
- écrire une biographie

▷ **Émission de télévision (culture)** : *Ce soir (ou jamais !)*, France 2

▷ **Culture :**
Un poème : *Plume – Lointain extérieur* d'Henri Michaux

Dites-nous tout !

1 Vous préférez les photos numériques ou les photos classiques ?

2 Qu'est-ce que vous aimez prendre en photo ? Les personnes, les paysages, les monuments… ?

3 Aimez-vous être pris(e) en photo ?

4 Partagez-vous vos photos sur Facebook ? Sur un autre réseau social ?

5 Avez-vous déjà été choqué(e) par une photo ? Racontez.

Leçon 6 | # Privé-public

1. Ce soir (ou jamais !) 2

Regardez l'extrait de l'émission *Ce soir (ou jamais !)* sans le son.

1 Répondez aux questions.

a   Il y a combien d'invités ?
b   Comment sont-ils placés ?
c   Quelle est la profession de l'invité principal ?

2 Observez les gestes de l'animateur et de l'invité principal. Associez.

1 ──
    Il explique.

2 ──
    Il distribue
    la parole.

2. À la télé 2

Regardez à nouveau la vidéo sans le son.

1 Qu'est-ce que vous avez vu ? Choisissez.

a   un public   f   un écran
b   un décor   g   un texte
c   un ralenti   h   un studio
d   un plan d'ensemble i   un ordinateur
e   un micro   j   des lumières

2 Choisissez et justifiez.

Il s'agit d'une émission sur...
a   le cinéma.
b   la culture.
c   l'actualité.

3. Vie privée 2

Regardez la vidéo avec le son.

1 Dites si c'est vrai ou faux. Justifiez vos réponses.

a   François Dufour est pour le respect de la vie privée dans les médias.
b   D'après lui, les journalistes ont le droit de tout dire.
c   Il fait une différence entre communiquer sur Twitter et informer.

2 Lisez la transcription p. IV pour vérifier vos réponses.

4. Quel souffle !

Écoutez la vidéo avec la transcription p. IV
de « Mais je ne suis pas du côté » à
« le respect de la vie privée y figure ».

1 Repérez les pauses (les silences) du
journaliste. Que pensez-vous du nombre
de ces pauses ?

Mais je ne suis pas « du côté » : / c'est la loi...

2 Où pourrait-on faire d'autres pauses ?
Pourquoi ?

Phonétique → p. 153

Le mot phonétique : pause, rythme et accentuation

Le mot phonétique se prononce comme un seul
mot. Le rythme est régulier. La dernière syllabe
est plus longue.
On peut s'arrêter après chaque mot phonétique
ou en enchaîner plusieurs sans faire de pause.
Dans ce cas, ce sont l'accentuation et l'intonation
qui marquent alors leur démarcation.
*La déclaration des droits et des devoirs des
journalistes de Munich en mille neuf cent soixante
et onze (1971).*

▶ Activité 1 p. 40

---

5. Respect et liberté

Lisez la transcription p. IV. Trouvez les
équivalents des expressions suivantes.

a L'ensemble des journaux et magazines.
b Un article d'opinion.
c Un ensemble de lois, de règles.
d Une nouvelle non vérifiée qu'on répète.
e Ne pas respecter une loi, un principe.

---

6. Au studio 105

Classez les mots de la liste dans les
quatre catégories suivantes.

~~applaudir~~ – un plan d'ensemble – un projecteur –
un plan rapproché – un fauteuil – allumer –
regarder – intérieur – participer – éclairer –
un gros plan – une table basse – briller – écouter

a Le public : *applaudir*, ___
b Le décor : ___
c Les mouvements de caméra : ___
d Les lumières : ___

Boîte à mots ▶ Activités 2 et 3 p. 40

- **L'émission de télévision :** le public – un décor –
  un plan d'ensemble – un micro – un écran –
  un studio (de télévision) – les lumières
- **Le journalisme (1) :** la presse – une chronique –
  une tribune – une déclaration – une charte –
  violer un principe – une rumeur – respecter
  une loi

Communication

7. Tweetez !

Envoyez un tweet à l'émission *Ce soir (ou jamais !)*
pour donner votre avis sur le respect de la vie privée
par les journalistes.

Hugo
@pratt

@csoj Si on ne respecte pas la vie privée, on ne
respecte rien ! Très bonne intervention de François Dufour.

Il y a 6 minutes

8. Votre émission

En groupe, choisissez
une émission de télévision
que vous aimez et
présentez-la oralement
à la classe.
Dites le nom et le type
de l'émission ; décrivez
le décor, le présentateur...

Leçon 7 | # Nous, journalistes

1

Le Monde.fr

Vie privée – vie publique : nous, rédacteurs en chef !

Le Monde.fr | 13.01.2014 à 13h20 • Mis à jour le 16.01.2014 à 07h52
Par **François Dufour** (rédacteur en chef – cofondateur de Play Bac Presse)

💬 Réagir   ⭐ Classer   🖨   ✉   Partager f 🐦 g+

La liberté de la presse est un droit. Mais les journalistes ont des devoirs. Premier devoir : faire du journalisme. Second devoir : respecter la loi, écrite et éthique.

Premier devoir : faire du journalisme. Le journaliste a pour mission de dire les faits et donc de les vérifier. Il enquête. [...] Attention ! Un journaliste peut en cacher un autre : « reporter » (rapporteur de faits) ou éditorialiste (donneur d'opinions).
Mais même l'éditorialiste doit fonder ses opinions sur des faits, sinon que valent-elles ? Bref, la liberté de la presse n'est pas la liberté d'écrire n'importe quoi.

Second devoir : respecter la loi, écrite et éthique. Parmi ces lois, l'obligation de respect de la vie privée (du président de la République, de vous ou de moi). Le journaliste doit suivre le Code civil français (article 9 : « Chacun a droit au respect de sa vie privée »). [...]

Comment concilier cette obligation légale avec la liberté de la presse ? [...] Sans frontière dressée par nous, rédacteurs en chef, le ciel est la limite, comme disent les Anglais. Car, sur Internet, tout le monde peut écrire n'importe quoi (du faux, du privé...) sur n'importe qui. Avec son portable, tout le monde a les moyens d'envoyer des photos et des vidéos de n'importe qui (personne publique ou privée), prises n'importe où (lieu public ou privé). Vive la liberté d'expression, vive la technologie ! Mais le journalisme, c'est autre chose.

© Le Monde – François Dufour, *rédacteur en chef des seuls quotidiens pour enfants en France (160 000 exemplaires/jour)* - www.playbacpresse.fr

1. Être journaliste

Lisez l'article de François Dufour (document 1).

1 Répondez aux questions.

a Pourquoi a-t-il écrit cet article ?
b À qui s'adresse-t-il ?

2 Relevez trois professions journalistiques.

Journaliste, ——, ——,

2. Obligations

Relisez l'article et dites quelles sont les obligations des journalistes.

2

> # LA CHARTE DE MUNICH (1971)
> ## Les devoirs du journaliste
>
> **1.** Respecter la vérité.
>
> **2.** Défendre la liberté de l'information, du commentaire et de la critique.
>
> [...]
>
> **5.** S'obliger à respecter la vie privée des personnes.
>
> [...]
>
> **7.** Garder le secret professionnel.
>
> [...]

3. La charte du journalisme

Lisez l'extrait de la charte de Munich (document 2).

1 Dans la charte et l'article de François Dufour, retrouvez trois formules pour exprimer l'obligation.

Le journaliste doit suivre le Code civil : sujet + devoir au présent + infinitif.

2 Trouvez à quel devoir du journaliste correspond chaque obligation.

a Il ne faut pas que les journalistes <u>donnent</u> des informations non vérifiées.

b Il est nécessaire qu'ils <u>soient</u> discrets.

c Il est indispensable qu'ils <u>combattent</u> la censure.

d Il est fondamental qu'ils <u>sachent</u> préserver l'intimité de chacun.

3 Quel mode (indicatif, subjonctif, conditionnel...) utilise-t-on pour exprimer l'obligation ?

Grammaire → p. 167

L'expression de l'obligation

- ***Devoir* + infinitif**
  *L'éditorialiste **doit** <u>fonder</u> ses opinions sur des faits.*

- ***L'obligation de* + nom**
  *Parmi ces lois, **l'obligation de** <u>respect</u> de la vie.*

- ***S'obliger à* + infinitif**
  ***S'obliger à** <u>respecter</u> la vie privée des personnes.*

Les valeurs du subjonctif

- On utilise le mode subjonctif pour exprimer un conseil ou une obligation :
  il faut que (il ne faut pas que)
  il est nécessaire que } + sujet
  il est fondamental que } + verbe au
  il est indispensable que } subjonctif
  *Il faut qu'ils **combattent** la censure.*

  ❶ Verbes irréguliers : *aller, avoir, être, faire, pouvoir, savoir, vouloir* (p. 172-176).

- Si le conseil ou l'obligation n'est pas destiné(e) à quelqu'un en particulier, on peut utiliser l'infinitif :
  il faut (il ne faut pas)
  il est nécessaire } + verbe à l'infinitif
  il est fondamental }
  il est indispensable }
  *Il faut **combattre** la censure.*

▶ Activités 4 et 5 p. 40

Boîte à mots ▷ Activité 6 p. 40

- **Le journalisme (2) :** un rédacteur en chef – un reporter – un éditorialiste – l'éthique – la liberté d'expression – défendre – un commentaire – la critique – le secret professionnel

Communication

4. Devoirs

À l'oral.

1 Relisez la charte de Munich (document 2) et dites quel devoir du journaliste est le plus important pour vous. Justifiez votre réponse.

2 Quelles autres obligations le journaliste a-t-il ? Utilisez le subjonctif pour les formuler.

5. Votre charte

En groupe, écrivez les articles 3, 4 et 6 de la charte de Munich. Variez les différentes formules. Comparez avec les véritables articles.

Leçon 8 | # Médias

france info

ACCUEIL > PROGRAMMES & CHRONIQUES > INFO MÉDIAS

Les Français et les médias

1. Info médias 7

Écoutez la chronique de France Info (document 1).

1 Dites si c'est vrai ou faux.

a C'est une chronique sur les Français et la presse.

b La journaliste présente les résultats d'une enquête.

c Les Français s'informent sur l'actualité au moins une fois par jour.

d Les Français lisent autant le journal « papier » qu'avant.

2 Classez les sources d'information des Français (par ordre décroissant).

1 : _____   2 : _____   3 : _____   4 : _____

3 Écoutez à nouveau la chronique et lisez la transcription p. IV.

a Vérifiez vos réponses à l'activité 1.

b Trouvez l'équivalent de « 66,66 % ».

2. Exposition

Observez l'affiche de l'exposition (document 2). Répondez aux questions.

a Connaissez-vous les deux artistes ?

b Décrivez la photo.

c De quel type d'exposition s'agit-il ?

3. Paparazzi

Lisez le texte de présentation (document 2).

1 Choisissez la phrase qui résume le mieux l'exposition.

a C'est une exposition qui présente 600 œuvres photographiques d'artistes reconnus.

L e Centre Pompidou-Metz consacre une exposition pluridisciplinaire au phénomène et à l'esthétique de la photographie paparazzi à travers plus de 600 œuvres (photographies, peintures, vidéos, sculptures, installations…).

Il offre au public un demi-siècle de photographies de stars. L'exposition nous fait comprendre le métier de chasseur d'images en présentant les rapports complexes et passionnants qui existent entre le photographe et la célébrité, en montrant l'influence du « phénomène paparazzi » sur la photographie de mode.

En associant des noms de fameux paparazzi, comme Ron Galella, à des œuvres de Richard Avedon, Raymond Depardon ou Andy Warhol, l'exposition *Paparazzi Photographes, stars et artistes* définit les caractéristiques d'une esthétique paparazzi. Un catalogue accompagne l'exposition.

b C'est une exposition pluridisciplinaire qui montre et nous explique le métier de paparazzi.

c C'est une exposition sur les stars vues par les grands photographes de mode.

2 Cherchez dans le texte deux autres mots pour *photographe*.

Grammaire → p. 170

Présenter des résultats statistiques, dire des proportions

- *X % (de) / X pour cent (de)*
  **91 % (des Français) s'intéressent au moins une fois par jour à l'actualité.*

- *La plupart (de)*
  **La plupart (des Français) composent leur information à la carte.*

- *La majorité (de) ≠ une minorité (de)*
  **La majorité (des Français) s'informe par la télévision.*

- *Un tiers / deux tiers (de)*
  **Deux tiers (d'entre eux) s'informent plusieurs fois par jour.*

- *25 % = un quart (1/4)*
  50 % = la moitié (1/2)
  75 % = trois quarts (3/4)

- *Un sur deux / trois…*

Activité 7 p. 41

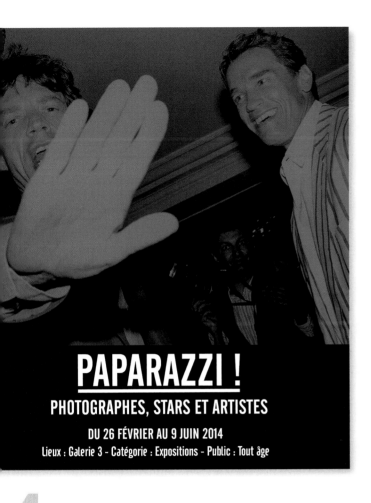

PAPARAZZI !

PHOTOGRAPHES, STARS ET ARTISTES

DU 26 FÉVRIER AU 9 JUIN 2014

Lieux : Galerie 3 - Catégorie : Expositions - Public : Tout âge

Le gérondif

- **Rappel :** le gérondif exprime la **manière**.
Il répond à la question « Comment ? ».
Le sujet du verbe au gérondif est le même que celui de la principale.

  Formation : *en* + base du verbe (1re personne du pluriel du présent) + *-ant*.
*L'exposition nous fait comprendre le métier de chasseur d'images **en présentant** les rapports complexes et passionnants qui existent entre le photographe et la célébrité.*

- Le gérondif peut aussi exprimer la **simultanéité**.
Il répond alors à la question « Quand ? ».
Il s'est endormi en regardant la télé.
(= simultanéité)
Il s'est informé en regardant la télé.
(= manière)

  ❶ Verbes irréguliers : *avoir : ayant – être : étant – savoir : sachant.*

▷ Activités 8 et 9 p. 41

4 Comment ?

Relisez le texte de présentation. Dites :

a quel est l'objectif de l'exposition ;
b comment l'exposition nous fait comprendre le métier de paparazzi.
En présentant les rapports complexes et passionnants…
1 : ⎯⎯ 2 : ⎯⎯

- **Les médias :** s'informer – l'actualité – composer son information à la carte – s'intéresser à – être accro à – consommer – approfondir – un débat
- **Les résultats :** plébiscité
- **L'exposition :** une exposition pluridisciplinaire – une œuvre – un chasseur d'images / un paparazzi – un phénomène – l'esthétique – un catalogue – passionnant

Communication

5 Les médias et vous

En groupe. Répondez oralement aux questions.

a Pour vous informer, quel média consultez-vous ?
b À quel moment de la journée vous informez-vous ? Combien de fois par jour ?

6 Paris 1900

En groupe. À la manière du document 2, écrivez le texte de présentation de cette exposition (5 à 10 lignes). Vous utiliserez les mots : *public, œuvres, peintures, musique, affiches, un siècle de créations.*

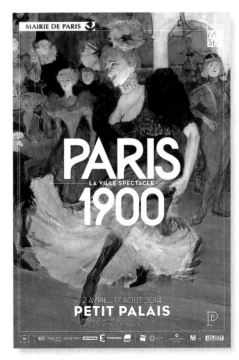

Leçon 9 | # Brassaï

1

BIOGRAPHIE
(extrait)

1899	Gyula Halász naît le 9 septembre à Brassó, en Transylvanie (Brașov, en Hongrie).
1903-1904	Premier séjour en France.
1921-1922	Se rend à Berlin, entre à l'Académie des beaux-arts et rencontre les artistes qui deviendront ses amis : Moholy-Nagy, Kokoschka, Kandinsky.
1924	Arrive à Paris en janvier et ne retournera plus jamais dans son pays natal.
1925	Rencontre l'écrivain Henri Michaux ainsi qu'Eugène Atget, dont il admire le travail photographique.
1949	Est naturalisé français.
1978	Reçoit le Grand Prix national de la photographie.
1984	Termine son livre sur Proust. Meurt en juillet à Beaulieu-sur-Mer.

1. Regardez voir ! 🎧 8

Écoutez l'extrait de l'émission de France Inter.

1 Mettez les actions dans l'ordre.

a La journaliste raconte la vie de Brassaï.
b La journaliste décrit une photo de Brassaï.
c Brassaï raconte des souvenirs parisiens.
d La journaliste salue les auditeurs. → 1

2 À quelle photo de Brassaï correspond la description que fait la journaliste ? Justifiez votre réponse.

a

b

2. Brassaï 🎧 8

Lisez la biographie (document 1), puis écoutez à nouveau l'extrait de l'émission. Relevez les informations biographiques données par la journaliste.

3. À Montparnasse 🎧 8

Écoutez Brassaï.
Choisissez la bonne réponse.

a Brassaï raconte un souvenir précis.
b Brassaï décrit ses soirées à Montparnasse.

Grammaire

Présenter une photo

• *C'est* + déterminant + nom
C'est une chaise sur la neige.

• *La photo date de* + date
La photo date de 1947.

▶ Activité 12 p. 41

4. Récit 🎧 8

Écoutez à nouveau l'extrait de l'émission et lisez la transcription p. V. Répondez aux questions.

a Quels temps sont utilisés par la journaliste pour raconter la vie de Brassaï ?

b À quel temps Brassaï raconte-t-il ses nuits à Montparnasse ?

c Justifiez l'emploi de ces temps.

2

LE NOUVEL *Observateur*

Actualité › Culture

Brassaï : un amour inaltérable pour Paris, exposé à l'Hôtel de ville

Publié le 07-11-2013 à 22h00
Mis à jour le 09-11-2013 à 07h45

Paris (AFP) – Il y avait passé une douce année dans sa petite enfance. Il y est revenu à l'âge de 24 ans et ne l'a quasiment plus quittée. Le photographe Brassaï a éprouvé un amour inaltérable pour Paris, qui lui offre une grande exposition. C'est dans la Ville Lumière que l'artiste d'origine hongroise, né en 1899 à Brassó en Transylvanie et décédé en 1984 dans le Sud de la France, a choisi de faire œuvre.

Grammaire – RAPPEL → p. 163

Les temps du récit (1)

- Pour apporter des précisions sur le contexte (circonstances, situation, habitude), on utilise l'**imparfait**.
  On se couchait toujours à l'aube.

- Pour raconter un événement passé, terminé et limité dans le temps, on utilise le **passé composé**. Il permet de présenter les actions chronologiquement.
  Quand il avait cinq ans, son père est venu à Paris.

- Le **présent** peut être utilisé pour raconter la vie de quelqu'un. C'est le présent historique ou de narration. Il peut être remplacé par un passé composé.
  Il prend le nom de Brassaï en 1929.

▶ Activités 11 et 12 p. 41

Boîte à mots

- **L'art :** une atmosphère – une photographie en noir et blanc / en couleurs – recevoir un prix
- **Les sentiments :** inaltérable – éprouver
- **La biographie :** la naissance – le pays natal – la mort – être naturalisé / la naturalisation

---

5. Paris

Lisez l'extrait de l'article du *Nouvel Observateur* (document 2).

1 Cherchez dans le texte les informations correspondant à ces dates.

1903
1904 À l'âge de 4 ans : ___ **1984**

·-○·-○·---------------○------------------------------------·○·-

1899 **1924** À l'âge de 24 ans : ___

2 Associez.

a Il y est revenu.   **1** Action 1.
b Il y avait passé une année.   **2** Action 2.

Grammaire → p. 162

Le plus-que-parfait

On utilise le plus-que-parfait pour exprimer qu'une action précède une autre action dans le passé. Le plus-que-parfait exprime l'antériorité et apparaît avant un passé composé ou un imparfait.
*Il y **avait passé** une année avec son père et il **est revenu** à Paris à l'âge de 24 ans.*

Formation : auxiliaire *être* ou *avoir* à l'imparfait + le participe passé du verbe.

j'avais passé	nous avions passé
tu avais passé	vous aviez passé
il/elle/on avait passé	ils/elles avaient passé

▶ Activités 11 et 12 p. 41

Communication

6. Cartier-Bresson

En groupe.
À partir de ces éléments biographiques, écrivez la vie de Cartier-Bresson.

HENRI CARTIER-BRESSON

1908	Naissance.	**1937**	New York – Fondation de l'agence de photo Magnum.
1923	Passion pour la peinture.	**1953**	Retour en Europe.
1927-1928	Études de peinture.	**1953-1974**	Photos et nombreux voyages.
1931-1932	Habite en Afrique, premières photos.	**1975**	Dessins et portraits photographiques.
1936	Assistant réalisateur.	**2004**	Mort.

Plume

HENRI MICHAUX

Plume

précédé de
Lointain intérieur

nrf

Poésie / Gallimard

Recueil poétique,
publié en 1938.

Henri Michaux

Je vous écris du bout du monde. Il faut que vous le sachiez. Souvent les arbres tremblent. On recueille les feuilles. Elles ont un nombre fou de nervures. Mais à quoi bon ? Plus rien entre elles et l'arbre, et nous nous dispersons gênés.

Le Prince de la nuit, Henri Michaux

Plume

1 **Lisez le texte d'Henri Michaux. Qu'est-ce qui le rend poétique ? Choisissez les réponses.**

a Sa longueur.
b L'écriture en vers.
c La présence de rimes.
d La formule d'une lettre : « Je vous écris... ».
e La présence d'une question : « Mais à quoi bon ? ».
f Les références à la nature.

3 **Associez les mots aux explications.**

a Être agité par de petits mouvements.
b Prendre et mettre ensemble.
c Beaucoup.
d Petites lignes sur une feuille d'arbre.
e Se séparer, partir dans différentes directions.
f Avoir un sentiment désagréable.

2 **Relisez le texte d'Henri Michaux et dites si ces informations sont vraies ou fausses. Justifiez vos réponses.**

a Le texte ressemble à une lettre.
b L'auteur du texte est très près.
c Il décrit les arbres et leurs feuilles.
d L'auteur nous communique un message.
e Il est content que les feuilles tombent.

1 nervures
2 trembler
3 recueillir
4 se disperser
5 un nombre fou
6 être gêné

2. Interprétation

Comment interprétez-vous le texte d'Henri Michaux ? Choisissez et justifiez votre choix.

Comme les feuilles des arbres, ...

a les humains vivent ensemble puis se séparent.

b les humains vivent longtemps.

c les humains sont plus heureux quand ils vivent dans la nature.

4. Représentation

Observez cette affiche.

1 **De quel type d'événement s'agit-il ? Choisissez.**

a une exposition des peintures d'Henri Michaux

b un film documentaire sur Henri Michaux

c une lecture, en musique, des poèmes d'Henri Michaux

2 **Relevez :**

a le titre de l'événement ;

b le type d'instruments de musique utilisé ;

c le nombre d'interprètes ;

d le nom du groupe ;

e le nom de la ville où a lieu la représentation.

3 **Lisez à voix haute le titre de l'événement et le nom du groupe. Que remarquez-vous ?**

4 **Recherchez la signification de « voie » et expliquez le titre de l'événement.**

À vos plumes !

À deux. À la manière d'Henri Michaux, complétez le poème avec des mots de votre choix. Faites référence à la nature.

Je vous écris du / de la ___. Il faut que vous le ___. Souvent les ___ tremblent. On recueille les ___. Mais à quoi bon ? Plus rien entre ___ et ___, et nous nous ___ gênés.

Recherches personnelles

Cherchez des informations sur Henri Michaux et rédigez une courte biographie.

3. Illustration

1 **Cherchez ou créez une image pour illustrer ce poème. (Vous pouvez prendre une photo, dessiner ou peindre. Vous pouvez chercher un tableau d'un artiste français ou basé en France, sur le site du musée du Louvre ou du musée d'Orsay.)**

2 **Lisez le poème d'Henri Michaux et expliquez le choix de votre illustration.**

---

henri michaux la voie des rythmes

soleil bleu lodève

samedi 15 février à 18h

« Peindre, composer, écrire, me parcourir : là est l'aventure d'être en vie. » Henri Michaux

poésie et peinture

lecture en musique proposée par sylvane samain et la voix du poème

avec **pierre diaz** instruments à vent **jean-marc barrier serge vaute-hauw** voix

Un cycle animé par J-Marie de Crozals et J_Marc Barrier
Soleil Bleu ❙ 39 Grand-Rue à Lodève •
04 67 88 09 86

Boîte à mots

- **Les émotions :** trembler – être gêné
- **Les mouvements :** recueillir – se disperser – une voie – le rythme
- **La musique :** une lecture en musique – des instruments à vent

Entraînement

┐ Leçon 6 ┌

1 Phonétique 🎧

Répétez les phrases en essayant de faire le minimum de pauses. Respectez le rythme et l'accentuation.

Que vous preniez n'importe quelle charte journalistique au monde – la déclaration des droits et des devoirs des journalistes de Munich en 1971, la charte du *Nouvel Observateur*, la charte de tous les grands médias mondiaux –, le respect de la vie privée y figure.

2 Ce soir (ou jamais !)

Complétez le texte avec des mots du journalisme.

Ce soir, dans *Ce soir (ou jamais !)*, Frédéric Taddeï reçoit différents invités. Le sujet sera le respect de __ des journalistes : __ peut-elle __ le principe de vie privée ?

Dans sa __, François Dufour parle des droits et des devoirs des journalistes. Il explique qu'ils doivent lutter contre __ car ce ne sont pas des informations vérifiées.

3 Explications

Trouvez les mots qui correspondent à ces explications.

1

a Les personnes qui assistent à une émission de télé.

b Le lieu où on fait les émissions de télé.

c Les meubles et les accessoires d'une émission.

d L'appareil dans lequel on parle et qui enregistre notre voix.

2

e L'ensemble des journaux et magazines.

f Une information non vérifiée que l'on répète.

g Un ensemble de règles.

h La rubrique d'un journal où une personne ou un groupe peut s'exprimer.

┐ Leçon 7 ┌

4 Dites-le autrement !

Lisez cette publication du Syndicat des journalistes. Adressez-vous à un journaliste en utilisant *il faut que* + le subjonctif.

> Un journaliste doit rechercher, mettre en forme et commenter les informations.
>
> Il doit être libre et écrire des informations utiles pour la société.
>
> Il ne doit pas confondre journalisme et communication.

Exemple : Il faut que vous recherchiez...

5 Votre opinion

D'après vous, quelles sont les obligations des journalistes ? Complétez les phrases en utilisant les verbes *dire*, *pouvoir* (+ infinitif), *être* et *choisir*.

a Il est nécessaire qu'ils __

b Il est indispensable qu'ils __

c Il faut qu'ils __

d Il est fondamental qu'ils __

6 Explications

Donnez une explication à chaque mot.

a un rédacteur en chef

b un reporter

c un éditorialiste

d une critique

e la liberté d'expression

f l'éthique

┃ Leçon 8

7 Résultats

Exprimez autrement ces proportions.
*Exemple : 82 % des Français s'informent par
la télévision.*
→ *La plupart / La majorité des Français s'informe(nt)
par la télévision.*

a 30 % lisent le journal papier.
b 50 % écoutent la radio le matin.
c Les trois quarts des Français regardent
le journal télévisé le soir.

8 Manière ou simultanéité ?

**Dites si ces phrases expriment la manière ou
la simultanéité.**

a Il a été surpris en lisant cet article.
b Il a appris la nouvelle en écoutant la radio.
c Elle a pleuré en apprenant la nouvelle.
d Elle s'informe en regardant la télé.

9 Plus d'explications

**Complétez la suite du texte de présentation
de l'exposition avec les verbes au gérondif.**
Les photographes de mode ont fait évoluer
leur travail (copier) ___ le style des photos des
paparazzi. Certaines célébrités sont devenues
des stars (se faire) ___ photographier par des
paparazzi. Ces chasseurs d'images gagnent
leur vie (vendre) ___ leurs photos très cher.

10 Mots cachés

Retrouvez les mots cachés.

c_ _ _ _ _ s _ _ = *composer*
a l'_ _ t _ _ t _ _ u _
b un c _ _ a _ _ _ u _
c p _ _ r _ i _ _ p _ _ n _ _ r _
d p _ _ s _ _ n _ _ _ t
e une o _ _ _ _ e

┃ Leçon 9

11 Kiki de Montparnasse

Kiki de Montparnasse
était une célébrité
parisienne des années
vingt. Complétez
l'extrait de sa
biographie. Mettez
les verbes au passé
(imparfait, passé
composé ou plus-que-
parfait).

Kiki (naître) *est née* à
Paris en 1908. C'(être)
___ une célébrité parisienne. À 25 ans,
elle (connaître) ___ déjà Modigliani, Soutine,
puis elle (rencontrer) ___ Man Ray.
Ils (vivre) ___ ensemble quelques années.
Elle (aller) ___, comme Brassaï, au café
la Rotonde. Elle y (rencontrer) ___ Ernest
Hemingway. Plus tard, elle (devenir) ___
chanteuse et peintre.

12 Il était une fois

**À deux. Observez la photo et répondez
librement aux questions.**

a C'était en quelle année ?
b Quel âge avaient-ils ?
c Où allaient-ils ? D'où venaient-ils ?
d Que faisaient-ils dans la vie ?
e Qu'avaient-ils fait avant de se retrouver ?
f Qu'ont-ils fait ce jour-là ?

Action !

Nous organisons une exposition sur le thème de la nature dans la ville.

Pour cela, nous allons :

▷ Réaliser les œuvres nous-mêmes (photos, dessins, peintures...) ou imprimer des reproductions (photos, tableaux, sculptures...).

▷ Fabriquer une vignette pour chaque œuvre avec : le nom de l'auteur, le titre de l'œuvre et la date.

▷ Créer l'affiche de l'exposition.

▷ Créer le catalogue de l'exposition.
(Le catalogue réunit les reproductions des œuvres exposées.)

▷ Choisir un espace pour l'exposition (classe, couloir, bibliothèque...).

▷ En fonction de l'espace, décider combien d'œuvres seront exposées.

▷ Répartir le travail.
– Qui cherche des reproductions ?
– Qui crée une œuvre ?
– Qui fait les vignettes ?
– Qui fait l'affiche ?
– Qui fait le catalogue ?

▷ Pour le catalogue, chacun rédigera un souvenir personnel lié à une œuvre.

Votre avis nous intéresse :

	−	+	++
La création de l'affiche	❏	❏	❏
La création du catalogue	❏	❏	❏

Préparation au DELF B1

Exercice 1

Écoutez le dialogue. Choisissez les réponses correctes ou répondez aux questions. 🎧10

1. Stan n'est pas stressé car...
   - ☐ a il a fini ses révisions.
   - ☐ b il a décidé de ne rien réviser.
   - ☐ c il a une nouvelle méthode de révision.

2. Laura se sent...
   - ☐ a stressée.
   - ☐ b organisée.
   - ☐ c concentrée.

3. D'après Stan, pourquoi est-on stressé pendant la période des révisions ?

   ....

4. Quelle est la méthode de travail de Stan ? (Deux réponses attendues.)

   ....

   ....

5. Quelle matière Laura révise-t-elle le mardi ?
   - ☐ a L'histoire.
   - ☐ b La géographie.
   - ☐ c Les mathématiques.

6. Pourquoi Laura veut-elle changer sa façon de réviser ?

   ....

7. Pour quelle raison Laura n'arrive-t-elle pas à se concentrer sur les mathématiques ?

   ....

8. Qu'est-ce que Stan propose à Laura ?
   - ☐ a De modifier sa façon de réviser.
   - ☐ b De l'aider à réviser la géographie.
   - ☐ c De faire leurs révisions ensemble.

Exercice 2

Écoutez l'interview. Choisissez les réponses correctes ou répondez aux questions. 🎧11

1. Où Alexandra étudie-t-elle ?

   ....

2. Au collège, sur quelle matière Alexandra a-t-elle voulu se concentrer ?
   - ☐ a Le français.
   - ☐ b L'histoire de l'art.
   - ☐ c Les mathématiques.

3. Pourquoi Alexandra a-t-elle décidé d'arrêter ses études pendant un an ?
- ☐ **a** Elle voulait réfléchir à ses études.
- ☐ **b** Elle n'aimait pas les cours qu'elle suivait.
- ☐ **c** Elle travaillait dans une agence de journalisme.

4. Qu'est-ce qu'elle a fait pendant l'année où elle n'allait pas en cours ?

....

5. Pourquoi Alexandra suit-elle des cours d'histoire de l'art en plus de ses cours de journalisme ?

....

6. D'après Alexandra, quels avantages présente son école de journalisme ?

....

....

7. Les professeurs de l'école d'Alexandra permettent aux élèves de trouver...
- ☐ **a** un travail.
- ☐ **b** des stages.
- ☐ **c** des contacts.

8. Qu'est-ce qui est très important pour Alexandra dans la formation qu'elle suit ?

....

9. Qu'est-ce qui lui a permis de trouver un stage à la rédaction du quotidien *L'Humanité* ?
- ☐ **a** Les connaissances acquises pendant ses cours.
- ☐ **b** Les contacts d'un professeur journaliste de son école.
- ☐ **c** Son parcours scolaire avant d'entrer à l'école de journalisme.

Exercice 3

Écoutez le reportage. Choisissez les réponses correctes ou répondez aux questions. 🎧 12

1. D'après le reportage, actuellement, le photojournalisme...
- ☐ **a** vit des moments difficiles.
- ☐ **b** connaît un nouveau succès.
- ☐ **c** est peu apprécié du public.

2. La 26ᵉ édition du Festival international de photojournalisme Visa est consacrée à des photographes...
- ☐ **a** de tous pays.
- ☐ **b** d'Europe seulement.
- ☐ **c** de France exclusivement.

3. De quels types de sujets les photographies traiteront-elles ?

....

4. Qui est Jean-François Leroy ?

....

5. Comment Jean-François Leroy décrit-il la situation du photojournalisme ? (Deux réponses possibles, une seule attendue.)

....

6. D'après Jean-François Leroy, qu'est-ce que les photojournalistes sont obligés de faire pour vivre ?

....

7. Citez deux causes de la situation dans laquelle se trouve actuellement la profession de photojournaliste.

a ....

b ....

8. Quel est l'objectif de l'exposition intitulée « Amateurs on the spot » ?
- ☐ **a** Montrer l'importance des photographies d'amateurs au sein de l'actualité.
- ☐ **b** Expliquer aux citoyens qu'amateurs et professionnels peuvent travailler ensemble.
- ☐ **c** Prouver que les images d'amateurs n'ont pas eu d'impact dans le milieu du photojournalisme.

—————————————————— **II. Production orale** ——————————————————

Exercice 1 – Exercice en interaction

Choisissez un sujet sur les trois proposés et jouez le rôle indiqué sur le document.

> *Le genre masculin est utilisé pour alléger le texte.*
> *Vous pouvez naturellement adapter la situation en adoptant le genre féminin.*

Sujet 1
Un de vos amis ne sait pas comment s'organiser pour ses révisions. Il vous demande conseil. Vous discutez avec lui pour connaître sa méthode de travail et vous lui exposez la vôtre. Vous cherchez ensemble une façon de travailler qui lui convient.
L'examinateur joue le rôle de l'ami.

Sujet 2
Un de vos amis pense qu'il n'est pas indispensable d'avoir des diplômes pour réussir dans la vie. Vous pensez le contraire. Vous lui expliquez pourquoi, selon vous, il vaut mieux avoir des diplômes et ce que cela apporte de plus dans la vie.
L'examinateur joue le rôle de l'ami.

Sujet 3
Un de vos amis ne s'intéresse qu'à la presse people. Vous trouvez cela ridicule. Vous lui expliquez ce qu'est pour vous un vrai journaliste et lui rappelez les obligations et devoirs du journaliste. Une discussion commence.
L'examinateur joue le rôle de l'ami.

Préparation au DELF B1

Exercice 2 – Monologue suivi

Choisissez un sujet sur les deux proposés. Dégagez le thème soulevé dans le document et présentez votre opinion sous la forme d'un exposé personnel.
L'examinateur pourra vous poser quelques questions.

Sujet 1

200 000 photos volées sur Snapchat : la faute à qui ?

Près de 200 000 images privées envoyées via l'application Snapchat ont été piratées et postées sur d'autres sites. Les photos d'inconnus ont été supprimées, mais elles sont restées suffisamment longtemps en ligne pour être vues et téléchargées. Ces images n'auraient jamais dû être accessibles puisque l'objectif de l'application est de permettre l'envoi de photos et de vidéos visibles 10 secondes maximum par le destinataire. Cette violation de confidentialité est grave. 50 % des utilisateurs de l'application ont entre 13 et 17 ans. L'application était déjà au cœur d'un scandale en janvier. Des pirates avaient récupéré 4,6 millions de données d'utilisateurs afin de prouver le manque de sécurité de la start-up. « *Notre objectif principal est d'attirer l'attention du public sur le manque de prudence dont font preuve plusieurs entreprises d'Internet avec les informations de leurs utilisateurs* », s'étaient justifiés les pirates après avoir volé et mis en ligne des millions de numéros de téléphone...

Sujet 2

Le langage SMS est-il un danger pour l'orthographe ?

Une étude publiée par le CNRS posait la question suivante : « Les SMS représentent-ils une menace pour l'orthographe des adolescents ? » Les chercheurs concluent par la négative et affirment même que les textos sont une nouvelle occasion de pratiquer l'écrit... Pour arriver à ces conclusions, les chercheurs ont réuni 4 524 SMS écrits par 19 jeunes adolescents français de 12 ans. Leurs textos ont été récupérés et les chercheurs ont analysé les fameux « textismes » (changements de l'orthographe d'un mot par rapport à l'écrit traditionnel). Le nombre de textismes mesurés augmente au cours de l'année, ce qui signifie qu'il y a une acquisition progressive qui se fait, il ne s'agit pas juste d'une solution de facilité d'écriture. De plus, ce sont les bons élèves en orthographe qui font le plus de textismes. Ils s'autorisent davantage à violer les règles d'orthographe parce qu'ils connaissent les règles conventionnelles. Que les jeunes « texteurs » ne se réjouissent pas trop vite car, si selon cette étude, les textos n'ont pas d'impact sur le niveau d'orthographe, il faut tout de même bien avoir acquis les règles de l'orthographe conventionnelle pour pouvoir ensuite s'en libérer.

Voyages

Nous organisons un voyage touristique d'une semaine dans un pays francophone

Nous allons savoir comment :

- imaginer des activités de voyage
- présenter une émission de télévision de divertissement
- caractériser des photos
- donner notre avis
- raconter un voyage
- créer et répondre à un questionnaire d'enquête

▷ **Émission de télévision (divertissement) :** *Rendez-vous en terre inconnue*, France 2

▷ **Culture :** Un extrait de roman : *Le Tour du monde en quatre-vingts jours* de Jules Verne

Dites-nous tout !

1. Quelle est votre destination idéale ? Pourquoi ?
2. Qu'attendez-vous de vos voyages ?
3. Qu'aimez-vous faire pendant les vacances ?
4. Quel transport aimez-vous utiliser ? Pourquoi ?

Leçon 11 | L'aventure

1. Imaginer

Regardez la photo.
Dites à quoi vous pensez.

2. Mystère

Regardez la vidéo (1) sans le son.
Pourquoi le personnage porte-t-il
un masque et un casque ? Choisissez.

a Parce qu'il a peur de l'avion.
b Parce qu'il ne veut pas être reconnu.
c Parce qu'on lui fait une surprise.

3. Interpréter

Regardez la vidéo (1) sans le son.

1 Trouvez la bonne interprétation pour chaque attitude.

 a
 b
 c
 d

1 Il cherche
   une réponse.

2 Il situe un lieu.

3 Il est très surpris.

4 Il exprime sa joie.

2 Pourquoi les deux hommes se serrent-ils la main ? Faites des hypothèses.

4. Qui fait quoi ?

Regardez la vidéo (1) avec le son.

1 Associez les actions aux personnages.

 a Frédéric,
   l'animateur

 b François-Xavier,
   l'invité

1 Il exprime sa surprise.

2 Il exprime sa joie.

3 Il fait deviner.

4 Il situe.

5 Il décrit.

6 Il devine.

2 Pourquoi François-Xavier est-il content ? Relevez ce qu'il dit.

5. Un pays lointain 3

Regardez la vidéo (1) avec le son.

1 **Trouvez les photos qui correspondent à la destination.**

a

b

c

d

2 **Notez les informations sur les Raïka.**

3 **Lisez la transcription p. VI et vérifiez vos réponses.**

6. L'arrivée 3

Regardez la vidéo (2).

1 **Répondez aux questions.**

a Où sont Frédéric et François-Xavier ?

b Qu'est-ce qu'ils font ?

c Quelle est l'attitude de François-Xavier ?

d À votre avis, combien de temps vont-ils rester chez les Raïka ? Pourquoi ?

e Comment appelle-t-on ce genre d'émission dans votre pays ?

2 **Saluez-vous à la manière des Raïka ?**

7. Découvrir

1 **Associez les mots.**

a	une légende	1	une banalité
b	un pasteur	2	une évolution
c	nomade	3	un berger
d	une mutation	4	une ethnie
e	un peuple	5	itinérant
f	évoquer	6	représenter
g	un cliché	7	un mythe

2 **Cherchez dans le dictionnaire des mots équivalents aux mots a à g.**

a : une légende → un conte...

8. [y] / [ɥi], [u] / [w] 13

Écoutez la vidéo avec la transcription p. VI.

1 **Classez les mots suivants selon le son entendu : [y], [ɥi], [u], [w].**

savoir – oui – François – vous – beaucoup – pour – fur – mesure – Tourcoing (2 sons) – une – voyageurs – aujourd'hui (2 sons) – roi – fou – depuis – suis – ouest – nature – culture – vois

2 **Comment s'écrivent ces quatre sons ?**

Phonétique 🎧 13 → p. 154

Les sons [y] / [ɥi] et [u] / [w]

- [y] et [u] se prononcent la bouche fermée. Les lèvres sont arrondies ; elles ne bougent pas.
- Pour [ɥi] et [w], les lèvres bougent très vite pour passer de l'arrondi au sourire.
- [y] s'écrit « u » *tu* ; « u » + consonne *fu̱r* ; « u » + voyelle muette *vue*.
- [ɥi] s'écrit « ui » *depuis*.
- [u] s'écrit « ou » *fou* ; « ou » + consonne *vou̱s* ; « ou » + voyelle muette *rou̱e*.
- [w] s'écrit « oi » [wa] *savoir* ; « oin » [wɛ̃] *Tourcoing* ; « ou » + voyelle prononcée *ouı̱*, *oue̱st* ; « oy » + voyelle [waj], *voyạgeurs*.

▶ Activité 1 p. 58

Boîte à mots ▶ Activité 2 p. 58

- **Voyager :** emmener – (aller) à la rencontre de – les voyageurs
- **La localisation :** c'est entre... et... – c'est dans une région qui... – c'est au nord-ouest de... – (c'est) une terre de légende / le pays de(s)... – situer
- **Les habitants :** des pasteurs semi-nomades – entretenir une culture / une tradition – être en pleine mutation – vivre au rythme de – un peuple
- **La satisfaction :** c'est génial – je suis fou de joie – j'en rêve – c'est fou / c'est dingue – ah la vache ! *(familier)*
- **L'imagination :** évoquer – un cliché

Communication

9. Rendez-vous en terre inconnue

À deux, répondez oralement aux questions.

1 **Aimeriez-vous être à la place de François-Xavier ? Pourquoi ?**

2 **Imaginez les activités que François-Xavier fera chez les Raïka.**

3 **Connaissez-vous une émission similaire ? Présentez-la à la classe.**

Leçon 12 | # Bonne route !

AIRFRANCE ✈ FAIRE DU CIEL LE PLUS BEL ENDROIT DE LA TERRE

Agence de Publicité : BETC – Chorégraphe et réalisateur :
Angelin Preljocaj – Photographe : Alexandre Guirkinger –
Danseurs : Benjamin Millepied & Virginie Caussin **1**

1. Publicité

Observez la publicité d'Air France (document 1).

1 Décrivez-la.

2 Lisez le slogan. Choisissez la phrase qui correspond au sens du slogan.

a Voyager avec Air France, c'est voyager en toute sécurité.

b Voyager avec Air France, c'est aussi passionnant que visiter un pays.

3 À quels mots pensez-vous en regardant cette publicité ?

2. Le mur de Romane

Observez les photos du mur Facebook de Romane (document 2).

1 Répondez aux questions.

a Que représente chaque photo ?

b Aimez-vous regarder les photos de vos amis en vacances sur Facebook ? Pourquoi ?

c Avez-vous ce genre de photos ?

2 Nommez les lieux que vous voyez.

3 Quelle phrase résume le mieux la situation ? Choisissez.

a Romane dit ce qu'il faut faire en vacances.

b Romane décrit les différents types de « vacanciers ».

c Romane raconte ses vacances.

Romane C.

Journal   À propos   phot

1
Celui qui préfère la montagne. Il est écolo.

3
Celui qui ne quitte plus son lit. « Rrrrrrr... », il ronfle !

5
Celle qui bouquine toute la journée à la plage parce qu'elle a pris 5 livres pour 10 jours.

7
Celle qui part à l'aventure.

2

3. Qui fait quoi ?

Lisez le document 2. Associez chaque phrase à une photo.

a Il marche dans la nature pour être en bonne santé.

b Il a peur de brûler sa peau.

c Il n'arrête jamais de travailler.

d Il est écologiste.

e Il fait du bruit en dormant.

f Elle lit tout le temps.

g Elle n'aime pas le camping.

h Elle voyage seule et sans programme précis.

Boîte à mots ▶ Activité 4 p. 58

• **Les actions :** bouquiner – ronfler – décrocher – prendre un coup de soleil

• **Les expressions :** partir à l'aventure – avoir la forme/être en forme – être écolo – ne pas sentir quelque chose/quelqu'un

his 266   Plus

2
Celle qui ne peut pas sentir le camping : « Quand est-ce que je rentre ? »

4
Celui qui fait de la randonnée... pour la forme.

6
Celui qui a peur des coups de soleil.

8
Celui qui ne décroche jamais.

QP Quick-post

- ● Pour ceux qui voyagent toujours,
- ● pour ceux qui restent chez eux,
- ● pour ceux qui passent leur temps devant les écrans...

3

Quick-post

1 Identifiez le document 3.

2 Lisez le document. Pour qui travaille Quick-post ? Relevez deux exemples de réponse.

3 Relisez les documents 2 et 3. Dites ce que remplacent :

a *celle* ;
b *celui* ;
c *ceux*.

Grammaire → p. 160

Les pronoms démonstratifs avec des pronoms relatifs simples

Les pronoms démonstratifs peuvent être suivis d'un pronom relatif *(qui / que / dont)*.
Cette association permet de distinguer un élément d'un groupe et de le décrire.

Le pronom démonstratif s'accorde avec le mot qu'il remplace.

	Singulier	Pluriel
Féminin	*celle*	*celles*
Masculin	*celui*	*ceux*

Celle qui bouquine.
Celui qui ronfle.
Pour ceux qui voyagent toujours.

▶ Activité 3 p. 58

Communication

5 Dans votre classe

À deux, décrivez oralement les personnes de votre classe à la manière des commentaires de Romane.

Il y a celle qui est toujours en retard...

6 Votre fil d'actualité

1 Et vous, quelles photos avez-vous sur votre fil d'actualité ?

2 Faites comme Romane. À deux, allez sur votre page Facebook et caractérisez les photos de vos amis.

Il y a celui qui se prend en photo partout...

Leçon 13 | Éthique

ÉCOUTER LA RADIO   ▶ **RÉÉCOUTER**

france info

Retrouver toute l'actu, les analyses, les débats
▶ **ÉCOUTER LE DERNIER JOURNAL**

🏠 | **actu** | vie quotidienne   culture & médias   programmes   nos partenariats   🎙 podcasts   ▶ vidéos

ÉCONOMIE   JUSTICE   POLITIQUE   ÉDUCATION   SOCIÉTÉ   FAITS DIVERS   MONDE   EUROPE   SPORTS

en ce moment

ACCUEIL ⟩ PROGRAMMES ⟩ ALLER / RETOUR ⟩ 2013-2014

Voyage écosolidaire au Vietnam

ALLER / RETOUR   par **Ingrid Pohu**   dimanche 26 janvier 2014

f Recommander 0   🐦 Tweeter 0   8+1 0   in Share

Florence est partie avec l'agence Vision Éthique spécialiste du tourisme solidaire. SITE DE L'Agence.

©Florence Alves

1

VISION & THIQUE

Accueil   Destinations lointaines   Éco Week-end en Europe   Dates de depart   Blog

Tourisme solidaire : notre démarc

Donnez du sens à vos vacances et faites-en une expérience inoubliable mêlant évasion, rencontres, diversité, culture et authenticité.

Vision Éthique, *agence de Conseil et Organisation en voyages responsables, est née d'une réelle envie de s'engager vers une autre forme de tourisme, plus authentique et plus proche de la réalité des pays visités tout en répondant à un acte citoyen.*

2

1. France Info

Observez le document 1.

À votre avis, quel est le thème de cette chronique ? Choisissez et justifiez votre choix.

a   les voyages
b   l'environnement
c   la politique

Boîte à mots   ▷ Activité 7 p. 59

- **Le tourisme** : les vacances – l'évasion – la diversité – l'authenticité – une agence – les touristes – les voyageurs – les voyagistes – voyager – la rencontre – visiter – la culture – les prestataires – la découverte – individuel / en groupe
- **La solidarité** : solidaire – éthique – responsable – s'engager – un acte citoyen – le projet d'aide au développement

2. Aller-retour

Écoutez la chronique.

1 Répondez aux questions.

a   Combien de temps dure le séjour ?
b   Combien de personnes accompagnent Florence ?
c   Qui sont ces personnes ?

2 Dites :

a   ce que Florence aime dans un voyage ;
b   ce qu'elle n'aime pas.

3 Florence est-elle déjà partie ou va-t-elle partir ? Justifiez.

3. Écosolidaire

Écoutez à nouveau la chronique.

1 Notez le programme du séjour de Florence.

2 Relevez pourquoi il s'agit d'un voyage « solidaire ».

3 Lisez la transcription p. VII et vérifiez vos réponses aux activités 2 et 3.

notre éthique

Vision Éthique *s'adresse à tous les touristes d'aujourd'hui et les voyageurs de demain qui souhaitent voyager autrement et donner du sens à leurs vacances.*

Vision Éthique *se propose de repérer, rencontrer, découvrir, informer et unir les prestataires locaux (voyagistes, associations engagées...) afin de valoriser et d'améliorer les conditions de vie des populations des pays rencontrés.*

Les voyages de **Vision Éthique** *sont reconnus pour la qualité de leur logistique, tant au niveau de la découverte du pays qu'au niveau de leur implication dans les projets d'aide au développement (environnement, agriculture, éducation, artisanat...).*

Vision Éthique *se donne pour but de promouvoir une autre forme de tourisme et de vous conseiller au mieux dans l'organisation de vos voyages individuels ou en groupe (14 pers. max.), afin qu'ils soient au plus près de vos envies et de vos attentes.*

4. Vision Éthique

Observez la page d'accueil de l'agence où Florence a acheté son voyage (document 2).

1 Expliquez le nom et le logo de l'agence.

2 Comment dit-on « vision éthique » dans votre langue ?

5. Solidarité

Lisez la page d'accueil de Vision Éthique. Repérez les mots du tourisme et de la solidarité.

6. But !

Lisez à nouveau la page d'accueil. Relevez :

a dans quel but Vision Éthique se propose d'informer les prestataires locaux ;

b dans quel but Vision Éthique vous conseille dans l'organisation de vos voyages ;

c dans les réponses aux questions a et b, les termes et les modes utilisés pour exprimer le but.

Grammaire → p. 169

L'expression du but

Pour exprimer un but, une finalité, un objectif, on utilise :

- ***se donner / avoir pour but de*** + infinitif :
  Vision Éthique ***se donne pour but de / a pour but de*** promouvoir *une autre forme de tourisme.*

- ***afin de / pour*** + infinitif :
  Vision Éthique se propose d'informer les prestataires locaux ***afin d'*** améliorer */* ***pour*** améliorer *les conditions de vie des populations des pays rencontrés.*

- ***afin que / pour que*** + subjonctif :
  Vision Éthique vous conseille dans l'organisation de vos voyages ***afin qu'*** soient */* ***pour qu'*** ils soient *au plus près de vos envies.*

▶ Activités 5 et 6 p. 59

Communication

7. Voyage idéal

En groupe, dites ce que vous pensez des voyages « écosolidaires ». Justifiez votre réponse.

8. Mon voyage

Racontez à l'écrit votre plus beau voyage pour la rubrique « Témoignages » du site de Vision Éthique. Indiquez où, quand, comment et avec qui vous êtes parti(e). Donnez vos impressions et vos sentiments sur le lieu et ses habitants. Dites quel était le but de votre voyage et si vous avez atteint ce but (environ 100 mots).

Leçon 14 | Destinations

L'ECHO touristique
Étude Protourisme
mars 2014

Le cabinet Protourisme vient de publier les résultats d'une enquête sur les intentions de vacances des Français en 2014, qui sont en baisse par rapport à l'an dernier.

60 % des Français comptent partir en vacances.

40 % des Français ne partiront pas en vacances.

1

La destination idéale des Français pour les vacances d'été
ifop

Février 2014
Étude réalisée pour : hotels.com

Question :
Parmi les propositions suivantes, quelle serait pour vous la destination idéale pour y passer vos prochaines vacances d'été ?

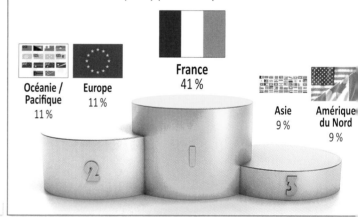

Océanie / Pacifique 11 %

Europe 11 %

France 41 %

Asie 9 %

Amérique du Nord 9 %

2

1. Statistiques

Lisez le document 1.
Répondez aux questions.

a Sur quoi porte l'enquête ?
b Par rapport à 2013, que constate-t-on ?
c Les Français sont actuellement 65,8 millions. Combien de Français ne partiront pas en vacances ?

2. Les vacances

Lisez le document 2.

1 Quelle phrase résume la situation ? Choisissez.

a 41 % des Français ont décidé de passer leurs vacances en France.
b 41 % des Français rêvent de passer leurs vacances en France.

2 Qu'exprime cette question : « Quelle serait pour vous la destination idéale ? » ? Choisissez.

a Un fait qui se situe dans le futur.
b Un fait imaginaire.

3. Rêves

Lisez le document 3.

1 Identifiez le thème et le type du document.

2 Notez les destinations et les activités.

3 Dites si c'est vrai ou faux.

a Ils font des projets pour le futur.
b Ils rêvent.

4. Hypothèses

1 Relisez le document 3. Relevez, pour chaque personne, les faits imaginaires et leurs conséquences.

	Faits imaginaires	Conséquences
Romain	*Si j'avais assez d'argent,*	*je partirais très loin.* ___
Céline	___	___
Charlotte	___	___

2 Complétez la structure de l'hypothèse.

Si + ___ + ___

3

ET VOUS ?
Si vous pouviez partir trois mois, quel voyage aimeriez-vous faire ?

L'Inde

Romain, *26 ans, décorateur*
« Partir trois mois ?
Si je pouvais partir trois
mois, si j'avais assez
d'argent pour le faire,
je partirais très loin.
J'aimerais aller en Inde.
Je visiterais, bien sûr,
mais je ferais aussi du
yoga et de la méditation. »

États-Unis

Céline, *36 ans,*
responsable d'un magasin
« Si c'était possible,
je partirais aux États-Unis,
je louerais une voiture et
je traverserais les États-Unis.
Je prendrais la fameuse route
66. C'est un vieux rêve.
Si mes enfants étaient plus
grands, nous pourrions le faire
ensemble, mais ce ne serait
pas pendant trois mois ! »

Charlotte, *24 ans,*
costumière
« Si je pouvais, je partirais demain.
Si je pouvais arrêter de travailler
pendant trois mois, je m'installerais
à Londres. Je m'inscrirais dans
une école pour apprendre l'anglais
et puis je rencontrerais le prince
Harry et il m'emmènerait
visiter
l'Écosse ! »

Angleterre

5. Micro-trottoir 15

Écoutez le micro-trottoir.

**1 Retrouvez la question qui a été posée
aux différentes personnes.**

2 Notez :

a les faits réels : *Nous partons en Normandie.
Nous avons loué un mobile-home.* ___
b les hypothèses : *Si nous pouvions, nous
partirions sur la Côte d'Azur.* ___

**3 Lisez la transcription p. VII et vérifiez
vos réponses.**

4 Associez.

a Nous partons en Normandie.
b Si nous trouvions un travail, on déménagerait.

1 Exprime un fait difficilement réalisable.
2 Exprime un fait réel.

Grammaire → p. 166

L'expression de l'hypothèse

On utilise **si** + **imparfait** + **conditionnel présent**
pour exprimer une hypothèse difficilement
réalisable, imaginaire ou contraire à la réalité.
***Si** j'**avais** assez d'argent, **je** **partirais** très loin.*
***Je** **partirais** très loin **si** j'**avais** assez d'argent.*

Le conditionnel présent (rappel)

Formation : base du futur + terminaisons de
l'imparfait *(-ais, -ais, -ait, -ions, -iez, -aient).*
je partirai → je partirais
nous partirons → nous partirions

▶ **Activités 8 et 9 p. 59**

Communication

6. Changer de vie

À deux.

1 Imaginez la suite du questionnaire d'enquête.

Si vous quittiez votre pays, dans quel pays aimeriez-vous vivre ?
a Si vous ___
b ___

**2 Posez vos questions aux membres d'un autre groupe et
répondez à leurs questions.**

Boîte à mots

• **Les activités :** le yoga – la méditation
• **Les vacances :** traverser (un pays) –
s'installer – un mobile-home –
une plage du débarquement –
une destination

Le Tour du monde

LE TOUR DU MONDE EN QUATRE-VINGTS JOURS

Chapitre 1

[…]

Il parlait aussi peu que possible, et semblait d'autant plus mystérieux qu'il était silencieux. Cependant sa vie était à jour, 5 mais ce qu'il faisait était si mathématiquement toujours la même chose, que l'imagination, mécontente, cherchait au-delà.

Avait-il voyagé ? C'était probable, car personne ne possédait mieux que lui la carte du monde. […] C'était un homme qui avait dû voyager partout, – en esprit, tout au moins. […]

10 On ne connaissait à Phileas Fogg ni femme ni enfants, – ce qui peut arriver aux gens les plus honnêtes, – ni parents ni amis, – ce qui est plus rare en vérité. Phileas Fogg vivait seul dans sa maison de Saville-row, où personne ne pénétrait. […]

Chapitre 3

15 **Où s'engage une conversation qui pourra coûter cher à Phileas Fogg**

– […] Je suis de l'avis de Mr. Fogg. La Terre a diminué, puisqu'on la parcourt maintenant dix fois plus vite qu'il y a cent ans. […]

– En quatre-vingts jours seulement, dit Phileas Fogg. […]

20 – C'est une plaisanterie !

– Un bon Anglais ne plaisante jamais, quand il s'agit d'une chose aussi sérieuse qu'un pari, répondit Phileas Fogg. Je parie vingt mille livres contre qui voudra que je ferai le tour de la Terre en quatre-vingts jours ou moins, soit dix-neuf cent vingt heures ou cent quinze 25 mille deux cents minutes. Acceptez-vous ?

– Nous acceptons […].

– Bien, dit Phileas Fogg. Le train de Douvres part à huit heures quarante-cinq. Je le prendrai.

JULES VERNE

Jules Verne

1 ... en 80 jours

Lisez l'extrait du *Tour du monde en quatre-vingts jours*.

1 De quel type de texte s'agit-il ? Choisissez.

a un texte littéraire
b une biographie
c une pièce de théâtre

2 Connaissez-vous Jules Verne ? Avez-vous lu un de ses livres ? Lequel ?

3 Repérez le nom du personnage principal.

4 Mettez dans l'ordre les 5 moments de l'extrait.

a pari
b départ
c discussion sur les voyages
d acceptation du pari
e description du personnage principal

5 Dites si c'est vrai ou faux.

a Phileas Fogg est anglais et habite seul.
b Avec ses amis, il parle de voyages.
c Ils disent qu'on voyage plus vite qu'avant.
d Phileas Fogg parie cinquante mille livres qu'il peut faire le tour du monde en quatre-vingts jours.
e Ses amis n'acceptent pas le pari.
f Il part le jour même à neuf heures moins le quart.

2. Le personnage principal

1 Trouvez dans le texte ce qui nous montre que Phileas Fogg est :

a précis : « *ce qu'il faisait était si mathématiquement toujours la même chose...* » ;

b discret ;

c cultivé ;

d solitaire.

2 Choisissez une interprétation.

a « [Il] semblait d'autant plus mystérieux qu'il était silencieux. »
  1 Il était mystérieux parce qu'il était silencieux.
  2 Il était silencieux, mais pas mystérieux.

b « Sa vie était à jour. »
  1 Tout le monde connaissait sa vie.
  2 Sa vie était bien organisée.

c « L'imagination, mécontente, cherchait au-delà. »
  1 On lui posait des questions sur sa vie.
  2 Les personnes imaginaient que sa vie était étrange.

d « On ne connaissait à Phileas Fogg ni femme ni enfants. »
  1 Les gens ne savaient pas s'il avait une famille.
  2 On était sûr qu'il était célibataire.

3. Le texte littéraire

1 Lisez les caractéristiques du texte littéraire et associez-les à une explication.

a le dialogue
b les commentaires du narrateur
c le portrait physique
d le portrait psychologique
e le discours indirect
f le flashback
g la métaphore
h la question rhétorique

1 L'auteur décrit des événements qui se sont passés avant.
2 L'auteur décrit la personnalité des personnages.
3 L'auteur donne son point de vue sur ses personnages.
4 L'auteur pose une question sans attendre une réponse.
5 L'auteur décrit le corps et les vêtements des personnages.
6 L'auteur rapporte les paroles des personnages.
7 L'auteur donne un autre sens à un mot pour créer une image.
8 L'auteur fait parler les personnages.

2 Relisez l'extrait. Relevez les caractéristiques de l'activité 1 qui sont dans cet extrait.

3 Notez :

a une question rhétorique ;

b un exemple de métaphore ;

c un commentaire du narrateur.

4 Retrouvez dans le texte (l. 1 à 13) le contraire de ces mots.

a communicatif

b la réalité

c satisfaite

Boîte à mots

- **Le rêve** : l'imagination – en esprit
- **Le caractère** : mystérieux – silencieux – mécontent – honnête
- **Les voyages / L'aventure** : la carte du monde – parcourir – un pari (parier) – faire le tour de la Terre

À vos plumes !

Racontez un souvenir de voyage. Pour rendre votre texte littéraire, introduisez une question rhétorique, une métaphore et faites le portrait physique ou psychologique d'un personnage de votre récit.

Recherches personnelles

À deux, cherchez comment on appelait le style littéraire de Jules Verne.

Entraînement

Leçon 11

1 Phonétique

1 Lisez les phrases suivantes.

a Je suis fou de lui depuis trois mois.

b Les chiens aboient : « Ouah, ouah ! ».
Et vous, vous aboyez ?

c Tourcoing est beaucoup moins loin que
Louvain.

d C'est chouette la lune qui luit la nuit.

e Lui ou moi, tu dois choisir.

f Je suis Suisse de Zurich.

2 Écoutez pour vérifier votre prononciation.

2 Olé !

Réécrivez le texte en remplaçant les mots soulignés.

C'est un pays localisé au sud de l'Europe. Une région mythique, le pays du flamenco, des fêtes. Non, ce n'est pas un stéréotype. Faites connaissance avec cette population qui depuis toujours conserve ses coutumes mais connait de grands changements. Cela vous rappelle quelque chose ? Tous les touristes disent que c'est formidable d'y aller ; ils en reviennent très contents. Partez en Andalousie !

Leçon 12

3 À la manière de

À la manière de Romane, écrivez le texte pour chaque photo.

4 Boîte à mots

Félix et Amelia parlent de leurs vacances.

AMÉLIA : Qu'est-ce que tu as fait pendant les vacances ?

FÉLIX : Rien, j'ai passé des heures au lit. J'ai ⎯. J'ai tellement travaillé. Il fallait absolument que je ⎯.
Et toi ? Tu es partie où ?

AMÉLIA : Comment tu sais que je suis partie ?

FÉLIX : Tu as un ⎯, tu es toute rouge. Tu es allée à la plage ?

AMÉLIA : Non, à la campagne. Je voulais partir à ⎯, sans projet précis. J'ai beaucoup marché.

FÉLIX : Beurk ! Je ne peux pas ⎯ la nature. Tu es très ⎯, toi ?

AMÉLIA : C'est vrai. Et toi, qu'est-ce que tu as fait pour te détendre ?

FÉLIX : J'ai ⎯.

❘ **Leçon 13**

5 Sport-Vacances

Complétez le texte avec des expressions de but.

> ### Sport-Vacances
> est une **agence de voyage** qui ___ réunir des
> **jeunes** autour d'un **projet sportif**. Elle organise des rencontres sportives ___ favoriser
> l'échange, la connaissance et le respect entre jeunes de cultures différentes.
> Sport-Vacances met toute son expérience en œuvre ___ vos ados se sentent le mieux possible
> et ___ ils partagent des moments inoubliables avec des ados du monde entier.

6 Buts

**1 Voici des noms d'agences de voyage.
Imaginez leur(s) objectif(s).**

Exemple : Vacances-propres *se donne pour
but de vous conseiller afin que vos vacances
soient le plus hygiéniques possible. Elle se
propose de repérer les prestataires locaux
(voyagistes, associations...) afin de préserver
votre santé.*

a Vacances-rêves
b Animal' travel
c Voyage-langues
d Écolo-trip
e Séjour-santé

**2 À votre tour, inventez un nom d'agence de
voyage et donnez son (ses) objectif(s).**

7 Tourisme – Solidarité

1 Associez chaque mot à un synonyme.

a un tour-opérateur
b personnel, particulier
c un fournisseur
d l'honnêteté, la morale
e l'évolution, le progrès

1 l'éthique
2 individuel
3 un voyagiste
4 le développement
5 un prestataire

**2 Faites une phrase avec les deux mots
proposés**

a morale / voyagiste
b développement / tour-opérateur

❘ **Leçon 14**

8 Si...

Conjuguez les verbes.

GUY : Si j'(avoir) assez d'argent, je (partir) en
Australie pour y vivre quelques années.
Je m'(acheter) une maison près de Sydney.
Si je (pouvoir), j'(avoir) un grand jardin.
Je (cultiver) mes légumes et je (pouvoir) manger
complètement bio.

DELPHINE : Si je (quitter) mon travail, j'(aimer)
m'installer en Bretagne, près de la mer.
Et si j'(avoir) assez d'argent, j'(arrêter) de
travailler ; je (se consacrer) au bénévolat.

9 Rêvons

Faites parler ces personnes.

*Exemple : Oscar : quitter la France / s'installer
en Espagne.*
*→ Si je quittais la France, je m'installerais en
Espagne.*

a Amelia : gagner au loto / arrêter de travailler.
b Fred : être jeune / faire le tour du monde.
c Kathy : changer de travail / gagner plus.
d Jules et Jim : pouvoir / partir à la Réunion.
e Romane : avoir du temps libre / aider les
sans-abris.

Action !

Nous organisons un voyage touristique d'une semaine dans un pays francophone.

Pour cela, nous allons :

▷ **Choisir un pays, une région francophone que nous aimerions visiter.**

▷ **Nous renseigner sur :**
  – comment y aller ;
  – où dormir ;
  – où manger ;
  – que visiter ;
  – comment se déplacer.

▷ **Décider d'un budget maximum.**

▷ **Choisir :**
  – les villes à visiter ;
  – les activités à faire.

▷ **Aller sur Internet pour sélectionner le mode de logement et les transports.**

▷ **Créer un programme.**

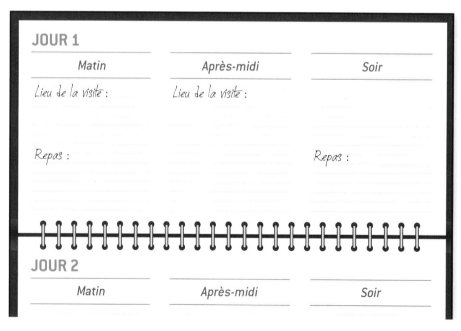

JOUR 1

Matin	Après-midi	Soir

Lieu de la visite : *Lieu de la visite :*

Repas : *Repas :*

JOUR 2

Matin	Après-midi	Soir

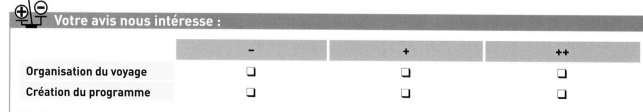

Votre avis nous intéresse :	–	+	++
Organisation du voyage	❑	❑	❑
Création du programme	❑	❑	❑

Nouvelles familles

Nous créons une liste de films sur le thème de la famille pour le site vodkaster.com

Nous allons savoir comment :
écrire et lire le texte de la voix off
pour une bande-annonce
échanger des idées en atténuant
nos propos
présenter une polémique
débattre sur la notion de famille
poster notre opinion sur les nouvelles
familles sur le site d'un magazine

▶ Bande-annonce :
Les Enfants, film
de Christian Vincent

▷ **Culture :**
Des textes épistolaires :
Lettres de
Saint-Exupéry et
de Baudelaire

Dites-nous tout !

1 Quels mots associez-vous à
« famille » ?

2 Quelles sont les personnes que
vous considérez comme faisant
partie de votre famille ?

3 D'après vous, quelles qualités
doivent avoir des parents ?

4 Le mariage est-il obligatoire
pour constituer une famille ?

Leçon 16 | # Nos chers enfants

1. Familles 4

Regardez la vidéo sans le son.

1 Qu'est-ce que c'est ? Choisissez.

a une publicité
b une bande-annonce
c un extrait de documentaire

2 Répondez aux questions.

a Quel est le titre du film ?
b De quel genre de film s'agit-il ?
c Combien de personnages voit-on ?
d À votre avis, quelles sont les relations entre les personnages ?

3 Quel synopsis correspond à la vidéo ?

a Un homme et une femme, parents de quatre enfants, s'entendent mal. Ils décident de se séparer.
b Un couple, parents de deux enfants, en adopte deux autres. Mais ça ne se passe pas très bien.
c Une femme, mère de deux enfants, rencontre un homme qui a deux enfants lui aussi. La situation est difficile.

4 Nommez ces deux plans (voir le glossaire du cinéma p. 150). En choisissant ces deux plans, à qui le réalisateur veut-il qu'on s'identifie ?

2. Interprétations 4

Regardez à nouveau la vidéo sans le son.

1 À votre avis, qu'est-ce qu'elle pense ? Associez.

1 C'est une situation délicate.
2 Je trouve ça drôle mais je suis gênée.

2 Observez les gestes. Qu'est-ce qu'ils expriment ? Associez.

1 l'énervement   2 le calme

3. Montage  4

Regardez la vidéo avec le son.

1 Vérifiez vos réponses à l'activité 2 (Interprétations).

2 À deux, trouvez un titre pour chaque partie de la bande-annonce.

a Surprise   b ___

c ___

d ___

3 Répondez aux questions.

a Qui est le monsieur que le petit garçon découvre ?
b Combien d'enfants a-t-il ?
c Quand voit-il ses enfants ?
d À propos de quoi le couple se dispute-t-il ?
   Que dit la femme ?

4 Écoutez Victor et notez son souhait.

4. Dans la bande-annonce

**Regardez la vidéo, puis lisez ces mots.
Quels sont les intrus ? Choisissez.**
maman – monsieur – famille – relation –
un ami – papa – éducation – enfants – prof –
ma mère – fille – dîner – divorcé – père – mari –
habiter – un week-end – fils – des rapports

5. L'histoire

1 À deux, résumez la bande-annonce.

**2 À deux, regardez les photos.
Imaginez ce qui s'est passé après et
qu'on ne voit pas dans la bande-annonce.**

*a : Le petit garçon et l'ami de sa mère se sont
rencontrés...*

a

b

c

Boîte à mots

• **La famille :** maman / papa –
  mon père / ma mère –
  les enfants – avoir ses
  enfants X fois par semaine/
  un week-end sur deux –
  des rapports – prendre des
  décisions – s'occuper de –
  se marier ≠ divorcer
▶ **Activités 2 et 4 p. 72**

• **Garder le contact :** Tu vois ? –
  Bon écoute...

• **Interrompre le contact :**
  Bon bah... – Allez...
▶ **Activités 3 et 4 p. 72**

6. Pour le contact

**Lisez les phrases et observez les mots
soulignés. À quoi servent-ils ? Associez.**

a « <u>Bon bah</u>, je vais vous laisser. »
b « <u>Allez</u>, au revoir. »
c « Moi je les ai un week-end sur deux, <u>tu vois</u>. »
d « <u>Bon écoute</u>, à ta place... »

1 Établir le contact.
2 Interrompre le contact.

7. Des « e »...

Écoutez la vidéo.

**1 Dites si le « e » souligné des groupes de
mots suivants est prononcé ou pas.**

*Ce (« e » non prononcé) qui est très marrant,
c'est que (« e » prononcé) Pierre...*

a C'est qui le monsieur ? Un ami de papa ?
b Il est prof de quoi ? Prof de techno. De techno !
c Ben moi, je voudrais qu'un samedi...
d Moi je les ai une fois par semaine...
e Bah, je préfère avoir des rapports différents.
f Moi je m'occupe des miens !

**2 Faites des hypothèses sur la règle du
maintien ou de la chute du « e ».**

Phonétique   → p. 155

Le « e »

Le « e » [ə] doit être prononcé :
– quand il est précédé de deux consonnes
  prononcées : *prof de techno* ; *par semaine* ;
– quand on hésite ou qu'on exprime un sentiment :
  c'est que Pierre... (hésitation) ;
  de techno ! (surprise).

Dans les autres cas, on peut ne pas prononcer le
« e» : *je préfère* ; *je m'occupe* ; *un samedi* ; *un ami
de papa* ; *ce qui est marrant...*

▶ **Activité 1 p. 72**

Communication

8. Voix off

**1 En groupe, écrivez le texte pour la voix off de
la bande-annonce du film *Les Enfants*.**

*Elle est prof de français, il est prof de techno.
Ils sont divorcés...*

**2 Lisez votre texte à la classe en regardant la vidéo
sans le son. Faites correspondre votre texte
aux différentes parties de la bande-annonce.**

Leçon 17 | Familles

A

1 enfant sur 10 vit dans une famille recomposée en 2011.

B

7 enfants sur 10 vivent dans une famille « traditionnelle » avec leurs deux parents.

C

2 enfants sur 10 vivent avec un seul parent.

L'année 2013 restera celle qui a vu l'ouverture du mariage aux personnes de même sexe et donc la possibilité pour ces couples d'adopter des enfants.

Les débats ont entraîné beaucoup d'interrogations sur la famille. Une famille d'aujourd'hui est-elle forcément constituée d'un homme et d'une femme mariés avec deux enfants ?

Ces dernières années, les transformations ont été si profondes que le mariage ne semble plus être obligatoire pour créer une famille. Les séparations sont nombreuses, les problèmes au sujet de la garde des enfants aussi. C'est pourquoi de plus en plus d'enfants vivent en garde partagée (une semaine chez leur mère et une semaine chez leur père). Bref, la famille réelle correspond de moins en moins à la famille biologique.

2

D'après *Le Monde*, 21 décembre 2013

Enfants vivant en alternance chez leur père et chez leur mère

17 %

3

En 2002, contre 10 % en 2003.

1. Types de famille

Lisez le document 1.

1 Combien de types de famille y a-t-il ?

2 Faites correspondre les descriptions suivantes aux dessins.

a Des enfants vivent avec leur père et leur mère.

b Des enfants vivent dans une famille « monoparentale » (le père ou la mère).

c Des enfants vivent avec un de leurs parents, son nouveau conjoint et les enfants de celui-ci.

3 Dites les proportions autrement.

a 1 enfant sur 10

b 7 enfants sur 10

c 2 enfants sur 10

2. Tout change

Lisez le document 2.

1 Choisissez la bonne réponse.

L'article...

a décrit les changements de la famille.

b raconte les changements de la famille.

c présente les conséquences des changements de la famille.

2 Répondez aux questions.

a En quelle année la loi sur le mariage pour tous a-t-elle été votée ?

b Que permet cette loi pour les couples de même sexe ?

c Lorsque les parents divorcent, quel système mettent-ils en place pour les enfants ?

d Quelle expression s'oppose à « famille biologique » ?

3 Lisez le document 3. Parmi les enfants de parents divorcés, combien vivent en garde partagée ?

3. Faits et effets

Lisez à nouveau le document 2.

1 Notez les conséquences de ces faits.

a L'ouverture du mariage pour tous : *la possibilité d'adopter des enfants*.

b Les transformations ont été profondes : ___

c Les séparations posent des problèmes de garde : ___

2 Relevez les mots ou les expressions qui permettent de relier le fait à sa conséquence.

a *donc*   b ___   c ___

4. Expériences personnelles

1 Écoutez les témoignages de Romain et d'Emma. Lisez le résumé de l'expérience de Romain, puis faites celui d'Emma. Comparez-le avec celui de votre voisin(e).

ROMAIN – Il avait douze ans quand ses parents se sont séparés. Il était en garde partagée, d'abord une semaine sur deux, puis tous les quinze jours. Il a une bonne relation avec sa belle-mère. Il a bien vécu la séparation de ses parents.

2 Écoutez à nouveau les témoignages et lisez la transcription p. VIII.

a Relevez un équivalent pour chaque expression de la conséquence.
  1 donc : *alors*
  2 si profondes que : ___
  3 c'est pourquoi : ___

b Notez trois verbes qui permettent d'exprimer la conséquence.

Grammaire → p. 169

L'expression de la conséquence

• Pour exprimer un fait qui est le résultat d'un autre fait, on utilise ***donc***, ***alors***, ***c'est pourquoi***, ***si bien que***.
*L'année 2013 restera celle qui a vu l'ouverture du mariage aux personnes de même sexe et **donc** la possibilité pour ces couples d'adopter des enfants.*

• Lorsqu'on veut marquer **l'intensité de la conséquence**, on utilise :
– ***si*** + adjectif + ***que*** ;
– ***tellement*** + adjectif + ***que***.
*J'ai vécu des choses **tellement** différentes dans mes deux maisons **que** ça m'a fait grandir.*

• ***Du coup*** est surtout utilisé à l'oral (registre plutôt familier).
*Mes parents habitent à cinq minutes l'un de l'autre, **du coup**, je peux facilement passer d'un appart à l'autre.*

• On peut aussi exprimer la conséquence avec des verbes comme ***entraîner*** ou ***provoquer***.
*Ça **a entraîné** une nouvelle organisation de notre vie.*
*Au début, ça **a provoqué** plein de problèmes d'organisation.*

▶ Activité 5 p. 72

Boîte à mots ≥ Activité 6 p. 72

• **La garde partagée :** la garde en alternance / alternée – s'installer – un rythme
• **Les relations familiales :** un couple – adopter – une séparation – refaire sa vie – développer une amitié – grandir – s'entendre – la famille réelle / biologique – un débat – la belle-mère / le beau-père
• **Les expressions :** ça fait des histoires – avec le temps

Communication

5. Dans votre pays

À deux, répondez oralement aux questions.

a Quel sujet provoque des débats actuellement dans votre pays ?

b Pensez-vous que « la famille » a changé dans votre pays ? Dites pourquoi.

c Que pensez-vous de la garde partagée en cas de divorce des parents ?

d Le mariage pour tous est-il admis dans votre pays ? Qu'en pensez-vous ?

6. Pour *Le Monde*

À deux, à la manière du document 2, présentez à l'écrit un phénomène social récent dans votre pays (une nouvelle loi, un débat actuel, un changement social...).

L'année ... restera comme celle qui...
Bref, ...

Leçon 18 | **Solos**

1

Colocation Toulouse (31)

Bonjour,
Maman de 34 ans, je recherche une colocation à partager dans appart ou maison, pour mon fils de 3 ans 1/2 et moi-même dans le quartier ST-EXUPÈRE de Toulouse, où mon fils sera scolarisé à partir de septembre. Je recherche une maman avec un enfant d'à peu près le même âge.
Mon budget est de 450 euros.

Recherche - Prix : 450 €

Contact :
contacter par e-mail
31400 TOULOUSE
Midi-Pyrénées – Haute-Garonne (31)

2

Ces mamans solos
qui vivent en coloc

Parce qu'élever ses enfants seule est réellement difficile, de plus en plus de mères célibataires choisissent la colocation pour une vie meilleure.
Enquête et témoignages sur cette néo-solidarité.

« **j**'avais envie de commencer une nouvelle vie. La colocation, c'est un moyen formidable de rencontrer du monde. Et bien sûr, financièrement, c'est plutôt intéressant », se souvient Dany, 29 ans, maman solo d'une petite fille de 8 ans. En France, un sondage Ipsos de 2012 recense entre 1,5 et 2 millions de mamans solos. Ainsi, la colocation représente certainement une alternative intéressante.

1. Les enfants du divorce

1 Écoutez l'extrait de l'interview donnée par Marcel Rufo au site magicmaman.com.

a Trouvez la profession de Marcel Rufo. Justifiez votre réponse.
sexologue – gynécologue – pédopsychiatre – pédiatre – cardiologue

Marcel Rufo,
auteur de nombreux ouvrages de vulgarisation.

b Complétez avec *50 %* et *70 %*.
 1 ___ des jeunes couples se séparent avant trois ans de vie commune.
 2 Dans les grandes villes, ___ des couples se séparent.

Boîte à mots

- **La modalisation :** *cf. tableau grammatical*
- **La colocation :** vivre en colocation / en coloc – un(e) colocataire / coloc – la vie en communauté – la néo-solidarité
- **La psychologie :** la normalité – la singularité – la proximité – être à l'aise – la honte – être soutenu – se sentir soutenu – l'entraide
- **La monoparentalité :** une famille monoparentale – une mère / un père célibataire – un parent / une maman / un papa solo – élever ses enfants seul

2 Associez.

a Les parents sont séparés.   1 la majorité
b Les parents vivent ensemble.   2 la minorité

3 Écoutez à nouveau et dites ce qui a changé pour les enfants de parents séparés.

4 Écoutez à nouveau avec la transcription p. VIII.

a Vérifiez vos réponses précédentes.
b Quelle est l'opinion de M. Rufo ? Choisissez et justifiez.
 1 Les enfants sont peut-être plus à l'aise maintenant.
 2 C'est sûr que les enfants sont plus à l'aise maintenant.
 3 Les enfants ne sont pas du tout plus à l'aise maintenant.

2. Parent-solo.fr

Lisez l'annonce postée sur le site parent-solo.fr (document 1) et répondez aux questions.

a Quelle est la situation familiale de la personne qui a écrit l'annonce ?
b Que recherche-t-elle exactement ?
c Quel loyer maximum peut-elle payer ?

Une entraide financière et psychologique

« C'est souvent un moyen utilisé pour échapper à la crise », explique Christine Castelain-Meunier, sociologue au CNRS et auteur du livre *Le Ménage – La fée, la sorcière et l'homme nouveau* (Ed. Stock). Une grande maison, des colocs qui peuvent aider, faire une course ou être baby-sitters pour quelques heures : les avantages sont certains.

L'objectif : être soutenue et, peut-être, revivre ses années d'étudiante.

Sur les sites spécialisés pour parents solos, les annonces et demandes de colocs entre parents sont très nombreuses.

« La présence d'autres personnes, qui jouent un rôle éducatif, est vraiment positive pour l'enfant », dit Céline, qui vit actuellement avec 4 colocs, tous des garçons. « Lorsque j'ai du mal à gérer, je demande à un de mes colocs. C'est super de se sentir soutenue. » Mais Céline précise : « Ça fonctionne surtout pour les personnes qui ont l'habitude de la vie en communauté. »

En France, la colocation est, la plupart du temps, un épisode transitoire.

3. Colocation

Lisez l'article (document 2) et dites si ces affirmations sont vraies ou fausses. Justifiez vos réponses.

a En 2012, il y avait en France moins d'1 million de mères célibataires.
b Le nombre de mères célibataires qui vivent en colocation augmente.
c La colocation n'a pas que des avantages financiers.
d La colocation est une étape ; elle ne dure pas.

Communication

5. Qu'en pensez-vous ?

En groupe, répondez oralement aux questions. Atténuez vos propos !

a Comme le dit M. Rufo, en France, être un enfant de parents séparés est devenu banal. Est-ce la même chose dans votre pays ? Expliquez.
b Pourriez-vous vivre en colocation avec des inconnus ? Pourquoi ?
c Quels sont pour vous les avantages et les inconvénients de la colocation ?
d Comme Céline (document 2), pensez-vous qu'une personne étrangère à la famille puisse jouer un rôle éducatif pour l'enfant de son colocataire ? Expliquez.

4. Plutôt

1 Quelles phrases correspondent aux sentiments exprimés dans l'article ? Choisissez.

a 1 Élever ses enfants seule est plutôt difficile.
  2 Élever ses enfants seule est franchement difficile.
b 1 Financièrement, la colocation est vraiment intéressante.
  2 Financièrement, la colocation est assez intéressante.
c 1 La colocation est un super moyen pour rencontrer du monde.
  2 La colocation est un moyen nul pour rencontrer du monde.
d 1 C'est génial de se sentir soutenue.
  2 C'est peut-être bien de se sentir soutenue.

2 Quelles sont les différentes façons de nuancer les sentiments exprimés ? Relevez les mots et classez-les du plus négatif au plus positif.

Grammaire → p. 161

La modalisation

Pour apporter un **jugement**, un **sentiment** à ce que l'on exprime, on peut utiliser des modalisateurs. Ils permettent de traduire une certitude, une incertitude, une appréciation positive ou négative, ou d'atténuer son discours.
Adjectifs : *nul, certain, super, formidable, génial…*
Adverbes : *peut-être, plutôt, assez, certainement, vraiment, franchement, réellement, très, trop…*
Financièrement, c'est **plutôt** / **assez** / **très** / **vraiment** intéressant.
C'est un moyen **formidable** / **super** / **génial** de rencontrer du monde.

▶ Activité 7 p. 73

6. Petite annonce

En groupe, écrivez une petite annonce de recherche de colocation pour le site parent-solo.fr.

Décrivez votre situation familiale, expliquez ce que vous recherchez (lieu, colocataire), indiquez votre budget. Imaginez !

Affichez vos petites annonces dans la classe. Trouvez une annonce qui vous intéresse et discutez-en avec son auteur.

Leçon 19 | # Évolution

1. La forme

Observez les documents 1 et 2.

1 Que représentent-ils ?

2 De quoi s'agit-il ? Choisissez.

a une affiche du ministère de la Famille
b une publicité
c une affiche d'une association contre le mariage pour tous

2. Le contenu

Lisez les documents 1 et 2.

1 Répondez aux questions.

a De quel produit s'agit-il ?
b Quel est le prix maximum ?
c Quel est le thème ?
d De qui les enfants rapportent-ils les paroles ?
e Quel est le type de famille représenté dans chaque document ?

2 Notez le slogan.

3 Quels sont les objectifs d'Éram ? Choisissez (plusieurs réponses).

a Se moquer de la publicité.
b Informer sur le produit.
c Reprendre un sujet de débat, de polémique.
d Vanter les qualités du produit.

e Faire parler de la marque en utilisant la provocation.
f Montrer les clients de la société actuelle.
g Faire le « buzz ».

4 Trouvez dans le texte les mots qui correspondent à ces explications.

a Qui mérite le respect absolu.
b Quelqu'un avec qui on a une relation amoureuse.

5 Notez tous les mots en relation avec les liens familiaux.

6 Avec quel mot la publicité joue-t-elle ?

3. Les années 70

Observez la publicité pour la Chèvre rit (document 3).

1 Décrivez la photo.

2 Dites quelles différences il y a entre les publicités pour Éram et celle-ci.

3 Nommez le type de famille représentée dans cette publicité.

4 Pensez à une publicité de votre pays qui représente la famille. Quelle image de la famille donne-t-elle ?

4. Micro-trottoir

Écoutez les témoignages.

1 Répondez aux questions.

a Combien y a-t-il de personnes ?
b Où se trouvent-elles ?
c De quoi parlent-elles ?

2 Imaginez la question qu'on leur a posée.

3 Qu'est-ce que les personnes interrogées expriment ? Choisissez (plusieurs réponses).

a leurs opinions
b leurs doutes
c leurs souvenirs
d leurs certitudes
e leurs peurs

5. Qui dit quoi ?

Écoutez à nouveau les témoignages.

1 Dites qui défend la famille traditionnelle et qui est pour l'évolution de la famille.

2 Lisez la transcription p. VIII et vérifiez vos réponses.

3 Lisez ces phrases.

a Classez-les selon qu'elles expriment l'opinion, le doute ou la peur.
   1 J'ai l'impression que la plupart des familles divorcent.
   2 Je pense que ce n'est pas bien.
   3 Je trouve qu'ils sont égoïstes.
   4 Je crois que beaucoup de problèmes sont le résultat de problèmes familiaux.
   5 Je ne crois pas que les nouvelles familles soient un progrès.
   6 Je ne pense pas que le mariage puisse rendre les gens plus heureux.
   7 J'ai peur que les valeurs familiales ne soient plus du tout respectées.

b Associez.
   1 j'ai l'impression que
   2 je pense que
   3 je trouve que
   4 je crois que   A + indicatif
   5 je ne crois pas que   B + subjonctif
   6 je ne pense pas que
   7 j'ai peur que

Grammaire → p. 167

L'expression de l'opinion

On peut donner son avis avec :
- **pour, selon moi, à mon avis** ;
  Selon moi, la famille, c'est la base de notre société.
  À mon avis, la famille d'aujourd'hui est plus cool.
- **avoir l'impression que** + <u>indicatif</u> ;
  J'ai l'impression que la plupart des familles <u>divorcent</u> de nos jours.
- **penser / trouver / croire que** + <u>indicatif</u>.
  Je pense que les gens n'<u>adhèrent</u> plus à ce modèle.

Les valeurs du subjonctif

On utilise le subjonctif quand on exprime :
- **le doute :** je ne crois pas que, je ne pense pas que, je ne suis pas sûr que + <u>subjonctif</u> ;
  Je ne suis pas sûre qu'une famille plus traditionnelle <u>soit</u> plus heureuse que nous.
- **la peur :** j'ai peur que + <u>subjonctif</u>.
  J'ai peur que les valeurs familiales ne <u>soient</u> plus du tout respectées.

▶ Activité 8 p. 73

Boîte à mots ▶ Activité 9 p. 73

- **Les attitudes :** prendre (quelque chose) au sérieux – égoïste – quitter (quelqu'un)
- **Les opinions :** une valeur – sacré – l'ennui – l'autorité – adhérer à – la bonne volonté

Communication

6. Pour ou contre ?

À deux, répondez oralement aux questions.

a Êtes-vous pour la famille traditionnelle, comme Marc et Mathilde, ou pour l'évolution de la famille, comme Abou et Stéphanie ? Comparez vos opinions.

b Pensez-vous qu'une publicité ou qu'un film peut changer les mentalités ?

7. Donnez votre avis !

Le site psychologie.com a publié un article dans lequel il est expliqué que pour bien grandir, un enfant a besoin d'être entouré d'adultes qui l'aiment. Il n'est pas nécessaire que les adultes soient ses parents biologiques. Vous avez lu l'article : laissez un message sur le forum du site pour exprimer votre opinion sur cette théorie.

Correspondance

1943

Maman chérie, Didi, Pierre,
vous tous que j'aime tellement, du fond de
mon cœur, que devenez-vous, comment
allez-vous, comment vivez-vous, comment
pensez-vous ? Il est tellement, tellement
triste ce long hiver.

Et cependant j'espère si fort être
dans vos bras dans quelques mois,
ma petite maman, ma vieille maman, ma
tendre maman, au coin du feu de votre
cheminée, à vous dire tout ce que je pense,
à discuter en contredisant le moins
possible… à vous écouter me parler,
vous qui avez eu raison dans toutes
les choses de la vie…

Ma petite maman
je vous aime.

Antoine

Paris, 6 mai 1861

*Ma chère mère, si tu possèdes
vraiment le génie maternel et si
tu n'es pas encore lasse[1], viens
à Paris, viens me voir, et même
me chercher. Moi, pour mille
raisons terribles, je ne puis[2] pas aller à
Honfleur chercher ce que je voudrais tant,
un peu de courage et de caresses.
À la fin mars, je t'écrivais :
Nous reverrons-nous jamais ? J'étais dans
une de ces crises où on voit la terrible vérité.
Je donnerais je ne sais quoi pour passer
quelques jours auprès de toi, toi, le seul être
à qui ma vie est suspendue, huit jours, trois jours,
quelques heures. […]
Non, je ne te dis pas adieu ; car j'espère te revoir.
Oh ! Lis-moi bien attentivement, tâche[3]
de bien comprendre.*

Et je t'aime

C. B.

Lettre **1**   Lettre **2**   1. fatiguée – 2. peux – 3. essaie

1 Les auteurs

1 Observez les deux lettres.
Associez chaque lettre à un livre.

Lettre 1 : ___
Lettre 2 : ___

2 Trouvez les noms des écrivains
sur les couvertures des livres.
Notez-les. Les connaissez-vous ?

2 Les lettres

Lisez les deux lettres.

1 Notez pour chaque lettre la date,
le prénom de l'auteur et à qui
elle est destinée.

Lettre 1 : ___
Lettre 2 : ___

2 À votre avis, qui sont Didi et Pierre ?

Recherches personnelles

- Faites des recherches sur le recueil des
Fleurs du mal (date, structure, thème…).
- Comment Saint-Exupéry est-il mort ?
En quelle année ?

« Ma chère
Maman… »
De Baudelaire à Saint-Exupéry, des lettres d'écrivains

folio2€

...re à Saint-Exupéry,
...res d'écrivains

Souvenirs, tendresse, promenades, contes de fées, l'heure du coucher… Baudelaire, Saint-Exupéry, Cocteau, Proust ou Hemingway, tous ont partagé ces moments privilégiés de l'enfance avec leur maman. Plus tard, les difficultés sont apparues, les désaccords ont parfois séparé les fils de leur mère, mais le sentiment irremplaçable d'un amour sans limites n'a jamais disparu.

Ces lettres témoignent de ces histoires passionnées, des disputes et des réconciliations, des chagrins et des joies de quelques-uns des plus grands écrivains avec la femme qui leur a donné la vie.

3. Maman chérie

Lisez à nouveau les deux lettres.

1 Lisez la liste des caractéristiques des lettres informelles. Lesquelles se trouvent dans ces deux lettres ? Choisissez et justifiez.

a Petits noms / mots affectueux.
b Dessins ou photos.
c Mots-phrases exclamatifs.
d L'auteur s'adresse au lecteur à la 2e personne.
e Mots familiers.
f Questions.
g Sentiments de l'auteur envers le lecteur.
h Projets pour se retrouver.

2 Trouvez un mot pour caractériser l'état psychologique de chaque auteur.

a Saint-Exupéry : ——
b Baudelaire : ——

3 Qui exprime quoi ? Associez.

a Saint-Exupéry
b Baudelaire

1 le besoin
2 l'amour
3 la tristesse
4 le souhait
5 une demande
6 le manque

4 Dites ce que ces passages expriment.

« J'espère si fort être dans vos bras. »
« Je voudrais tant un peu de courage et de caresses. »
« Je donnerais je ne sais quoi pour passer quelques jours auprès de toi. »

5 Associez les mots et les expressions à une explication.

a du fond du cœur
b être dans vos bras
c une caresse
d le seul être à qui ma vie est suspendue

1 un geste tendre
2 l'être le plus cher
3 sincèrement
4 se faire consoler

4. La quatrième

Lisez la quatrième de couverture du livre dont les lettres sont extraites.

1 Choisissez.

La quatrième de couverture…
a résume le livre.
b présente le contenu du livre.
c dit pourquoi il faut lire le livre.

2 Parmi les écrivains cités, lesquels connaissez-vous ?

3 Qu'est-ce que ces lettres ont en commun ?

4 Quels mots sont associés à l'enfance de ces écrivains ? Notez-les.

Souvenirs, tendresse, ——, ——, ——

5 Trouvez le contraire de ces mots.

difficultés / désaccords → amour
a disputes
b chagrins

6 Imaginez un autre titre pour ce recueil de lettres d'écrivains célèbres.

5. Vos correspondances

À deux, répondez oralement aux questions.

a Écrivez-vous des lettres, des cartes postales ? À qui, à quelle(s) occasion(s) ?
b Aimez-vous recevoir des lettres ? Dites pourquoi.
c Pensez-vous qu'on écrit autant de lettres qu'avant ? Justifiez.

▶ Activité 10 p. 73

Boîte à mots

• **L'affection / L'amour :** cher / chérie – ma petite maman / mon petit papa – du fond du cœur – être dans tes bras – une caresse – la tendresse – des histoires passionnées – une dispute ≠ une réconciliation – un chagrin – la joie

À vos plumes !

Imaginez la lettre que la mère de Saint-Exupéry, ou celle de Baudelaire, a écrite à son fils.

Entraînement

_____ ı Leçon 16 _____

1 Rendez-vous

1 **Lisez le dialogue suivant. Doit-on prononcer les « e » soulignés ou peut-on ne pas les prononcer ?**

– Bonjour. Je voudrais un rendez-vous avec le docteur Legrand.
– C'est la première fois que vous le voyez ?
– Non. Je le connais depuis longtemps.
– Cette semaine, il me reste des places mercredi ou samedi.
– Vendredi, ce n'est pas possible ?
– Vendredi de la semaine prochaine, oui.
– C'est possible le soir, à 19 heures ?
– 19 heures... oui ! Vous vous appelez... ?

2 **Écoutez pour vérifier.**

3 **Jouez le dialogue à deux.**

2 La vie familiale

Donnez le mot opposé.
Exemple : père / mère.
a maman / __   b se marier / __
c incertitude / __
d habiter avec ses enfants / __

3 Pour le contact

Complétez le dialogue avec : *tu vois, bah, bon bah, bon écoute* (x2) et *allez*.
LA MÈRE : *Bon écoute*, il est prof de techno, et alors ?
CAMILLE : __, c'est pas super ça, prof de techno...
LA MÈRE : Il a plein de qualités, il a les mêmes intérêts que moi, __...
CAMILLE : __ moi, j'ai pas les mêmes intérêts.
LA MÈRE : __, l'adulte, ici, c'est moi.
CAMILLE : __, je vais faire mes devoirs.

4 Le matin

À deux.
1 **Réécrivez le dialogue de la scène du petit déjeuner.**

2 **Regardez la vidéo sans le son et faites parler les personnages.**

ELLE : *Pierre, voici ma fille Camille.*
CAMILLE : __
PIERRE : __
...

_____ ı Leçon 17 _____

5 On en parle

Complétez ces témoignages avec : *entraîner*, ~~*provoquer*~~, *tellement... que*, *si... que*, *si bien que*, *du coup*.
Exemple : Le débat sur le mariage pour tous **a provoqué** *beaucoup de polémiques.*
a La définition de la famille est __ différente aujourd'hui __ certaines personnes n'y comprennent plus rien.
b Ils ont choisi la garde partagée __ Emma a deux chambres.
c Lucas ne s'entend pas bien avec les enfants de la nouvelle femme de son père, __ il ne veut pas aller chez lui.
d Les divorces sont __ fréquents aujourd'hui __ les enfants de divorcés ne se sentent plus gênés.
e Le choix de la garde en alternance __ beaucoup de dépenses.

6 Définitions

Trouvez le mot qui correspond à chaque définition.
a Prendre pour fils ou fille un enfant qui n'a pas de parents.
b Deux personnes unies par des relations affectives.
c Un échange d'idées opposées.
d La femme de mon père.
e Habiter quelque part pour plus ou moins longtemps.
f Des personnes liées par des lien naturels.
g Avoir une nouvelle vie.
h Ne plus être ensemble.
i Le mari de ma mère.
j Avec une certaine fréquence.
k Avoir une bonne relation avec une personne.

▮ Leçon 18

7 Réactions

Réagissez à ces informations en utilisant des modalisateurs.

a Vivre en colocation n'est pas facile.

b Les familles monoparentales ont des difficultés financières.

c La garde alternée n'a pas d'influence sur les résultats scolaires des enfants.

d La colocation est un moyen de résoudre un problème de logement.

e Les enfants de parents séparés vivent normalement.

▮ Leçon 19

8 C'est son opinion

Complétez le témoignage de Pedro avec :
penser que, avoir peur que, avoir l'impression que, trouver que, ne pas croire que, selon moi, ne pas être sûr que.

J'__ personne n'est d'accord en ce moment. Certains __ les couples ne doivent jamais divorcer, d'autres __ les familles recomposées sont comme les autres. __, une famille traditionnelle, c'est mieux, c'est plus simple. Pour les enfants, c'est important d'avoir un environnement stable. Je __ on grandisse bien sans ses parents. Mais en même temps, je __ des parents qui se disputent tout le temps soient un exemple pour les enfants. J'__ bientôt on n'y comprenne plus rien.

9 Autrement dit

Réécrivez ces phrases en remplaçant les mots soulignés par des mots de la boîte à mots (p. 69).
Exemple : Cécile ne pense qu'à elle-même.
→ *Cécile est égoïste.*

a Il faut toujours respecter le pouvoir de ses parents.

b Les croyances familiales ont beaucoup changé ces dernières années.

c Souhaïla pense que la famille c'est très important.

d Ils ne sont plus d'accord avec la famille traditionnelle.

e Elle a arrêté de vivre avec son mari.

f Pour moi, la famille, c'est très important.

g Avec un peu de désir de bien faire, les enfants ont réussi à vivre ensemble.

▮ Leçon 20

10 À Léopoldine

Complétez la lettre avec : *dans mes bras, chagrin, petite, je t'aime du fond du cœur, chérie, ton petit, joie, tendresse.*

Lettre (imaginaire) de Victor Hugo à sa fille Léopoldine.

Ma __ Léopoldine __,
Comment vas-tu ? Encore quelques heures et tu seras __. J'ai vu la mer, j'ai vu de jolies églises, j'ai vu une belle campagne. Mais les jolies églises sont moins belles que toi et la jolie campagne moins belle que ta maman. Et la mer est moins grande que mon amour pour toi. Quelle __ de vous revoir bientôt. J'ai eu beaucoup de __ en vous quittant.
__ ma Didine. Je serai là bientôt.
Oh ! Je souhaite tellement que l'été arrive.
À bientôt
Je t'embrasse avec toute ma __.
__ papa
V.

Action !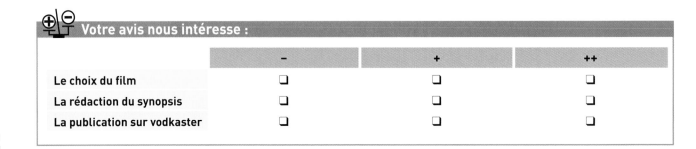

Nous créons une liste de films sur le thème de la famille pour www.vodkaster.com.

Pour cela, nous allons :

▷ Nous mettre d'accord sur la définition d'un film sur la famille (récit d'une famille sur deux générations, relations entre différents membres de la famille...).

▷ Lister les films que nous aimons sur ce thème.

▷ Choisir des films pour la liste.

▷ S'assurer qu'il y a différents genres de films (une comédie, une comédie dramatique, un drame, un film d'animation...).

▷ Inclure au moins un film français.

▷ Faire la fiche de chaque film (date, réalisateur, acteurs principaux, pays, langue, durée, genre).

▷ Écrire un synopsis de deux ou trois phrases pour chaque film.

▷ Écrire notre commentaire personnel sur chaque film (dire pourquoi nous le conseillons).

▷ Choisir une image pour représenter chaque film (une capture ou l'affiche).

▷ Publier la liste sur www.vodkaster.com.

Votre avis nous intéresse :

	−	+	++
Le choix du film	❑	❑	❑
La rédaction du synopsis	❑	❑	❑
La publication sur vodkaster	❑	❑	❑

Préparation au DELF B1

Exercice 1

Avec deux amis, vous aimeriez faire un séjour écosolidaire. Vous avez quelques exigences :
– être logé(e) chez l'habitant ;
– faire des randonnées pédestres ;
– au mois d'août ;
– un budget de 2 000 € maximum tout compris (vol + séjour) ;
– la présence d'un accompagnateur francophone.
Vous avez trouvé ces annonces de séjours sur Internet.

Séjour 1

Népal

Ce circuit nous mène à la rencontre d'un Népal inattendu et très accessible mais que les touristes ne visitent jamais. Randonnant de village en village et de vallées en montagnes, nous sommes accueillis chez l'habitant en très petits groupes, au sein de familles adorables et particulièrement attachées à leur culture et à leurs traditions. Vous disposerez de l'encadrement de personnes francophones pour faciliter la rencontre et l'échange.
Nos séjours durent 2 semaines d'octobre à mai.
1 860 € (tout compris)

Séjour 2

Kirghizistan

Au milieu des hautes steppes herbeuses d'Asie centrale, vous serez hébergés dans des familles de bergers nomades et dans des campements de yourtes, les maisons traditionnelles. Puis, avec les familles et leurs troupeaux, vous découvrirez, à pied ou à cheval, un chemin très sauvage le long de la lointaine vallée de la rivière Arpa aux paysages splendides... Un animateur français qualifié « tourisme solidaire » et formé sera présent lors des randonnées ainsi que 2 guides et plusieurs équipiers kirghiz (chevaux).
De juillet à septembre – 2 300 € (vol et séjour compris)

Séjour 3

Albanie

Entre monde urbain et monde rural, du littoral aux zones montagneuses éloignées, vous prendrez le temps de rencontrer des familles charmantes qui vous accueilleront et vous hébergeront dans leur maison d'hôtes ou leurs hôtels familiaux. Au carrefour des cultures européennes et orientales, l'Albanie vous promet des découvertes pleines de surprises entre tradition et modernité. Les randonnées vous mèneront à la rencontre des nouveaux acteurs du développement agricole local. Guide interprète albanais francophone sur place.
De mai à septembre – 2 000 €

Séjour 4

Sumatra

Eaux turquoises, sable blanc, tranquillité des villages de pêcheurs contrastant avec le mouvement des cités commerciales et des bazars..., un environnement naturel unique accueille ce séjour : beauté des paysages et richesse du patrimoine. Participez à la plantation de coraux endommagés par le réchauffement climatique avec les membres d'une ONG locale et pêchez avec les hommes-fleurs de Mentawaï... Nuit chez l'habitant et accompagnateur interprète francophone qualifié « tourisme solidaire » et formé.
Uniquement de juin à septembre – 2 360 € (tout compris)

Préparation au DELF B1

1. Dites si le séjour correspond à vos exigences en cochant la case « oui » ou « non ».

	Séjour 1 Népal		Séjour 2 Kirghizistan		Séjour 3 Albanie		Séjour 4 Sumatra	
	OUI	NON	OUI	NON	OUI	NON	OUI	NON
Chez l'habitant	☐	☐	☐	☐	☐	☐	☐	☐
Randonnées	☐	☐	☐	☐	☐	☐	☐	☐
Août	☐	☐	☐	☐	☐	☐	☐	☐
2 000 € maximum	☐	☐	☐	☐	☐	☐	☐	☐
Interprète francophone	☐	☐	☐	☐	☐	☐	☐	☐

2. Quel séjour correspond le plus à vos exigences ?

....

Exercice 2

Lisez le texte puis choisissez les réponses correctes ou écrivez les informations demandées.

Les parents solos adoptent le cotoiturage*

Pour faire face à la crise ou pour partager un peu de convivialité, de plus en plus de parents séparés prennent un appartement en colocation. Même si les familles monoparentales sont plutôt concentrées en région parisienne, les parents solos se lancent dans la colocation un peu partout en France.

Philippe, un photographe de cinquante ans, a ouvert sa maison à Christophe et à son fils : « *Je venais de me séparer de ma femme et mes enfants étaient partis faire des études. J'avais donc trois chambres de libres et je me sentais un peu seul chez moi. Avoir des colocataires me permet de retrouver un peu de vie dans la maison et, économiquement, ça me soulage beaucoup puisque nous partageons le loyer* », explique Philippe. Quant à Christophe, la colocation est, pour son fils, une façon de lui apprendre la vie en communauté, de savoir suivre des règles, de participer à la vie de la maison.

Comme il n'est pas toujours facile de trouver le bon colocataire, surtout quand on a déjà un enfant, deux femmes, Leslie et Jessica, ont eu l'idée originale de créer un site entièrement gratuit dédié à la colocation des familles monoparentales. Ce site permettrait de partager non seulement un logement mais aussi des moments de vie, un peu comme une famille alternative. Avant la première prise de contact, les personnes pourront savoir à qui elles ont affaire. Il y aura, en effet, la possibilité de rechercher son colocataire « idéal » selon des critères très précis en rapport, par exemple, à l'éducation, au mode de vie ou à la composition de la famille. Il sera ainsi plus facile de choisir les profils qui correspondent le mieux aux personnes.

Plus qu'une cohabitation, le cotoiturage peut être le moyen de recréer une famille alternative où existent entraide et solidarité. Le projet social Chorus, à Lyon, inauguré en décembre 2013, est dédié à la colocation. Il s'agit d'un immeuble qui accueille aussi bien des familles monoparentales que des seniors et des étudiants. Les appartements ont tous été conçus pour de la colocation. Camille Belda, chargée de mission habitat et humanisme Rhône, explique que chaque résident dispose d'espaces privatifs. Chacun a sa chambre et sa salle de bains. Les colocataires se partagent le salon et la cuisine. Camille Belda précise qu'au sein de l'immeuble, une réelle entraide existe. Ce qui plaît, c'est le côté intergénérationnel, le fait d'avoir un réel partage avec des gens de tous âges et d'horizons différents.

* cotoiturage : partager un même toit (un même logement), faire de la cohabitation solidaire.

1. D'après l'article, pour quelles raisons les parents solos choisissent-ils un jour de vivre avec des colocataires ? (Deux réponses attendues.)

a ....

b ....

2. Vrai ou faux ? Cochez la bonne réponse et recopiez la phrase ou la partie du texte qui justifie votre réponse.

	V	F
Il y a très peu de familles monoparentales en région parisienne.	☐	☐

Justification : ....

....

3. En plus d'avoir de la compagnie, quel avantage Philippe trouve-t-il à la colocation ?

....

4. Que pense Christophe de la colocation pour son fils ? (Plusieurs réponses possibles, une seule attendue.)

....

5. D'où vient l'idée de création du site de Leslie et Jessica ?

....

6. Le site de Leslie et Jessica...
☐ a donne une liste d'associations de colocataires.
☐ b présente des profils de familles monoparentales.
☐ c rassemble des petites annonces de logements à partager.

7. En plus de partager un logement, que permet le cotoiturage, d'après l'article ?

....

8. Vrai ou faux ? Cochez la bonne réponse et recopiez la phrase ou la partie du texte qui justifie votre réponse.

	V	F
a L'immeuble du projet Chorus regroupe exclusivement des familles monoparentales.	☐	☐

Justification : ....

....

	V	F
b Les personnes qui vivent dans l'immeuble du projet Chorus ont des pièces qui leur sont dédiées.	☐	☐

Justification : ....

....

9. En plus de l'esprit solidaire, qu'est-ce qui est très apprécié par les habitants de l'immeuble du projet Chorus ?

....

Préparation au DELF B1

Choisissez un sujet sur les trois proposés.

Sujet 1

Vous revenez d'un voyage écosolidaire à l'étranger. Racontez votre séjour sur le forum du site www.voyageons-autrement.com : dites où, quand, comment et si vous êtes parti seul(e) ou accompagné(e) et donnez vos impressions. *(180 mots minimum)*

Sujet 2

Vous étudiez dans une école de langues. Vous aimeriez qu'un voyage touristique soit organisé pour découvrir une ville francophone. Proposez votre projet au responsable de l'école. Expliquez, dans une lettre adressée au responsable de l'école, où pourrait se faire le voyage et comment il serait organisé (lieux, dates, logement, visites, activités, budget par participant). *(180 mots minimum)*

Sujet 3

Vous lisez ce témoignage sur le forum de Psychomag :

« *Aujourd'hui, il n'y a plus un seul modèle familial, mais plusieurs. Au-delà de la famille dite traditionnelle qui était le modèle de référence d'autrefois, existent, par exemple, la famille recomposée, la famille monoparentale, les couples unis par le PACS, la famille homosexuelle, la famille d'adoption, la famille d'accueil... Toutes ces appellations apparaissent à mesure que de nouvelles structures familiales arrivent. Je trouve qu'on ne respecte pas nos enfants. Et vous, qu'en pensez-vous ? Est-ce la même chose dans votre pays ?* » – Muriel

Vous décidez de répondre aux questions de Muriel. Écrivez un texte construit et cohérent de 180 mots environ.

Un corps parfait

Nous mettons en scène et nous jouons la scène VI de l'acte II de *Knock*

Nous allons savoir comment :
écrire un commentaire
parler de notre relation à la publicité
raconter l'histoire d'une marque
imaginer une application
écrire et enregistrer une chronique

▶ **Publicité de télévision pour la marque Vittel®**

▷ **Culture :**
Un extrait d'une pièce de théâtre : *Knock* de Jules Romains

Dites-nous tout !

1 Avez-vous des critères de beauté ? Si oui, lesquels ?

2 Quels conseils donneriez-vous à quelqu'un pour être en forme ?

3 Êtes-vous fidèle à une / des marque(s) ? Si oui, laquelle / lesquelles et pourquoi ?

4 Pensez-vous qu'actuellement, il faut faire du sport pour être beau ? Justifiez.

Leçon 21 | # Une nouvelle vie

1. Spot publicitaire 5

Regardez la publicité sans le son.

1 Notez les informations suivantes :

a le produit ;
b la marque ;
c le slogan ;
d le nombre de personnes ;
e les lieux.

2 Relevez les trois mots à la fin de la publicité. Lequel est une caractéristique physique ?

3 Citez les trois activités sportives vues dans la publicité.

4 Résumez l'histoire de cette publicité.

2. « Lecture publicitaire » 5

Regardez à nouveau la vidéo sans le son.

1 Repérez la couleur dominante et nommez les objets qui sont de cette couleur.

2 Dites ce que cette couleur évoque.

3 Nommez les différents plans (voir le glossaire du cinéma p. 150). Combien de temps durent-ils ?

4 En quoi ce montage est-il typique d'une publicité ?

5 Certaines images se ressemblent. Trouvez d'autres exemples dans la publicité.

6 Que suggère cette manière de filmer et de monter les images ?

3. Musique et chanson 5

Regardez la vidéo avec le son.

1 Dites ce que vous pensez de la musique, de la chanson, de la voix du chanteur.

2 À deux, mettez les paroles de la chanson dans l'ordre.

a Ah ! Qu'elle est belle cette nouvelle vie.
b Je continue sur ma lancée, plus rien ne semble m'arrêter.
c Mon cher fauteuil, t'es ramollo.
d Ça y est, cette fois, c'est reparti.
e Je veux vivre sans toi.
f Ah ! C'est fou ce que je séduis.
g J'ai commencé une nouvelle vie, pleine de vitamines et pleine d'envies.
h J'suis raplapla et t'es trop gros.
i Je fais même gaffe à ma bouffe,
j je te jure, je sors, je cours comme un ouf.
k Ah ! Qu'elle est belle cette nouvelle vie, avec Vittel® et de l'envie.
l Allez allez, bon débarras.

Les images sont extraites du spot publicitaire intitulé « Fauteuil VITTEL » réalisé dans le cadre de la campagne publicitaire de la marque VITTEL, Nestlé Waters France, 2013 ©.

3 **Lisez la transcription p. IX et répondez aux questions.**

a À qui parle le personnage principal ?
b Quel est son problème ?
c Quelles décisions prend-il ?
d Quel est le résultat de sa nouvelle vie ?

4 **Trouvez dans la transcription :**

a les mots et les phrases qui correspondent à :
   1 sans énergie, mou ;
   2 je fais attention à ce que je mange ;
   3 je ne m'arrête pas ;
b une autre manière de dire « fou ».

5 **Par quel mot-phrase peut-on remplacer « bon débarras » ? Choisissez.**

a Zut !
b Ouf !
c Chut !

4. Stratégie 5

Regardez à nouveau la vidéo avec le son.

1 Relevez les mots de la chanson qui rappellent la marque Vittel®.

2 Décrivez le profil du consommateur ciblé par Vittel®.

3 Quel effet cette publicité produit-elle sur vous ? Justifiez.

Boîte à mots ▶ Activités 3 et 4 p. 90

- **La forme physique** : ramollo – raplapla – gros – séduire
- **L'alimentation** : une vitamine – la bouffe *(familier)* – le calcium – les minéraux
- **Les expressions** : bon débarras – faire gaffe à *(familier)* – comme un fou (ouf) – continuer sur sa lancée – c'est fou – c'est reparti
- **Verlan** : ouf / fou
- **En relation avec Vittel®** : vivre – la vie – l'envie – la vitalité

5. [Œ], [O] et [u] 22

1 **Écoutez la vidéo avec la transcription p. IX. Classez les mots suivants selon la prononciation des voyelles soulignées.**

ramoll<u>o</u> – tr<u>o</u>p – faut<u>eu</u>il – f<u>ou</u> – gr<u>o</u>s – <u>ou</u>f – <u>eau</u> – c<u>ou</u>rs – b<u>ou</u>ffe – minér<u>au</u>x – je v<u>eu</u>x – ch<u>o</u>se – je s<u>o</u>rs – calci<u>um</u> – n<u>ou</u>velle

a On entend [Œ] ([ø], [œ] ou [ə]) : ___
b On entend [O] ([o] ou [ɔ]) : ___
c On entend [u] : ___

2 **Dites lequel des deux mots demande le plus d'effort musculaire.**

a faut<u>eu</u>il – v<u>eu</u>x
b s<u>o</u>rs – <u>eau</u>

Phonétique 🎧 22 → p. 154

Les oppositions [Œ] ([ø], [œ], [ə]), [O] ([o], [ɔ]) et [u]

- [Œ] ([ø], [œ], [ə]) : arrondi, langue en avant, aigu.
  « e », « eu », « œu » : *qu<u>e</u>, qu<u>eu</u>e, c<u>œu</u>r.*
- [O] ([o] ou [ɔ]) : arrondi, langue en arrière, grave.
  « o », « au », « eau » : *c<u>o</u>rps, minér<u>au</u>x, <u>eau</u>.*
- [u] : arrondi, langue en arrière, très grave, très tendu.
  « ou » : *f<u>ou</u>, c<u>ou</u>rs.*

Les sons [ø] / [œ] et [o] / [ɔ]

- [ø] : bouche fermée, muscles tendus.
  « eu », « œu » : *v<u>œu</u>x.*
- [œ] : bouche ouverte, muscles relâchés.
  « eu / œu » + consonne prononcée : *faut<u>eu</u>il, c<u>œu</u>r.*
  « u » dans les mots anglais : *cl<u>u</u>b.*
- [o] : bouche fermée, muscles tendus.
  « o », « au », « eau » : *tr<u>o</u>p, j<u>au</u>ne, <u>eau</u>.*
  « o » + [z] : *ch<u>o</u>se.*
- [ɔ] : bouche ouverte, muscles relâchés.
  « o » + consonne : *s<u>o</u>rs.*
  « um » dans les mots latins : *calci<u>um</u>.*

▶ Activités 1 et 2 p. 90

Communication

6. Commentaires

1 À deux, rédigez un commentaire sur la publicité Vittel®. Dites ce que vous pensez de l'histoire, du personnage principal, de la chanson. Vous pouvez poster votre commentaire sur YouTube.

2 En groupe, dites ce que vous pensez de la publicité. Avez-vous déjà choisi un produit grâce à la publicité ? Cette publicité pour l'eau minérale est-elle différente de celles produites dans votre pays ? Justifiez.

Leçon 22 | # Saga des pubs

1

L'image de Vittel®

ReVittelisez-vous!

Il y a quelque chose dans cette eau

Nestlé Waters France, 2014 ©

Grâce au succès du thermalisme, Vittel® devient célèbre à partir de 1860. L'eau a commencé à être conditionnée en bouteilles en 1903.

En dix ans, la production de bouteilles a été multipliée par quatre. Le succès a été immense. Dans les années cinquante, l'image de la marque est passée de l'idée de la santé à celle de la vitalité. Cela fait donc plus d'un demi-siècle que Vittel® associe son nom à la vitalité et à la jeunesse : «Retrouvez toute la vitalité qui est en vous» (slogan de 1975), «Buvez, éliminez» (1980), «Vittel®, la vitalité est en elle» (2000).

En 2003, la marque a ajouté à son image le glamour et dans le spot publicitaire international de 2005, David Bowie incarne le nouveau slogan : «Vittel®, chaque jour une vie nouvelle.»

1. Images

Observez les photos des documents 1 et 2.

1 Notez les mots auxquels ces photos vous font penser.

2 D'après vous, à qui s'adresse chaque publicité ?

3 Quelle eau minérale française connaissez-vous ? Si vous en buvez, dites pourquoi.

Boîte à mots

- **L'eau minérale** : le thermalisme – être conditionnée en bouteilles – une source – une station thermale
- **Le marketing** : un spot publicitaire – un slogan – se positionner – le marché – une tendance
- **La médecine (1)** : la perte de poids – une propriété médicale – pharmaceutique – la santé
- **Le corps (1)** : le foie – un rein – la taille – une hanche – la minceur

2. Marketing

Lisez l'historique de Vittel® (document 1).

1 Répondez aux questions.

a Qu'est-ce qui a contribué au succès de l'eau minérale Vittel® ?

b Qu'est-ce qui s'est passé en 1903 ?

c L'eau minérale en bouteilles a-t-elle eu du succès ? Justifiez.

d Depuis combien de temps Vittel® est-elle associée à l'idée de vitalité ?

2 À quel mot peut-on associer les slogans de 1975 et 2000 ? Choisissez.

a le calme   b le dynamisme   c la légèreté

3 Associez chaque marqueur de temps à son emploi.

a En dix ans...

b Cela fait plus d'un demi-siècle...

1 Indique le début d'un fait.

2 Indique une durée nécessaire pour obtenir un résultat.

4 Dites à quels temps l'histoire de Vittel® est racontée.

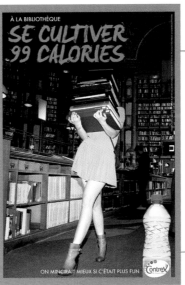

À LA BIBLIOTHÈQUE
SE CULTIVER
99 CALORIES

ON MINCIRAIT MIEUX SI C'ÉTAIT PLUS FUN

Nestlé Waters, 2014 ©

20000 bouteilles en 1857, 2 millions en 1914, 635 millions en 2005. L'exploitation de la source de Contrexéville commença en 1774. La station thermale est devenue célèbre grâce à Pierre Thouvenel, médecin de Louis XVI. Depuis cette époque, l'eau Contrex® est associée à la perte de poids et bue pour ses propriétés médicales.
En 1953, Contrex® quitta le milieu pharmaceutique pour les supermarchés. Entre 1953 et 1954, le slogan passa de « un foie, deux reins, trois raisons de boire Contrex® » à « une taille, deux hanches, trois raisons de boire Contrex® ». C'est ainsi que, peu à peu, la marque se positionna sur le marché de la minceur et de la beauté. Aujourd'hui, la tendance est plutôt à la « cosmétofood » et Contrex® promet à la fois bien-être et bonheur.

3. Une autre stratégie

Lisez l'historique de Contrex® (document 2).

1 Choisissez le mot qui correspond le mieux au marketing de Contrex®.

a la vitalité   **b** l'esthétique   **c** la force

2 Relevez les faits correspondant aux dates suivantes.

a En 1774, ___
b En 1953, ___
c Entre 1953 et 1954, ___

Le passé simple des verbes en *-er*

Le passé simple est utilisé dans les romans, les contes, les biographies ou les textes historiques.
Il se forme, en général, à partir du radical du verbe.
Les terminaisons des verbes en *-er* sont :
-ai, -as, -a, -âmes, -âtes, -èrent.
On utilise essentiellement le passé simple avec *il/elle/on* et *ils/elles*.
*En 1953, Contrex® **quitta** le milieu pharmaceutique.*

Quitter
je	quittai
tu	quittas
il/elle/on	quitta
nous	quittâmes
vous	quittâtes
ils/elles	quittèrent

▶ Activité 5 p. 90

3 Associez un infinitif à chaque fait.

a quitter
b passer
c commencer

4 Lisez à nouveau l'historique de Contrex®. Retrouvez les trois verbes et dites à quel temps ils sont conjugués.

L'expression de la durée

- ***En*** indique le temps nécessaire à la réalisation de quelque chose.
  ***En** dix ans, la production de bouteilles a été multipliée par quatre.*
- ***Cela fait... que*** indique l'origine d'un fait qui continue au moment où l'on parle.
  ***Cela fait** plus d'un demi-siècle **que** Vittel® associe son nom à la vitalité, à la jeunesse.*
- ***Entre*** + **année** + ***et*** + **année** indique une période précise.
  ***Entre 1953 et 1954**, le slogan passa de « un foie, deux reins, trois raisons de boire Contrex® » à « une taille, deux hanches, trois raisons de boire Contrex® ».*
- ***Peu à peu*** indique une progression.
  *C'est ainsi que, **peu à peu**, la marque se positionna sur le marché de la minceur.*

▶ Activité 6 p. 90

Communication

4. Votre marque préférée

En groupe.

1 Racontez par écrit l'histoire d'une marque que vous aimez bien. Pensez à citer des slogans.

2 Échangez vos textes et discutez : connaissez-vous cette marque, son histoire... ?

Leçon 23 | À la plage

1 santé
magazine

Drogue 100 % naturelle

Une étude menée par l'université d'Harvard montre que l'exposition au soleil comporterait des risques d'addiction.

Pourquoi se sent-on si bien au soleil ?
Parce que le soleil est synonyme de vacances.
Mais aussi parce qu'il agirait sur notre organisme comme une drogue.
Des chercheurs de la Harvard Medical School viennent en effet de montrer que les bains de soleil répétés conduisent à une véritable addiction.
Selon eux, lors d'une exposition aux rayons ultraviolets (UV), le corps produit des endorphines, des substances chimiques qui favorisent la détente.

1. Au soleil

Lisez l'article de *Santé Magazine* (document 1).

1 Choisissez.

L'article rapporte une étude...
a qui explique que le soleil est bon pour la santé.
b qui explique pourquoi le soleil est dangereux.
c qui explique que le soleil produirait une addiction.

2 Relevez :

a le nom de l'institut qui a mené l'étude ;
b la substance chimique naturelle qui provoque une addiction ;
c l'effet de cette addiction.

3 Trouvez dans le texte les deux expressions équivalentes à « exposition au soleil ».

---

info
france

ACCUEIL > PROGRAMMES > CINQ JOURS À LA UNE

Pour bronzer, on n'attend pas l'été à Marseille

2

2. Cinq jours à la une ·

1 Regardez la photo (document 2) et dites à quoi vous pensez.

Aimez-vous la plage ? Pourquoi ?
Quelles sont vos activités quand vous êtes à la mer ?

2 Écoutez le témoignage de trois Marseillaises sur la plage des Catalans. Associez chaque témoignage à une thématique.

a Youssra
b Cécile
c Marie

1 le sport
2 la jeunesse

3 Écoutez à nouveau les témoignages.

a Notez ce que Youssra, Cécile et Marie font sur la plage.
Je bronze, je nage, ___
b Lisez la transcription p. IX et vérifiez vos réponses.
c Relevez les mots en relation avec la plage.
L'eau salée, ___

4 Répondez aux questions.

a Quels objectifs ces trois Marseillaises ont-elles en commun ?
b Pensez-vous qu'elles sont « addictes » au soleil ? Pourquoi ?
c Que faites-vous pour entretenir votre corps ?
d Croyez-vous au pouvoir du marketing du « rester jeune et en bonne santé » ? Justifiez.

Tous addicts à l'automesure

appretation

C'est devenu une obsession pour Alice, 25 ans, créative dans une agence de pub. Elle s'est inscrite dans une salle de sport. Chaque jour, elle se connecte à Walkmeter, une appli podomètre qui permet d'évaluer la distance parcourue. « C'est une drogue ! Je vérifie mes stat' quotidiennement. » Alice consulte les kilomètres qu'elle a faits et les calories qu'elle a perdues et calcule des moyennes. Le podomètre enregistre le nombre de pas faits par Alice et permet de savoir combien de calories ont été brûlées.

Toutes ces informations corporelles sont quantifiées, sont analysées et sont partagées par tous sur les réseaux sociaux. C'est le phénomène de l'automesure.

3

passifs pluriel + familier

3. Nouvelle tendance

Lisez le document 3.

1 Notez quelques informations sur Alice et sur l'application qu'elle utilise.

2 Définissez le mot *automesure*.

3 Retrouvez dans le texte une autre manière de dire la même chose.

a Alice a parcouru une distance et le podomètre permet de l'évaluer.

b Alice a fait un certain nombre de pas et le podomètre les enregistre.

c Alice a brûlé des calories et le podomètre permet de savoir combien.

4 Choisissez.

Le passif se forme avec...

a l'auxiliaire *avoir* + le participe passé du verbe.

b l'auxiliaire *être* + le participe passé du verbe.

Boîte à mots

- **La plage :** un bain de soleil – une exposition – les rayons ultraviolets (UV) – l'eau salée – le sable – bronzer – un bain de mer – se baigner – faire la sieste
- **Le corps (2) :** un bain de jouvence – la détente – l'endorphine – rajeunir
- **L'activité physique :** nager – entretenir / sculpter son corps – brûler des calories – des pas – parcourir (une distance)

Grammaire → p. 163

La forme passive

Le sujet du verbe « actif » (celui qui fait l'action) devient **complément d'agent**, généralement introduit par *par*. On ne mentionne l'**agent** que lorsque c'est obligatoire.

Le **complément d'objet direct** devient le sujet du verbe passif.

Forme active

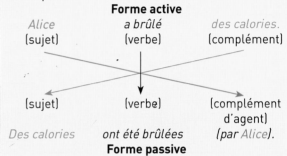

Alice	a brûlé	des calories.
(sujet)	(verbe)	(complément)

(sujet)	(verbe)	(complément d'agent)

| Des calories | ont été brûlées | (par Alice). |

Forme passive

Formation : sujet (passif) + *être* (conjugué) + participe passé du verbe (+ *par* + complément d'agent). Le participe passé s'accorde *avec le sujet*

Toutes ces informations sont partagées par tous sur les réseaux sociaux.

Le podomètre permet de savoir combien de calories ont été brûlées. ← *sujet*

La structure sans le verbe *être* est possible : sujet (passif) + participe passé du verbe (+ *par* + complément d'agent).

Le podomètre permet d'évaluer la distance parcourue.
Le podomètre enregistre le nombre de pas faits par Alice.

Combien des calories on a brûlées

▶ **Activités 7 et 8 p. 91**

Grammaire → p. 164

L'accord du participe passé

- Avec l'auxiliaire *être* : le participe passé s'accorde avec le sujet du verbe.
  Alice s'est inscrite dans une salle de sport.
- Avec l'auxiliaire *avoir* : le participe passé s'accorde avec le complément d'objet si celui-ci est placé avant le verbe.
  Alice consulte chaque jour les kilomètres qu'elle a faits et les calories qu'elle a perdues.

▶ **Activité 9 p. 91**

Communication

4. Nouvelle appli

En groupe, pour un magazine de high-tech, imaginez une nouvelle application d'automesure sur le modèle de Walkmeter®, qui peut aider à évaluer ce qu'on mange, à utiliser Internet, à gérer ses dépenses, etc. Présentez votre idée à la classe.

85

Le bikini

KELLY KILLOREN BENSIMON

LE BIKINI

DES ANNÉES 1950 À NOS JOURS

PRÉFACE DE TOMAS MAIER   ASSOULINE

1

france inter • france info • france bleu • france culture • france musique • fip • Le mouv

inter France

direct   (ré)écouter   La Sélection   Vidéos   aide

00:00   01:47   Partage

23 JUIN 1946 : UN INGÉNIEUR FRANÇAIS INVENTE LE BIKINI...

Podcast

Exporte

2

1. Hypothèses

Observez les documents 1 et 2.

1 Faites des hypothèses sur les contenus du livre et de la chronique de France Inter.

2 Que savez-vous du bikini ? Que pensez-vous de sa date de création ?

2. France Inter

1 Écoutez la chronique.

a Vérifiez vos hypothèses de la question 1.

b Relevez la nationalité et les professions de l'inventeur du bikini.

2 Écoutez à nouveau la chronique. Dites si ces affirmations sont vraies ou fausses. Justifiez.

a Le bikini a été inventé pour mieux bronzer.

b La première collection a été présentée sur une plage.

c Aucun mannequin ne voulait porter le bikini.

d Le bikini a été interdit en France.

e Le bikini a eu du succès 15 à 20 ans après son invention.

3 Écoutez à nouveau la chronique et relevez :

a l'origine du mot *bikini* ;

b pourquoi l'inventeur a choisi ce nom.

3. L'invention

Écoutez la chronique avec la transcription p. IX.

1 Mettez les phrases dans l'ordre.

a Le bikini est un scandale.

b Louis Réard imagine un maillot de bain deux-pièces.

c Louis Réard présente sa création.

d Louis Réard arrive difficilement à trouver des mannequins.

e Louis Réard explique le nom *bikini*.

f Louis Réard invente le bikini.

2 À quel temps sont ces informations dans la transcription p. IX ? Par quel temps pourrait-on le remplacer ?

3 Quels autres temps sont utilisés dans la chronique ? Justifiez leur utilisation.

Boîte à mots

• **Se montrer :** retrousser – (se) dévêtir ≠ (se) vêtir – s'exhiber – s'imposer

• **La mode :** un bikini – un maillot de bain – un une-pièce – un deux-pièces – une tenue – une création – la lingerie

3

Dès l'Antiquité, les femmes portaient le bikini : des archéologues, dans les années vingt, ont découvert dans la villa romaine du Casale, en Sicile, des mosaïques représentant des femmes jouant en bikini.

Grammaire → p. 163

Les temps du récit (2)

- Pour raconter des événements passés, accomplis, et pour présenter des actions chronologiquement, on peut utiliser le **passé simple** (voir p. 83).
  *Louis Réard **inventa** le bikini.*
  *Il **eut** du mal à trouver des mannequins.*
  Avoir : il eut, ils eurent. – Être : il fut, ils furent. – Faire : il fit, ils firent. – Naître : il naquit, ils naquirent. – Mourir : il mourut, ils moururent.
- Rarement employé, le passé simple a la même valeur que le passé composé. On utilise donc fréquemment le **passé composé** pour le remplacer.
  *Louis Réard **a inventé** le bikini.*
  *Il **a eu** du mal à trouver des mannequins.*
- Pour apporter des précisions sur le contexte (circonstances, situation, répétition), on utilise l'**imparfait**.
  *Il **gérait** une boutique de lingerie.*
  *Les Américains **venaient** d'effectuer des essais.*
- Le **présent** et le **futur** peuvent aussi être utilisés à la place du passé composé. Ils permettent de rendre le récit plus vivant.
  *Le bikini **sera** interdit ; c'est dans les années soixante qu'il **s'impose** sur les plages.*

▶ Activité 10 p. 91

4. Déjà, les Romains...

Lisez le document 3 et répondez aux questions.

a Par qui, où et quand a été découverte cette mosaïque ?
b Quelles nouvelles informations sur le bikini nous apporte ce document ?
c Qu'en pensez-vous ?

Grammaire → p. 164

Quelques marqueurs temporels

- Pour situer un événement dans le temps :
  dans les années vingt, le 23 juin 1946, en 1946, cette année-là, c'est à cette occasion que, il y a, dans l'Antiquité, au xve siècle...
  *Les archéologues ont découvert des mosaïques **dans les années vingt**.*
- Pour indiquer l'origine d'un événement :
  depuis, à partir de, dès, il y a... que...
  ***Dès** l'antiquité, les femmes portaient le bikini.*
- Pour indiquer les limites d'un événement :
  de... à..., jusqu'à / en...
  ***Des** années cinquante **à** nos jours.*

▶ Activité 11 p. 91

Communication

5. Le maillot masculin

En groupe.

1 **À l'aide des informations suivantes et sur le modèle de la chronique de France Inter, écrivez une courte chronique sur l'histoire du maillot de bain masculin (environ 200 mots).**

- **Moyen Âge** → xviiie siècle : la baignade est jugée dangereuse.
- **Fin du** xixe **siècle** : pyjama de bain.
- **Début du** xxe **siècle** : costume en laine + bonnet.
- **20 octobre 1907** : loi australienne → uniforme de bain + *swimming robe*.
- **Années vingt** : le Topper montre les bras, les jambes et les épaules.
- **1932** : invention du slip de bain Tarzan.
- **Années quatre-vingts** : mode surf → caleçon long.
- **Aujourd'hui** : maillot une-pièce → protection contre les UV.

2 **Enregistrez votre chronique. Faites-la écouter à la classe.**

Le pyjama de bain (fin du xixe siècle).

Jules Romains
Knock

folio

Knock,
Jules Romains,
1923

En produisant *Knock*, Jules Romains s'inscrit dans une tradition littéraire bien française : la satire des médecins. Il dénonce la manipulation et présente le médecin comme un représentant de commerce. Par la force de sa manipulation et grâce à l'ignorance de la population, Knock finit par exercer un pouvoir quasi totalitaire.

Le docteur Parpalaid qui, pendant les vingt-cinq ans de son séjour à Saint-Maurice, n'a pas cru à la médecine ni fait fortune, trompe le docteur Knock en lui vendant un cabinet sans clientèle. Knock se rend vite compte qu'il y a peu de malades au village et qu'il ne gagnera donc pas beaucoup d'argent. Or son but est de faire fortune. C'est ainsi qu'il met en place une stratégie pour faire venir les gens dans son cabinet : il offre des consultations gratuites le lundi et demande à l'instituteur d'alerter la population sur les dangers des microbes et des virus… Il crée ainsi un climat de peur et cherche à impressionner les villageois avec un vocabulaire savant.

Acte II – Scène VI

**KNOCK, LES DEUX GARS[1]
DE VILLAGE**

KNOCK : Quelle est la première personne ?
(Deux hommes, de simples villageois, s'avancent. Ils ont envie de rire. Derrière eux, les autres personnes s'amusent du spectacle. Knock fait comme s'il ne les voyait pas.) Lequel de vous
5 deux ?
LE PREMIER GARS : Hi ! Hi ! Hi !
TOUS LES DEUX : Hi ! Hi ! Hi !
KNOCK : Vous n'allez pas passer ensemble ?
LE PREMIER : Si ! Si ! Hi ! Hi ! Hi ! Si ! Si ! […]
10 LE SECOND : Nous deux, on va toujours ensemble. On fait la paire. Hi ! Hi ! Hi !
KNOCK : *(Sur un ton froid.)* Entrez. *(Il referme la porte. Au premier homme.)* Déshabillez-vous. *(Au second, en lui désignant une chaise.)* Vous, asseyez-vous là.
15 LE PREMIER : *(Il n'a plus que son pantalon et sa chemise.)* Faut-il que je me mette tout nu ?
KNOCK : Enlevez encore votre chemise. Ça suffit. *(Knock s'approche, tourne autour de l'homme, le touche et tire sur sa peau.)* Étendez-vous là-dessus. Allons. Ramenez les genoux.
20 *(Il touche le ventre, applique çà et là le stéthoscope.)* Allongez le bras. *(Il examine le pouls. Il prend la pression artérielle. Il a l'air très sérieux et fait peur.)* Vous avez encore votre père ?
LE PREMIER : Non, il est mort.
KNOCK : De mort subite ?
25 LE PREMIER : Oui.
KNOCK : C'est ça. Il ne devait pas être vieux ?
LE PREMIER : Non, quarante-neuf ans.
KNOCK : Si vieux que ça ! *(Long silence. Les deux hommes n'ont plus envie de rire. Puis Knock va chercher deux grandes affiches qui*
30 *représentent les principaux organes chez l'alcoolique avancé et chez l'homme normal. Au premier homme.)* Je vais vous montrer dans quel état sont vos principaux organes. Voilà les reins d'un homme ordinaire. Voici les vôtres. *(Avec des pauses.)* Voici votre foie. Voici votre cœur. Mais chez vous, le cœur est déjà
35 plus abîmé qu'on ne l'a représenté là-dessus. *(Puis Knock va tranquillement remettre les affiches à leur place.)*
LE PREMIER : *(Très timidement.)* Il faudrait peut-être que je cesse de boire ?
KNOCK : Vous ferez comme vous voudrez. *(Un silence.)*
40 LE PREMIER : Est-ce qu'il y a des remèdes[2] à prendre ?
KNOCK : Ce n'est guère la peine[3]. *(Au second.)* À vous, maintenant.
LE PREMIER : Si vous voulez, monsieur le docteur, je reviendrai à une consultation payante ?
45 KNOCK : C'est tout à fait inutile.
LE SECOND : Je n'ai rien, moi, monsieur le docteur.
KNOCK : Qu'est-ce que vous en savez ?
LE SECOND : *(Il recule en tremblant. Il a peur du docteur.)* Je me porte bien, monsieur le docteur.
50 KNOCK : Alors pourquoi êtes-vous venu ?

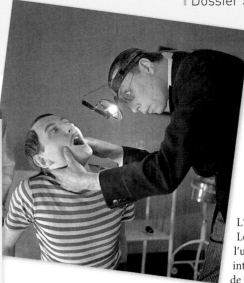

LE SECOND : *(Même jeu.)* Pour accompagner mon camarade.

KNOCK : Il n'était pas assez grand pour venir tout seul ? Allons ! Déshabillez-vous.

LE SECOND : *(Il va vers la porte.)* Non, non, monsieur le doc-
55 teur, pas aujourd'hui. Je reviendrai, monsieur le docteur. *(Silence. Knock ouvre la porte. On entend les gens qui rient. Knock laisse passer les deux hommes terrifiés qui sortent, traversent la salle d'attente soudain silencieuse.)*

RIDEAU

1. hommes – 2. médicaments – 3. Ce n'est pas nécessaire.

L'acteur Louis Jouvet, l'un des interprètes de *Knock*.

1. Le texte

Observez et lisez l'extrait de *Knock*. Quelles sont les caractéristiques de ce texte ? Choisissez.

a C'est un dialogue.

b Il y a un narrateur.

c Il y a le nom des personnages.

d Le narrateur fait des commentaires sur les personnages.

e Il y a des didascalies (des phrases entre parenthèses qui sont des indications de l'auteur pour la mise en scène).

f On peut lire le numéro de l'acte, le numéro de la scène et le nom de la scène.

g Il y a un mot qui indique la fin de l'acte.

2. La scène

Lisez à nouveau l'extrait.

1 Dites :

a combien il y a de personnages et qui ils sont ;

b ce qu'ils font.

2 Choisissez la phrase qui résume le mieux cette scène.

a Deux hommes viennent à une consultation médicale gratuite pour s'amuser. Ils se moquent du médecin, puis ils partent.

b Deux hommes viennent à une consultation médicale gratuite pour s'amuser. Mais le premier découvre qu'il est très malade.

c Deux hommes viennent à une consultation médicale gratuite pour s'amuser. Pour les punir, le médecin fait croire à l'un d'eux qu'il est très malade.

3 Repérez les quatre parties du texte.

a L'arrivée : lignes 1 à ___

b L'examen : ___

c L'explication : ___

d Le deuxième patient : ___

4 Relevez les mots en relation avec le corps.

3. Interprétation

Faites parler « les deux gars ». Imaginez : une fois sortis du cabinet, les deux camarades racontent aux personnes dans la salle d'attente ce qui s'est passé et ce que le médecin leur a dit.

À vos plumes !

À deux, imaginez le texte pour la consultation du deuxième homme. Pensez aux didascalies et utilisez les mots de la Boîte à mots ci-dessous.

Boîte à mots

- **Le théâtre** : une scène – un acte – les didascalies – un dialogue
- **Les mouvements** : s'étendre – toucher – tirer – ramener (les genoux) – allonger (le bras)
- **Le corps (3)** : les genoux – le ventre – le bras – les organes – le cœur – la peau
- **La médecine (2)** : le pouls – la pression artérielle – une consultation – examiner – le stéthoscope

Recherches personnelles

Cherchez différentes adaptations cinématographiques de la pièce de Jules Romains.

Entraînement

Leçon 21

1 Sœur, sors, sourd

Écoutez. Dans quel ordre entendez-vous ces mots ?

Exemple : sourd – sœur – sors → 2 – 3 – 1.

a au trop – au trou

b la mort – l'amour

c les deux – les dos – les doux

d les cœurs – les corps – les cours

e seul – sol – saoule

2 Il veut, ils veulent

1 Lisez les mots.

a il veut – ils veulent

b elle peut – elles peuvent

c deux œufs – un œuf

d un sot – un sol

e un beau – un bord

f des os – un os

g maximum – minimum

h une nurse – un bug – un buzz

2 Écoutez pour vérifier et répétez.

3 Concours Vittel®

Vittel® lance un concours pour une nouvelle publicité. Complétez le texte avec : *vie, vitalité, minéraux, bon débarras, alimentation, c'est reparti, envies, calcium, gaffe, gros, raplapla, c'est fou, ramollo.*

Je suis ___, je suis ___. Je ne veux plus être ___. Je dois changer de ___. Cher canapé, je ne veux plus vivre avec toi ! Dehors et ___ ! J'ai commencé une nouvelle vie : je fais ___ à mon ___, je cours, je sors, je vois des amis. J'adore le sport.
___ ce que je me sens bien maintenant. J'ai plein d'___. Ça y est, ___ ! ___ ?
J'aime ma nouvelle vie !! Quelle ___ ! Je ne suis plus jamais fatigué.
Vittel®, vitalité, ___ et ___.

4 Slogans

Proposez trois nouveaux slogans pour Vittel®.
Exemple : Ramollo ? Buvez de l'eau !
Vittel®, et c'est reparti.

Leçon 22

5 Bic

Mettez les phrases au passé simple.

La marque Bic

a **Octobre 1945**
Marcel Bich commercialise le stylo Bic Cristal.

b **En 1953**
Marcel Bich transforme son nom et nomme la marque « Bic ».

c **En 1954**
Les stylos Bic se fabriquent en Italie, au Brésil...

d **En 1973**
La marque lance le briquet Bic.

e **En 1975**
La marque crée le rasoir Bic.

f **En 2008**
Le Bic Phone arrive sur le marché.

6 Le blue-jean

Complétez le texte avec : *en, cela fait... que, entre... et..., peu à peu.*

Levi Strauss et Jacob Davis

Levi Strauss et Jacob Davis ont développé le blue-jean dans les années 1870 aux États-Unis. Levi Strauss a décidé de créer un nouveau type de pantalon avec ce tissu qui venait de Gênes, en Italie, et que les Américains prononçaient « djin ».
___ quelques années, le nouveau pantalon est devenu très populaire. ___ 1889 ___ 1918, on a créé différentes versions du jean (pour enfants, pour femmes). D'abord associé au travail, le jean a ___ symbolisé la jeunesse, ___ plus de soixante ans ___ le jean est le vêtement le plus rock'n'roll.

┐ Leçon 23 ┌

7 Santé Mag

Lisez le texte et relevez un exemple pour chaque structure passive.

Les études menées dernièrement montrent que le soleil, c'est bon pour le bonheur et la santé. L'endorphine est provoquée par les rayons du soleil et la lumière. Le corps est rechargé en vitamine D et le calcium est mieux absorbé par l'organisme. Attention, quelques minutes de soleil suffisent. La peau brûlée par le soleil, c'est dangereux !

a Sujet (passif) + participe passé.
b Sujet + *être* + participe passé.
c Sujet + *être* + participe passé + *par* + complément d'agent.
d Sujet (passif) + participe passé + *par* + complément d'agent.

8 Conseils de spécialistes

Mettez à la forme passive ces phrases extraites d'un article de *Santé Mag*.
Exemple : Le soleil nous stimule, mais attention ! → Nous sommes stimulés par le soleil, mais attention !
a Les médecins utilisent les UV pour soigner certaines maladies.
b On connait aujourd'hui le danger du soleil pour les yeux.
c Le soleil à forte dose vieillit la peau.
d On doit appliquer une crème solaire tous les jours.
e Les parents doivent protéger les bébés du soleil.

9 Thomas

Choisissez le participe passé correct.
Thomas adore le sport. Il a *acheté / achetée* un bracelet qui lui permet de savoir à quelle vitesse il a *couru / courue*, combien de kilomètres il a *parcouru / parcourus* et les calories qu'il a *brûlé / brûlées*. Il est *allé / allée* acheter de nouvelles tennis et les a *connecté / connectées* aussi. C'est fou !

┐ Leçon 24 ┌

10 Le blue-jean (bis)

1 Choisissez le temps correct.
Au XIXᵉ siècle, Levi Strauss *fut / était* gérant d'un commerce de tissus et de vêtements.
En 1853, un de ses clients, Jacob Davis, lui *acheta / achetait* des toiles et *tailla / taillait* dedans des pantalons de travail.
Ses pantalons *eurent / avaient* beaucoup de succès car ils *furent / étaient* solides.
En 1872, Jacob Davis *proposa / proposait* à Levi Strauss une collaboration. Ils *déposèrent / déposaient* un brevet en 1873. Le jean Levi Strauss *fut / était* né !

2 Mettez les verbes au passé simple au passé composé.

11 La combinaison de plongée

Complétez le texte avec des marqueurs temporels.

— le XVIIIᵉ siècle, les hommes ont cherché à se protéger du froid dans l'eau. — XXᵉ siècle, aucune invention n'eut de succès. C'est finalement — cinquante que Georges Beuchat inventa la combinaison isothermique. — 1953, il utilisa sa combinaison pour la première fois, en Méditerranée. —, le Néozélandais Edmond Hillary et son sherpa Tensing Norgay atteignent le sommet de l'Everest. Pendant 13 ans, seuls les hommes purent profiter de la combinaison de plongée.
En effet, la combinaison pour femme ne fut inventée que 13 ans plus tard, — 1963 !

Action !

Nous mettons en scène et nous jouons la scène VI de l'acte II de *Knock* (p. 88-89).

Pour cela, nous allons :

▷ Trouver un espace où on peut jouer la scène et où il peut y avoir un public.

▷ Constituer des groupes.

▷ Répartir les rôles dans chaque groupe (un metteur en scène, les acteurs...).

▷ Trouver des manières de différencier la version de chaque groupe (costumes d'époque /costumes modernes, mise en scène, comique de gestes).

▷ Trouver des costumes et des accessoires.

▷ Ajouter des bruits ou des musiques enregistrés.

▷ Apprendre le texte et répéter la scène.

▷ Jouer la scène devant le reste de la classe.

▷ Voter pour la meilleure version.

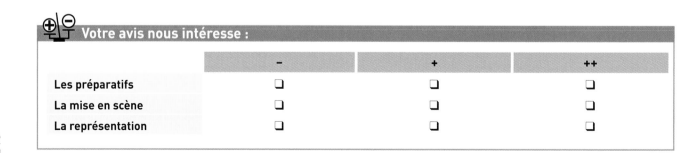

Votre avis nous intéresse :

	−	+	++
Les préparatifs	❏	❏	❏
La mise en scène	❏	❏	❏
La représentation	❏	❏	❏

Êtes-vous *geek** ?

Nous créons un projet de domotique pour notre école, nous imaginons des « scénarios »

Nous allons savoir comment :

- débattre sur les nouvelles technologies (leurs bienfaits, leurs dangers, leur utilité)
- imaginer la page d'accueil d'un site
- écrire une chronique
- imaginer l'utilisation d'un drone
- écrire un communiqué de presse

▷ Émission de télévision (reportage) : *Envoyé spécial*, France 2

▷ **Culture :**
Un essai philosophique : *Petite Poucette* de Michel Serres

Dites-nous tout !

1 Êtes-vous intéressé(e) par les nouvelles technologies ? Expliquez pourquoi.

2 Combien d'appareils high-tech avez-vous ?

3 Voyagez-vous avec ces appareils ?

4 À quoi vous sert votre téléphone ?

* Accro aux technologies

Leçon 26 | Envoyé spécial

1. Vers le futur 6

Regardez la vidéo sans le son.

1 Qu'est-ce que vous voyez ? Choisissez.

a le logo de la chaîne
b le nom de l'émission
c un travelling arrière
d une personne qui parle à quelqu'un hors-champ
e des images en noir et blanc
f une séquence avec un montage rapide
g des images en accéléré

2 Associez un titre à chaque partie de la vidéo.

1re partie	a Société de communication
2e partie	b Maison du futur
3e partie	c Objets connectés

3 Notez le titre de ce reportage d'*Envoyé spécial*.

4 Reliez les symboles et les images à leur signification.

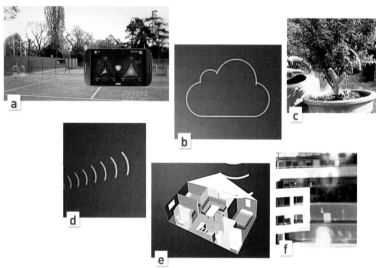

1 L'ensemble des objets connectés dans une maison.
2 Un smartphone qui capte et recueille des informations.
3 Les informations d'un objet à distance.
4 La communication numérique.
5 Les ondes Wi-Fi.
6 Le stockage de données à distance.

5 Dites combien il y a d'objets « connectés » et nommez-les.

6 Imaginez les questions posées à l'homme dans la maison.

2. Le progrès 6

Regardez la vidéo avec le son.

1 Vérifiez vos réponses aux activités précédentes (1.4 et 1.5).

2 Répondez aux questions.

a Pour quoi l'homme utilise-t-il les caméras installées chez lui ?
b Combien d'objets connectés existeront en 2020 ?
c Qu'est-ce que les utilisateurs de ces objets ne savent pas ?
d Quelle est la problématique annoncée par la journaliste en voix off ?

3 Associez les mouvements de caméra au contenu du reportage.

a plan rapproché / gros plan / plan de demi-ensemble
b plan d'ensemble

1 thème général
2 explications, informations précises

4 Regardez à nouveau la vidéo et dites quelle est la fonction de chaque objet.

Le téléphone capte.

a La fourchette ____

b La raquette de tennis ____

c La tige ____

d Le réfrigérateur ____

e La voiture ____

5 Lisez la transcription p. X et vérifiez vos réponses.

3. Les nouveaux mots

Lisez à nouveau la transcription p. X.
À deux, associez à chaque photo
un maximum de mots relevés dans
la transcription.

a

b

c

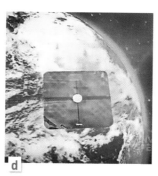

d

Boîte à mots
▸ Activités 2 et 3 p. 104

- **La maison** : les pièces de la maison –
les caméras de surveillance – la chambre –
l'entrée – le garage – l'extérieur – avoir accès à
- **Les objets** : un réfrigérateur – une fourchette –
une raquette de tennis – une tige –
des utilisateurs – alerter
- **Le monde virtuel** : des objets connectés –
connecter – capter – enregistrer – un dispositif –
recueillir – des données – le stockage –
numérique – les ondes

4. [ɔ̃], [ɑ̃] et [ɛ̃] 27

Écoutez la vidéo avec la transcription p. X.

1 Relevez :

a deux mots dans lesquels on entend [ɔ̃],
deux mots dans lesquels on entend [ɔn],
un mot dans lequel on entend [ɔm] ;

b deux mots dans lesquels on entend [ɑ̃],
un mot dans lequel on entend [am] ;

c un mot dans lequel on entend [ɛ̃],
un mot dans lequel on entend [jɛ̃],
un mot dans lequel on entend [wɛ̃],
un mot dans lequel on entend [im],
deux mots dans lesquels on entend [ɛn].

2 Dites comment s'écrivent :

a les sons [ɔ̃], [ɑ̃] et [ɛ̃] ;

b les sons [ɔn], [ɔm], [am], [im] et [ɛn].

Phonétique 27 → p. 155

Les nasales [ɔ̃], [ɑ̃] et [ɛ̃] – Dénasalisation

- [ɔ̃] s'écrit « on », « om + b », « om + p » :
mais_on_, c_om_pare.
- [ɑ̃] s'écrit « an », « am + b », « am + p », « en »,
« em + b », « em + p » :
surveill_an_ce, ch_am_bre, mom_en_t.
- [ɛ̃] s'écrit « un », « in », « im + b », « im + p »,
« ain », « ien », « oin », « éen » :
_in_tégralité, s_im_ple, quotid_ien_, bes_oin_.

La langue reste en bas. L'air passe par la bouche
et par le nez. On ne prononce pas [n], ni [m].

Si on ajoute une voyelle aux graphies précédentes,
on ne prononce plus la nasale mais :
[ɔn] : télép_hone_ ; [ɔm] : _homme_ ; [am] : cam_éra_ ;
[in] : _inutile_ ; [im] : _image_ ; [ɛn] : diz_aine_ ;
[jɛn] : quotid_ienne_ ; [eɛn] : europ_éenne_.
L'air passe par la bouche pour la voyelle, puis
la langue monte et l'air passe par le nez pour
prononcer [n] ou [m].

▸ Activité 1 p. 104

Communication

5. Génération geek

En groupe, répondez oralement aux questions.

1 **Pensez-vous que les nouvelles technologies apportent un réel progrès ?
Justifiez.**

2 **Avez-vous peur qu'on garde vos informations personnelles ? Pourquoi ?**

3 **Pensez-vous que la généralisation des réseaux Wi-Fi soit une bonne chose ?**

Leçon 27 | **Robots et compagnie**

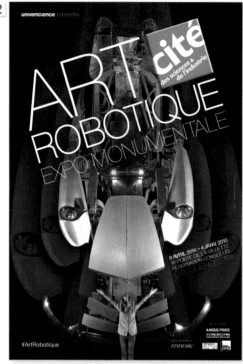

1

Totemobile de Chico MacMurtrie pour
l'affiche de l'exposition *Art Robotique*

2

Robotmag n° 13, septembre 2014

EDITO

3

Les décennies qui vont suivre apporteront une nouvelle révolution dans nos vies. Quand la robotique aura pénétré dans toutes les maisons, nous ne vivrons plus de la même manière. Dans un avenir proche, la domotique permettra de programmer et de piloter toutes les tâches domestiques. Grâce à la généralisation du Wi-Fi, tous les objets seront connectés à nos ordinateurs et à nos téléphones portables. Les caméras seront particulièrement utilisées pour la surveillance et la sécurité des bébés, des personnes âgées ou malades.

Les constructeurs qui n'auront pas suivi le progrès disparaîtront. Les personnes qui ne se seront pas adaptées apparaîtront comme des *has-been*.

Les robots, humanoïdes ou non, accompagneront tous les aspects de notre vie.

Un jour, tout le monde aura des lunettes *Google* ; les murs des habitations seront en LED et ils diffuseront des images ou des vidéos. On pourra ouvrir une fenêtre virtuelle donnant sur une belle forêt ou la plage de nos rêves.

Les philosophes s'interrogent déjà sur l'instantanéité de notre vie, les liens invisibles qui nous relient aux objets, la capacité d'être partout en même temps. Fascinant, non ?

Mais comment vivrons-nous vraiment quand la domotique, la robotique et la connectivité auront tout envahi ?

1. Idées

Observez les documents 1 et 2.
Dites à quoi vous pensez.

2. Édito

Lisez l'édito de *Robotmag* (document 3).

1 Quel titre convient le mieux ? Choisissez.

a Mobilité et connectivité
b Regard sur le futur
c Confort et technologie

2 Répondez aux questions.

a À quoi servira la domotique ?
b Que permettra la généralisation du Wi-Fi ?
c À quoi serviront les caméras ?
d Comment seront les murs des maisons ?
   Comment sera-t-il possible de les utiliser ?
e Quelles questions se posent les philosophes ?

3 Relevez les verbes au futur simple puis rappelez la formation de ce temps. Citez quelques verbes irréguliers au futur.

3. Prévisions

1 Observez cette phrase. Relisez le document 3 et relevez trois autres phrases avec la même structure.

Quand la robotique aura pénétré dans toutes les maisons, nous ne vivrons plus de la même manière.

action 1	action 2
	futur

2 Listez les trois actions antérieures aux actions futures.

3 Que pensez-vous de cette vision du futur ? En avez-vous peur ? Expliquez votre position.

SÉJOUR DIGITAL DETOX

Château La Gravière - Maison d'hôtes et Spa - Table d'hôtes

ESPACE - CALME - CONFORT

Et si vous preniez le temps de vous déconnecter pour vous reconnecter ?

Grâce à votre prochain séjour DIGITAL DETOX, revenez à l'essentiel !

À votre arrivée, nous partagerons un verre de bienvenue. Nous vous inviterons ensuite à nous remettre tous vos appareils électroniques (mobile, MP3, MP4, ordinateur, radio, tablette…) qui pourraient perturber les moments de paix et de tranquillité que vous êtes venus chercher à La Gravière.

En échange, nous vous remettrons votre kit DIGITAL DETOX*.

Quand vous vous serez bien reposés, vous repartirez plus calmes et plus sereins.

* Composition du kit : livres, cartes, jeux de société, réveil, carnet de séjour, crayons, autotests…

...... **CONTACT** ......

Sylvie & Pierre Massot
Château La Gravière
33180 Vertheuil

Tel : +33(0)6 95 00 32 79
contact@chateaulagraviere.com

réservation ici

Demande d'informations ici

4

4. Digital Detox

1 Lisez la page d'accueil du Château La Gravière (document 4) et notez ce que propose cette maison d'hôtes. Qu'en pensez-vous ?

2 À deux, imaginez d'autres objets pour compléter la composition du kit.

3 Relevez une action antérieure à une autre action future.

Boîte à mots ▶ Activité 6 p. 104

- **Les robots** : des humanoïdes – la robotique – la domotique – programmer – piloter – le progrès – diffuser – virtuel
- **L'état psychologique** : un moment de paix – la tranquillité – serein
- **Le temps** : une décennie

Grammaire → p. 165

L'expression du futur

Pour situer, sans indications précises, une action dans le futur : *dans un avenir proche, un jour.*
Un jour, *tout le monde aura des lunettes Google.*
Rappel : formation du futur simple :
infinitif du verbe + *-ai, -as, -a, -ons, -ez, -ont*
(verbes irréguliers : voir p. 172-176).

Le futur antérieur

Quand deux actions se suivent dans le futur, on utilise le **futur antérieur** pour la première action et le **futur simple** pour la deuxième action.
*Les constructeurs qui n'**auront** pas **suivi** le progrès* **disparaîtront**.
Formation du futur antérieur : *être* ou ***avoir*** au futur + le participe passé du verbe.
*Les personnes qui ne se **seront** pas **adaptées** apparaîtront comme des has-been.*
*Quand la robotique **aura** pénétré dans toutes les maisons, nous ne vivrons plus de la même manière.*

▶ Activités 4 et 5 p. 104

Communication

5. Comment ferez-vous ?

Vous vous sentez dépassés par le monde numérique et vous avez l'impression de ne plus être libres. À deux, imaginez oralement ce que vous ferez pour vous déconnecter.

6. Detox et liberté

À deux, créez la page d'accueil du site www.detoxetliberte.

Leçon 28 | # Objets connectés

france inter • france bleu • france culture • france musique • fip • Le mouv'

france info direct **(ré)écouter**

00:00 ▬ REPRENDRE LE DIRECT 02:16 ▬

Objets connectés :
la nouvelle révolution
numérique

◁ Partager
◉ Podcast
</> Exporter

1. Chronique

1 **Écoutez la chronique (document 1).
Dites si c'est vrai ou faux et justifiez.**

a Il y aura 80 millions d'objets connectés en
2020.
b Les objets connectés sont une révolution
industrielle.
c Un objet connecté peut envoyer des
informations vers un smartphone.
d Les objets connectés ne concernent qu'une
petite partie de notre vie.

2 **Écoutez à nouveau la chronique.
Classez les objets suivants et donnez
leur fonction.**

un pèse-personne – un GPS pour chiens et
chats – un bracelet – une brosse à dents
a Objet(s) du quotidien : ___
b Objet(s) nouveau(x) : ___
c Objet(s) original / originaux : ___

Boîte à mots

• **Les objets connectés** : le pèse-personne –
le thermostat – la brosse à dents – le bracelet –
la montre – le localisateur GPS – les objets du
quotidien – les objets réinventés – les objets
nouveaux – les objets improbables
• **Les applications** : localiser – comparer –
analyser – modifier

3 **Écoutez la chronique avec
la transcription p. X.**

a Vérifiez vos réponses aux activités précédentes.
b Que remplace *en* dans les phrases suivantes ?
On **en** prévoit 80 milliards en 2020.
On **en** parle comme d'une quatrième révolution
industrielle.

Grammaire → p. 159

Les pronoms compléments

• ***En*** remplace un nom précédé d'une quantité
(partitif ou nombre).
*Des objets connectés ? On **en** prévoit 80 milliards.*
• ***En*** remplace un nom introduit par la préposition *de*.
*On **en** parle comme d'une révolution. (On parle
des objets connectés comme d'une révolution.)*

Rappel : le pronom ***y*** remplace un lieu, un nom ou
un verbe introduit par la préposition *à*.
*Tu connais cette boutique spécialisée en objets
connectés ? Oui, j'**y** suis déjà allé.
Si je pense à acheter un bracelet connecté ?
Oui, j'**y** pense parfois. (penser à)*

▶ Activité 7 p. 105

a Rainbow
Une ___ avec laquelle
votre enfant apprend
à se laver les dents
correctement.
Elle contient des
capteurs grâce auxquels
les mouvements sont
analysés. Une application
permet de les comparer
au geste parfait.

b Kairos SSW158
La ___ à mouvement
suisse sur laquelle
vous pouvez lire
vos SMS, avec
laquelle vous pouvez
recevoir vos appels
et grâce à laquelle
vous resterez
élégant.

c NetAtmo
Un ___ à l'aide
duquel vous
pouvez modifier
la température de
votre maison depuis
votre lit ou depuis le
bout du monde.

d Loc8tor
Un objet
indispensable grâce
auquel vous ne
perdrez plus votre
compagnon.
Le collier sur
lequel est intégré
le ___ permet de le
localiser jusqu'à 122
mètres.

2

2 À vendre

Lisez les descriptions des objets (document 2).

a Complétez les descriptions avec : *thermostat*,
brosse à dents, *montre*, *GPS*.

b Associez chaque description à une photo.

3 Caractéristiques

**1 Associez ces caractéristiques aux quatre
objets de l'activité 2. Justifiez en citant les
phrases du document 2.**

a Les mouvements sont analysés grâce à ses
capteurs.

b Ne cherchez plus votre animal grâce à lui.

c Lisez vos textos sur elle.

d Chauffez votre maison à l'aide de cet objet.

**2 Quels sont les pronoms relatifs utilisés
dans chacune des phrases que vous avez
relevées ? Expliquez leur fonctionnement.**

Grammaire → p. 158

Les pronoms relatifs composés

On utilise les pronoms relatifs composés pour
caractériser.
Ils remplacent un mot ou un groupe de mots et
se construisent avec une préposition *(dans, sur,
sous, avec, chez, grâce à, à l'aide de, à côté de...)*.

	Singulier	Pluriel
Masculin	*lequel*	*lesquels*
Féminin	*laquelle*	*lesquelles*

*Le collier **sur lequel** est intégré le GPS.*
*La montre **avec laquelle** vous pouvez lire vos SMS.*

❶ Avec à : *auquel, auxquels, à laquelle,
auxquelles.*
Avec de : *duquel, desquels, de laquelle,
desquelles.*

*Des capteurs **grâce auxquels** les mouvements
sont analysés.*
*Un thermostat **à l'aide duquel** vous pouvez
modifier la température.*

▶ Activités 8 et 9 p. 105

Communication

4 À nous !

**En groupe, dites quel objet connecté
vous avez ou aimeriez avoir.
Pensez-vous que certains de
ces objets soient indispensables ?
Inutiles ? Pourquoi ?**

5 Votre chronique

**En groupe, préparez à l'écrit une chronique
sur les objets du futur dans laquelle vous
présenterez trois objets connectés.
Indiquez leurs caractéristiques. Répétez
votre chronique puis lisez-la à la classe.**

Leçon 29 | Flagship* Fnac

COMMUNIQUÉ DE PRESSE

Ivry-sur-Seine, le 30 juin 2014

LA FNAC OUVRE, AVENUE DES CHAMPS-ÉLYSÉES, UN FLAGSHIP DE 125 M²
ENTIÈREMENT DÉDIÉ AUX OBJETS CONNECTÉS ET À LA TÉLÉPHONIE

LE FLAGSHIP FNAC « OBJETS CONNECTÉS ET TÉLÉPHONIE » DES CHAMPS-ÉLYSÉES

Entièrement pensé pour une expérience client unique et ludique, ce magasin allie l'offre la plus large du marché pour les objets connectés et la téléphonie, dans un concept de magasin innovant.

Les clients auront le loisir d'accéder aux produits en libre-service, et des zones de démonstration leur permettront d'en découvrir les usages ainsi que les dernières innovations.

Ce magasin est réparti en 5 zones :
* Zone « **Démonstration** » : un espace où les clients pourront prendre en main et découvrir les produits grâce à des tutoriels. Ils pourront également poser leurs questions aux démonstrateurs présents.
* Zone « **Objets connectés** » : l'offre la plus large du marché segmentée en quatre thématiques : Santé bien-être – Montres connectées – Sports connectés – Maison et Loisirs.
* Zone « **Téléphonie** » : une large sélection des meilleurs smartphones existants sur le marché.
* Zone « **Accessoires** » : un choix très important de coques design et tendance, ainsi que de nombreux autres accessoires téléphones.
* Zone « **Espace Premium** » : entièrement dédié à des services et produits de luxe, cet espace accueillera notamment les téléphones de la marque *By Atelier* et *Hadoro*.

CONTACT PRESSE :
Jill Mercier - 01 52 28 54 32 / 06 10 08 17 00 - jmercier@fnac.com

* Magasin phare / pilote

1. Nouveau magasin

Lisez le communiqué de presse de la Fnac (document 1).

1 Quelle phrase résume le mieux l'objectif de la Fnac ? Choisissez.

a Nous voulons informer la presse de l'ouverture d'un nouveau magasin.

b Nous voulons que la presse parle très positivement de notre nouveau magasin.

c Nous informons la presse que des nouveaux produits sont arrivés à la Fnac.

2 Répondez aux questions.

a Quels objets vendra la Fnac ?

b Que pourront faire les clients dans l'espace « Démonstration » ?

2. Une bonne image

Lisez à nouveau le document 1.

1 À deux, notez les mots qui précisent :

a comment est l'expérience du client ;

b comment est le concept du magasin ;

c comment sont les smartphones ;

d comment est la sélection ;

e comment sont les accessoires ;

f comment est le choix des coques.

2 Classez les adjectifs relevés en deux catégories :

a ceux placés avant le nom ;

b ceux placés après le nom.

Grammaire → p. 156

La place de l'adjectif

* En général, l'adjectif est placé **après** le nom. *Une expérience* client **unique** et **ludique**.
* Certains adjectifs se placent **avant** le nom : *bon, mauvais, beau, joli, petit, grand, large, jeune, vieux, nouveau, ancien. Une large sélection des meilleurs smartphones.*
* L'adjectif peut changer de sens selon qu'il est placé avant ou après le nom. *Un grand designer = un designer très connu, qui a beaucoup de succès. Un homme grand = un homme de grande taille.*

▶ Activité 10 p. 105

La tige pour les plantes KOUBACHI

Ce petit appareil en forme de club de golf rempli de capteurs se place dans le pot, à l'intérieur ou à l'extérieur (dans sa version waterproof) et analyse tous les paramètres essentiels au bon développement d'une plante : ensoleillement, humidité, température, etc. Toutes ces informations sont synchronisées par Wi-Fi avec vos smartphones et PC. KOUBACHI vous enverra simplement une notification sur votre smartphone !

3. Mathilde à la Fnac

1 Lisez le document 2 et répondez aux questions.

a À quel objet Mathilde s'intéresse-t-elle ?
b Quelles sont les caractéristiques et les fonctions de cet objet ?

2 Écoutez la conversation entre Mathilde et un vendeur de la Fnac.

a Notez les avantages et le prix de la tige Koubachi.
b Lisez la transcription p. XI et vérifiez vos réponses.

Boîte à mots
▶ Activité 12 p. 105

• **Les produits high-tech :** dédié à – innover / innovant / innovations – accéder à – ludique – prendre en main – une coque de téléphone – tendance / design – un profil d'utilisateur – paramétrer – une notification – des capteurs – synchronisé
• **Le commerce :** en libre-service – un démonstrateur / une démonstratrice – un flagship – un magasin phare / pilote
• **Les plantes :** un pot – l'ensoleillement – l'humidité – la température

Communication

5. À vous de jouer !

1 On vous a offert un drone. À deux, imaginez oralement ce que vous feriez avec.

2 À deux. Sur le modèle du communiqué de presse de la Fnac, écrivez celui du magasin d'objets connectés LICK.

---

4. Pour ne pas répéter

Écoutez à nouveau la conversation.

1 À deux, retrouvez :

a les mots qui remplacent la tige Koubachi ;
b les mots qui remplacent Mathilde et sa voisine.

2 Associez.

a Vous vous y intéressez…
Vous pouvez m'en dire plus ?
b Vous me la conseilleriez pourquoi ?
Je vous la conseille…
c … si je la lui prête ?
Vous pouvez les lui communiquer.
d Montrez-la-moi.

1 Avec l'impératif affirmatif, les pronoms se placent après le verbe.
2 Y et en arrivent toujours en deuxième position.
3 La personne passe toujours avant l'objet.
4 Avec lui et leur, la personne passe après l'objet.

Grammaire → p. 160

La place des doubles pronoms

Sujet	COI	COD	Verbe
	me/te/nous/vous	le/la/l'/les	
Je	vous	la	conseille.

Sujet	COD	COI	Verbe
	le/la/l'/les	lui/leur	
Je	la	lui	prête ?

Les pronoms *y* et *en* sont toujours placés en deuxième position.
*Vous **vous** y intéressez.*
Vous pouvez m'en dire plus ?

À l'impératif affirmatif, les pronoms se placent toujours **après le verbe**.
***Montrez-la-moi**, s'il vous plaît.*

▶ Activité 11 p. 105

Petite Poucette

Michel Serres

Ces enfants habitent donc le virtuel. Les sciences cognitives montrent que l'usage de la Toile, la lecture ou l'écriture au pouce des messages, la consultation de Wikipédia ou de Facebook n'excitent pas les mêmes neurones ni les mêmes
5 zones corticales que l'usage du livre, de l'ardoise ou du cahier. Ils peuvent manipuler plusieurs informations à la fois. Ils ne connaissent, ni intègrent, ni ne synthétisent comme nous, leurs ascendants. Ils n'ont plus la même tête.

Par téléphone cellulaire, ils accèdent à toutes les
10 personnes ; par GPS, en tous lieux, par la Toile, à tout le savoir […].

Sans que nous nous en apercevions, un nouvel humain est né, pendant un intervalle bref, celui qui nous sépare des années soixante-dix.

15 Il ou elle n'a plus le même corps, la même espérance de vie, ne communique plus de la même façon, ne perçoit plus le même monde, ne vit plus dans la même nature, n'habite plus le même espace. […]

Il ou elle écrit autrement. Pour l'observer, avec admiration,
20 envoyer, plus rapidement que je ne saurai jamais le faire de mes doigts gourds*, envoyer, dis-je, des SMS avec les deux pouces, je les ai baptisés, avec la plus grande tendresse que puisse exprimer un grand-père, Petite Poucette et Petit Poucet.

* lents

(p. 12-14)

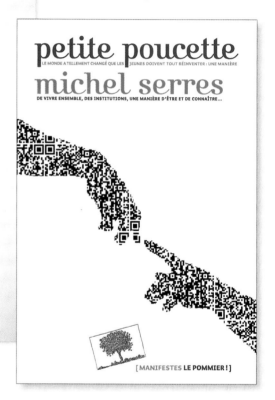

petite poucette
LE MONDE A TELLEMENT CHANGÉ QUE LES JEUNES DOIVENT TOUT RÉINVENTER : UNE MANIÈRE

michel serres
DE VIVRE ENSEMBLE, DES INSTITUTIONS, UNE MANIÈRE D'ÊTRE ET DE CONNAÎTRE...

[MANIFESTES LE POMMIER !]

1. Nouvelle génération

Lisez le texte de Michel Serres.

1 Il s'agit d'un extrait de quel type d'ouvrage ? Choisissez.

a un roman
b une biographie
c un livre de philosophie
d un article de presse

2 Choisissez un titre pour ce passage.

a Les avantages des nouvelles technologies
b Les dangers des nouvelles technologies
c L'impact des nouvelles technologies sur les jeunes
d Les jeunes et leurs problèmes

2. L'idée du livre

Lisez à nouveau le texte.

1 Répondez aux questions.

a Avec quelle partie du corps le mot « Poucette » est-il en relation ?
b Pourquoi est-ce que l'auteur appelle les jeunes « Petite Poucette et Petit Poucet » ?
c Quels effets ces technologies ont-elles sur les jeunes ?
d À votre avis, il s'agit de la génération de quelles années ?
e Quelles sont les différences entre la génération de Petite Poucette et les personnes plus âgées ?

2 Retrouvez dans le texte tous les mots en relation avec la technologie.

3. Le texte philosophique

1 **Quelles caractéristiques de l'écriture philosophique se trouvent dans ce texte ? Choisissez.**

a vocabulaire spécifique
b allusions aux philosophes
c allusions aux sciences
d allusions à la mythologie / aux contes populaires / à la littérature
e analyse de la société
f ton impersonnel

2 **Retrouvez dans le texte la métaphore qu'utilise Michel Serres pour signifier la grande différence entre les nouvelles générations et les anciennes.**

3 **À votre avis, que veut dire l'auteur par « Il ou elle [...] n'habite plus le même espace » ?**

4 **D'après-vous, Michel Serres trouve-t-il ces changements positifs ou négatifs ? Justifiez.**

5 **Notez les mots en relation avec :**

a les activités mentales : *manipuler, connaître*, ___
b la tête : *cognitives*, ___

4. Philosophez

1 **En groupe, répondez aux questions.**

a Utilisez-vous toutes les technologies citées dans le texte ?
b De quelle génération êtes-vous ?
c Jusqu'à quel point êtes-vous un «Petit Poucet» ou une «Petite Poucette» ?

2 **Connaissez-vous l'histoire du Petit Poucet ? À votre avis, pourquoi est-ce que ce personnage est un bon symbole des jeunes d'aujourd'hui ?**

> Le Petit Poucet est le dernier des 7 garçons d'un couple de bûcherons misérables qui décident d'abandonner leurs enfants dans la forêt. Au courant du projet, le Petit Poucet parvient à assurer le retour de ses frères grâce à des cailloux semés le long du chemin...

Le Petit Poucet, Charles Perrault

Boîte à mots

• **Les activités mentales** : manipuler – connaître – intégrer – synthétiser – percevoir – cognitif – une zone corticale – les neurones

À vos plumes !

Êtes-vous un(e) « Petit(e) Poucet(te) » ?
Faites votre autoportrait ou celui de quelqu'un de votre entourage.
Vous pouvez aller sur la page Facebook de Michel Serres et y poster votre texte.

Recherches personnelles

Faites des recherches sur la vie de Michel Serres : ses études, son parcours, son travail actuel.

Entraînement

Leçon 26

1 Nasale ou pas ?

Écoutez et répétez. Attention à la dénasalisation !

a Bon, bonne.
Une bonbonne.
b Et un, et une.
Voisin, voisine.
c C'est un Numide.
C'est inutile, inacceptable, inintéressant !

d Un Coréen, une Coréenne, un Américain, une Américaine, un Italien et une Italienne se promènent sur la Seine.
e La cane de Jeanne cancane avec mon âne.
f Ton téléphone fonctionne moins bien que mon smartphone.

2 La robotique

1 Trouvez le mot qui correspond.

a mettre en relation : ___
b des informations : ___
c réunir différentes informations : ___
d recevoir des ondes : ___
e un système : ___
f la possibilité d'avoir quelque chose : ___

2 Utilisez chaque mot dans une phrase.

3 L'intrus

Relevez l'intrus.

a une fourchette – un réfrigérateur – l'entrée – une voiture – la chambre
b avoir accès – enregistrer – capter – courir – utiliser
c des objets connectés – une caméra – une fleur – un portable – un dispositif

Leçon 27

4 Le monde ira mieux quand...

Conjuguez les verbes au futur antérieur.
Exemple : ... les hommes (comprendre) **auront compris** *que la guerre ne sert à rien.*

a ... on (apprendre) à guérir les maladies mortelles.
b ... les gouvernements (accepter) de faire attention à notre planète.
c ... tout le monde (se dire) qu'être est plus important qu'avoir.
d ... l'industrie (arrêter) d'utiliser des produits chimiques.
e ... on (se poser) de vraies questions.

b Quand les lampes dites intelligentes *se généraliser*, on *économiser* de l'énergie.
c Quand tous les objets *être* connectés, on *pouvoir* payer nos achats avec notre téléphone.
d Quand nous *partager* toutes nos informations, la vie privée ne plus *exister*.
e Quand on *créer* des Mooc pour toutes les disciplines, on ne plus *aller* à l'université.

5 Suite logique

Formulez des phrases avec le futur antérieur et le futur simple.
Exemple : Quand je acheter *un nouveau téléphone portable,* télécharger *plus d'applications.*
*→ Quand j'***aurai acheté** *un nouveau téléphone portable, je* **téléchargerai** *plus d'applications.*

a Quand on *installer* le Wi-Fi partout, Internet *coûter* moins cher.

6 Définitions

Définissez chaque mot, puis utilisez-les dans une phrase.
Exemple : la robotique → Ensemble d'appareils automatiques qui remplacent le travail de l'homme.
→ La robotique envahit progressivement notre quotidien.

a la domotique
b piloter
c virtuel(le)
d une décennie
e humanoïde

────────────■ Leçon 28 ────────────

7 *You en* ?

Complétez avec les pronoms *y* ou *en*.
Une montre connectée ? J'___ pense. Je n'___ ai pas, mais j'___ voudrais bien une. Quelqu'un m'___ a parlé. Il ___ rêvait depuis longtemps et sa femme lui ___ a acheté une pour son anniversaire. Moi aussi, j'___ arriverai ! Je n'___ ai pas vraiment besoin, mais je pourrai m'___ servir pour téléphoner...

8 Objets improbables !

Transformez pour obtenir une seule phrase.
Exemple : Je n'achète que des objets high-tech. Grâce à ces objets, je suis branché !
→ Je n'achète que des objets high-tech grâce auxquels je suis branché !
a C'est un objet indispensable. Grâce à cet objet, on peut parler couramment français.

b J'ai acheté ce parapluie. On peut bronzer sous ce parapluie.
c Je vous présente les stylos « frenchy ». Avec ces stylos, vous écrivez français sans erreurs.
d Voilà un téléphone. À l'aide de ce téléphone, vous pouvez téléphoner !

9 Détecteur connecté

En trois phrases, présentez cet objet. Donnez ses caractéristiques. Utilisez des pronoms relatifs composés.

« Nest protect », un détecteur de fumée connecté à votre smartphone.

────────────■ Leçon 29 ────────────

10 Commentaires

Lisez ces commentaires entendus à la Fnac et trouvez la bonne place des adjectifs.
Exemple : (large) Quel choix ! → Quel large choix !
a (tendance) C'est un magasin.
b (beaux) Il y a plein de téléphones !
c (originales) Tu as vu les coques ?
d (nouvelle) Regarde, il y a encore une tige pour les plantes.
e (bon) C'est un vendeur ? Tu crois ?

11 Questions – Réponses

Imaginez les réponses. Utilisez des pronoms.
Exemple : Vous voulez que je vous donne les fiches techniques ?
→ Oui, donnez-les-moi.
a Vous pouvez m'expliquer les différentes utilisations de cet appareil ?
b Pouvez-vous expliquer à mon père le mode d'emploi de ce téléphone ?
c Est-ce que je peux acheter ces téléphones pour des enfants de 12 ans ?

d Est-ce que je peux sauvegarder les informations sur mon ordinateur ?
e Vous pouvez me donner le mot de passe du Wi-Fi du magasin ?

12 La montre qu'on attendait

**Complétez la fiche technique de cette e-montre avec : *se connecter, paramétrer, innovante, dédiée, design, prendre en main, tendance.*
(Si nécessaire, conjuguez les verbes.)**

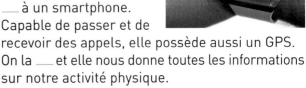

___, ___ et ___, cette nouvelle montre peut ___ à un smartphone. Capable de passer et de recevoir des appels, elle possède aussi un GPS. On la ___ et elle nous donne toutes les informations sur notre activité physique.
Un tutoriel, qu'on peut suivre grâce à l'application ___, permet de la ___ très rapidement.

Action !

Nous créons un projet de domotique pour notre école, nous imaginons des « scénarios ».

Un « scénario domotique » est un ensemble de commandes ou d'actions que vous pouvez déclencher en même temps au lieu de les exécuter les unes après les autres.

Pour cela, nous allons :

▷ **Faire une liste des besoins de notre établissement en ce qui concerne :**
   – la sécurité : fermeture des portes et des fenêtres, caméras... ;
   – l'éclairage : quels endroits éclairer suivant le moment de la journée... ;
   – le confort : chauffage, climatisation... ;
   – le divertissement : musique dans certains endroits à l'heure de la pause, projection d'un film... ;
   – le jardinage : arrosage de la pelouse, des fleurs...

▷ **Décider, parmi les besoins identifiés, lesquels pourront être pris en charge par un dispositif domotique.**

▷ **Identifier les périodes où ces besoins changent (le soir, le dimanche, pendant les vacances...).**

▷ **Rédiger un plan avec un scénario pour chaque période identifiée. Préciser les appareils concernés et les réglages nécessaires.**

▷ **Donner un nom à chaque scénario.**
   Exemples : « Pause du matin », « Dimanche », « Confort en hiver »...

▷ **Aller sur Internet pour trouver les appareils que nécessitera l'installation.**

▷ **Établir le budget total.**

▷ **Présenter le projet à l'administration de notre établissement.**

Votre avis nous intéresse :

	–	+	++
Identification des besoins	❏	❏	❏
Recherche des appareils	❏	❏	❏
Élaboration des scénarios	❏	❏	❏

Préparation au DELF B1

Exercice 1

Écoutez le dialogue. Répondez aux questions ou choisissez les réponses correctes. 🎧31

1. Jeanne donne à Francis un exemple d'objet connecté. Lequel ?

   ....

2. Où Francis a-t-il découvert *Mother* ?

   ....

3. D'après Francis, quel est le grand avantage de *Mother* ?
   - ☐ a Elle s'utilise très facilement.
   - ☐ b Elle est réellement peu chère.
   - ☐ c Elle remplace tous les objets connectés.

4. Selon les explications de Francis, que sont les « *motions cookies* » ?

   ....

5. Où Francis aimerait-il placer un cookie ?
   - ☐ a Sur sa cafetière.
   - ☐ b Sur sa porte d'entrée.
   - ☐ c Sur le cartable de son fils.

6. D'après Francis, comment est-on informé des mouvements dans notre maison ?
   - ☐ a Les capteurs émettent une petite sonnerie.
   - ☐ b Une alerte est envoyée sur notre téléphone portable.
   - ☐ c Un compte rendu des mouvements de la journée est adressé par e-mail.

7. Quels autres objets peuvent être connectés à *Mother* ? (Trois réponses attendues.)

   a ....

   b ....

   c ....

8. De quelle nationalité est l'inventeur de *Mother* ?

   ....

Exercice 2

Écoutez l'interview. Répondez aux questions ou choisissez les réponses correctes. 🎧32

1. Où Isabelle Guy travaille-t-elle ?

   ....

2. D'après Isabelle Guy, quel comportement favorable la lumière et une bonne température provoquent-elles chez les gens ? (Deux réponses possibles, une seule attendue.)

   ....

3. D'après Isabelle Guy, si nous manquons de soleil, nous pouvons...
   ☐ **a** tomber malades.
   ☐ **b** devenir plus fragiles.
   ☐ **c** faire une dépression.

4. D'après Isabelle Guy, il est possible de guérir des troubles affectifs saisonniers...
   ☐ **a** en pratiquant une activité sportive.
   ☐ **b** en suivant un traitement par la lumière.
   ☐ **c** en étant en contact avec une source de chaleur.

5. D'après Isabelle Guy, quel peut être le comportement d'une personne qui vit dans un endroit peu ensoleillé ? (Deux réponses attendues.)

   a ....

   b ....

6. D'après Isabelle Guy, pour quelle raison la pratique de la luminothérapie est-elle bénéfique si on la fait très tôt le matin ?

   ....

7. Pour Isabelle Guy, il est préférable...
   ☐ **a** de faire des cures de vitamines C.
   ☐ **b** de trouver les vitamines dans son alimentation.
   ☐ **c** d'attendre l'été pour manger beaucoup de fruits vitaminés.

Exercice 3

Écoutez le reportage. Répondez aux questions ou choisissez les réponses correctes. 🎧 33

1. D'après la scientifique, pourquoi la multiplication des objets connectés est-elle un risque pour notre santé ?
   ☐ **a** Ils agissent sur notre moral.
   ☐ **b** Ils rendent les gens inactifs.
   ☐ **c** Ils provoquent des maladies.

2. D'après la scientifique, quel impact les objets connectés peuvent-ils avoir sur notre vie sociale ? (Deux réponses possibles, une seule attendue.)

   ....

3. D'après la scientifique, quels types d'informations relatives à notre vie privée les objets connectés enregistrent-ils ? (Plusieurs réponses possibles, deux attendues.)

   a ....

   b ....

4. Pour quelle raison la scientifique dit-elle que nous risquons de devenir stupides ?

   ....

5. Pour le chercheur biélorusse Morozov, les technologies intelligentes...
☐ **a** nous évitent de réfléchir.
☐ **b** nous aident à trouver des solutions.
☐ **c** nous laissent le contrôle de la situation.

6. D'après la scientifique, les nouvelles technologies...
☐ **a** facilitent notre quotidien.
☐ **b** modifient notre comportement.
☐ **c** nous rendent plus autonomes.

7. D'après la scientifique, à quels résultats négatifs l'utilisation d'objets connectés nous amène-t-elle ? (Deux réponses attendues.)

a ....

b ....

—————————————— **II. Production orale** ——————————————

Exercice 1 – Exercice en interaction

Choisissez un sujet sur les trois proposés et jouez le rôle indiqué sur le document.

> *Le genre masculin est utilisé pour alléger le texte.*
> *Vous pouvez naturellement adapter la situation en adoptant le genre féminin.*

Sujet 1
Un de vos amis est persuadé de la nécessité de créer de plus en plus d'objets issus de la robotique et de la domotique. Vous pensez, au contraire, que certains objets sont inutiles et qu'ils changent notre comportement au quotidien de façon négative.
L'examinateur joue le rôle de l'ami.

Sujet 2
Vous devenez accro à l'automesure. Vous calculez presque tout ce que vous faites dans la journée (vos efforts physiques et ce que vous mangez). Un de vos amis trouve cette attitude excessive, voire dangereuse pour votre santé. Vous discutez sur le sujet.
L'examinateur joue le rôle de l'ami.

Sujet 3
Vous estimez que la publicité a une influence sur le choix des produits que nous achetons. Un de vos amis n'est pas d'accord. Vous essayez de le convaincre de votre opinion en lui donnant des exemples concrets.
L'examinateur joue le rôle de l'ami.

Préparation au DELF B1

Exercice 2 – Monologue suivi

Choisissez un sujet sur les deux proposés. Dégagez le thème soulevé dans le document et présentez votre opinion sous la forme d'un exposé personnel.

L'examinateur pourra vous poser quelques questions.

Sujet 1

Cyber addict

Passer vingt-quatre heures sans se connecter au réseau social, c'est le défi lancé afin de « lutter contre la cyberdépendance » et « protester contre l'intrusion des publicités ».

Oublier les « *pokes* », « *likes* » et « *tags* » le temps d'une journée. C'est le but de la troisième édition de la Journée mondiale sans Facebook, qui se déroule le vendredi 28 février. Un événement lui-même annoncé... sur Facebook ! L'objectif est de lutter contre la dépendance aux réseaux sociaux et contre des publicités devenues plus intrusives. Mais aucune association ne s'est, jusqu'à présent, jointe au mouvement.

En France, moins de 250 utilisateurs du réseau social participent à cette journée. Soit une part insignifiante des 11 millions d'utilisateurs quotidiens. Reste donc à convaincre les 1,23 milliard d'utilisateurs mensuels dans le monde de l'utilité d'un tel boycott...

Sujet 2

Une application sur smartphone

Stepjockey, c'est votre nouvel allié minceur, sans passer par la salle de sport. Tout ce qu'il vous faut, c'est un smartphone, l'application et un escalier.

Cette startup britannique veut nous réconcilier avec les vertus des escaliers. Pas besoin d'un appareil de musculation sophistiqué, pour rester en forme, il faut oublier les ascenseurs et les escalators. Comment ça marche ? C'est simple, il vous suffit de localiser vos escaliers, d'indiquer le nombre et la taille des marches et de monter, ou descendre. Vous disposez d'un compte personnel et à la fin de la journée, c'est l'application qui calcule pour vous le nombre de calories dépensées. Le maire de Londres est conquis. En effet, l'exercice est devenu un enjeu de santé publique et cette application, qui encourage à prendre les escaliers, permet de faire baisser les maladies cardiovasculaires et le diabète.

Croyances

Nous réalisons un sondage sur les croyances dans la classe

Nous allons savoir comment :

parler de notre relation aux superstitions et présenter les plus courantes de notre pays

échanger sur les nouvelles croyances

répondre aux questions d'un sondage

écrire le commentaire de résultats statistiques

▷ **Reportage :** interview sur les superstitions, *100 % mag*, M6

▷ **Culture :**
Un conte fantastique : *Le Horla* de Guy de Maupassant

Dites-nous tout !

1 Avez-vous un porte-bonheur ?

2 Qu'est-ce qui vous rend heureux / heureuse ?

3 Avez-vous des rituels quotidiens ? Lesquels ?

4 La spiritualité est-elle importante pour vous ?

Leçon 31 | Superstitions

1. Porte-bonheur – Porte-malheur 7

Regardez la vidéo sans le son.

1 Quel est le thème du reportage ? Choisissez.

a la religion
b les superstitions
c l'histoire
d Léonard de Vinci

2 Dites ce que vous avez vu.

a un corbeau

b un pain

c un chat noir

d un miroir cassé

e un fer à cheval

f un lapin

g un trèfle à quatre feuilles

h le chiffre 13

3 Relevez :

a la profession de la femme interrogée. À votre avis, quel est le rôle de cette femme dans le reportage ?
b la signification de ces symboles :

1   2

4 Citez les deux plans utilisés dans cette séquence. Associez-les à une signification.

a ——
b ——

1 Présenter une nouvelle information.
2 Expliquer les informations.

5 Associez chaque geste à sa signification.

a
On peut cultiver des trèfles à quatre feuilles Faux

b
On peut cultiver des trèfl Faux

1 Donner une explication sur une chose en particulier.

2 Parler des choses en général.

2. Croyances

Regardez la vidéo avec le son.

1 Répondez aux questions.

a Qu'est-ce qui caractérise les paraskevidékatriaphobes ?

b Combien de Français se disent superstitieux ?

c Pourquoi Éloïse Mozzani est-elle interrogée ?

2 Dites si c'est vrai ou faux.

a Il n'y a pas de chiffre 13 dans les hôtels et les avions.

b On peut acheter des trèfles à quatre feuilles.

3 Complétez les explications de l'historienne.

a <u>Le chiffre 13</u> : c'est en relation avec ___. Cela rappelle la Cène, ___ avant la mort du Christ. Ils étaient 13 ___.

b <u>Le trèfle à quatre feuilles</u> : on ne peut pas ___ le trèfle à quatre feuilles parce que c'est une mutation ___.

4 Associez.

a un trèfle à 4 feuilles

b un trèfle à 5 feuilles

c un trèfle à 6 feuilles

1 bon pour tout

2 un mariage dans l'année

3 bon pour le jeu

Boîte à mots
> ► Activité 2 p. 122

- **Croire** : paraskevidékatriaphobe – angoissé – des superstitions / superstitieux – une croyance populaire – être banni – un porte-bonheur / un porte-malheur – être signe de – être (très) bon pour
- **La religion** : une référence religieuse – la Cène – un apôtre – la trahison
- **Les animaux** : un lapin – un chat – un fer à cheval – un corbeau

---

Communication

5. Et vous ?

À deux.

1 Répondez oralement aux questions.

a Êtes-vous superstitieux / superstitieuse ? Justifiez.

b Le chiffre 13 et le trèfle à quatre feuilles ont-ils un sens dans votre pays ? Si oui, dites lequel.

c Éloïse Mozzani remet le pain dans le bon sens. Imaginez une explication.

d Quelles sont les superstitions les plus courantes dans votre pays ? Expliquez-en les effets et l'origine, si vous les connaissez.

2 Imaginez pourquoi on n'utilise pas le mot *lapin* sur un bateau.

---

3. Significations

Regardez la vidéo avec le son et lisez la transcription p. XIII.

1 Précisez ce qui ne porte pas le chiffre 13 dans les avions.

2 Choisissez un ou deux équivalents pour chaque mot.

a angoissé :
1 inquiet   2 calme   3 stressé

b banni :
1 permis   2 supprimé   3 possible

c superstition :
1 science   2 croyance   3 fétichisme

---

4. Aïe, aïe, aïe !

Écoutez la vidéo avec la transcription p. XIII.

1 Relevez le maximum de mots dans lesquels on entend le son [j].

2 Relevez le maximum de mots dans lesquels on entend [ʒ].

3 Comment s'écrivent les sons [j] et [ʒ] ?

Phonétique 🎧 34 → p. 155

Les sons [j] et [ʒ]

- [j] : lèvres souriantes, langue en bas.
  « i » + voyelle prononcée : *av<u>i</u>on, D<u>i</u>eu*.
  « il / ill » : *fauteu<u>il</u>, feu<u>ill</u>e*.
  « y » : *il <u>y</u> a, cro<u>y</u>ance*.
  ❶ « ail / aill » = [aj] : *trava<u>ill</u>er*.
  « ay » = [ej] : *p<u>ay</u>er*.
  « oy » = [waj] : *cr<u>oy</u>ances*.
  « uy » = [ɥij] : *ess<u>uy</u>er*.
  Pour bien prononcer [j], pensez au « *yes* » en anglais.

- [ʒ] : lèvres arrondies, langue en haut.
  « j » : *<u>j</u>eu*.
  « g » + « e / i » : *homma<u>g</u>e, ori<u>g</u>ine*.

> ► Activité 1 p. 122

Leçon 32 | Croyances populaires

1. Autour du monde

Lisez l'article d'*Historia Magazine*.

1 Choisissez la bonne réponse.

a L'article raconte l'origine des superstitions dans différents pays.
b L'article présente et décrit des superstitions dans différents pays.
c L'article compare des superstitions dans différents pays.

2 Donnez un titre à chaque partie de l'article.

a ___   b ___   c ___

3 Associez le plus possible de superstitions à chaque tableau.

a : superstition n° 6...

a Jules Denneulin –
Chevalier du mérite agricole

b Gustave Doré –
Barbe bleue

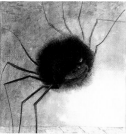

c Odile Redon –
L'Araignée souriante

d Le Titien –
L'Homme au gant

e *Œil*

f Vincent Van Gogh –
La Chambre à Arles

HISTORIA MAGAZINE

TOUR DU MONDE DES SUPERSTITIONS

Comme partout dans le mond, les Français ont des superstitions, c'es-à-dire des croyances sur le sens posi ou négatif d'actions, de faits ou d'obje. Certains peuvent « porter bonheur d'autres, « porter malheur ».

En fait, certaines actions corresponde plus à des habitudes qu'à de réell superstitions.

Connaître les croyances et les supers tions ailleurs permet à chacun d'éviter d maladresses ou, au contraire, de volo tairement faire plaisir, car aucune cultu n'est vide de croyances populaires.

---

2. Autrement dit

Lisez à nouveau l'article.

1 Retrouvez dans l'article les phrases équivalentes à celles ci-dessous.

Comme <u>dans tous les autres pays du monde</u>, les Français ont des superstitions.
→ *Comme **partout dans le monde**, les Français ont des superstitions.*

a <u>Il y a des objets qui</u> peuvent « porter bonheur » <u>et des objets qui</u> peuvent « porter malheur ».
b Connaître les croyances et les superstitions <u>des autres pays</u> permet à <u>chaque personne</u> d'éviter des maladresses.
c Voici <u>un certain nombre d</u>'exemples.
d <u>Il n'y a pas un seul Japonais qui dorme</u> en direction du nord.
e Au Cambodge, si <u>une personne</u> cligne de l'œil gauche, cela porte malheur.
f <u>Il ne manque rien</u> pour le réveillon.
g Chez soi ou <u>dans un autre lieu</u>, il n'y a pas de Saint-Sylvestre sans champagne.

Boîte à mots ▶ Activité 4 p. 122

- **Les actions** : renverser – tuer – trinquer – éloigner – cligner de l'œil / un clin d'œil – ramasser – jeter – une maladresse
- **Les objets** : des clés – un gant
- **La matière** : le bois
- **La disposition** : à l'envers / à l'endroit

OICI QUELQUES EXEMPLES.

1 En Angleterre, des pains unis dans le four annoncent un mariage.
2 En France, on touche du bois pour éviter la malchance.
3 En Chine, une araignée annonce la chance.
4 Aux États-Unis, on ne pose jamais un parapluie sur un lit.
5 Au Japon, personne ne dort en direction du nord.
6 Au Portugal, renverser du vin sur la table porte bonheur.
7 En Algérie, si les chaussures sont posées à l'envers, ça porte malheur.
8 En Espagne, être le mardi 13 porte malheur.
9 En Finlande, tuer une araignée porte malheur.
10 En Allemagne, trinquer avec de l'eau porte malheur.
11 Au Maroc, trouver des clés par terre porte bonheur.
12 En Pologne, poser un sac à main par terre porte malheur.
13 En Lettonie, poser ses gants sur la table porte malheur.
14 En Roumanie, renverser du café porte chance.
15 En Grèce, le bleu éloigne le « mauvais œil ».
16 Au Nigéria, quand un chien crie la nuit, près de chez vous, ça porte malheur.
17 En Ukraine, s'asseoir à un coin de table porte malheur.
18 Au Cambodge, si quelqu'un cligne de l'œil gauche, cela porte malheur.
19 En Colombie, si le sel tombe par terre, il faut le ramasser de la main gauche.

Dans toutes les cultures et dans tous les calendriers, l'arrivée de la nouvelle année est symboliquement célébrée. Voici quelques exemples :
– en Espagne, on mange 12 grains de raisins en même temps que sonnent les 12 coups de minuit ;
– en Italie, on jette par la fenêtre quelques vieux objets pour représenter un nouveau départ ;
– en France, on porte des vêtements élégants, on s'embrasse sous un bouquet de houx ou de gui, on cuisine beaucoup de choses au cas où quelqu'un viendrait en plus. On ne prépare pas les mêmes plats qu'au quotidien et rien ne manque pour le réveillon ! Chez soi ou ailleurs, il n'y a pas de Saint-Sylvestre sans champagne car boire du champagne le 31 décembre porte bonheur !

2 **Choisissez. Les phrases de l'article sont :**
a moins précises.
b plus précises.

3 **Classez les mots utilisés dans les phrases de l'article dans les catégories suivantes.**
a Fait référence à des personnes / des objets : certains, ___.
b Fait référence à des lieux : ___.
c A un sens négatif : ___.

4 **Trouvez les mots qui correspondent à :**
a faire tomber ;
b prendre par terre ;
c taper son verre contre celui d'un autre puis boire ;
d mettre à une certaine distance.

Grammaire → p. 160

Les indéfinis

Pour donner une information générale, sans précisions, on utilise des indéfinis.
• **Personnes et / ou objets :** certain(s) / certaine(s), d'autre(s), chacun / chacune, chaque, aucun(s) / aucune(s), quelques.
• **Seulement pour des personnes :** quelqu'un, personne.
• **Seulement pour des objets :** rien, quelque chose.
• **Lieux :** partout, ailleurs, quelque part, n'importe où.
Comme **partout** dans le monde, les Français ont des superstitions.
Certains peuvent « porter bonheur », **d'autres**, « porter malheur ».
Au Cambodge, si **quelqu'un** cligne de l'œil gauche, cela porte malheur.

▶ Activité 3 p. 122

Communication

3. Superstitions du XXIe siècle

En groupe.

1 **Imaginez de nouvelles superstitions en associant les objets et les actions proposés.**

Objets	Actions
un téléphone portable – une tablette – une carte de crédit – une fourchette connectée – une e-montre – une caméra – un avion	avoir – dormir – poser – oublier – offrir – toucher – sonner – rêver – prendre – entendre – offrir – trouver – filmer – allumer

2 **Présentez vos superstitions du XXIe siècle dans un article pour *Historia Magazine*.**

Leçon 33 | **Nouvelles croyances**

1

SAGESSES | PHILO/PSYCHO | ÉCOLOGIE | HUMOUR | ARTS | VIE NUMÉRIQUE | SLOW LIFE

CLÉS

TROUVER DU **SENS**   RETROUVER DU **TEMPS**

C'EST BEAU !
NOTRE CAHIER
SLOW LUXE

MANIPULEZ
VOS GÈNES

VIVONS
À PLUSIEURS
VITESSES

SONDAGE
67% des
Français
n'ont pas
la foi

PAR QUOI REMPLACER DIEU ?

ON NE PEUT PAS VIVRE SANS CROIRE

La croyance est toujours vivace et n'a pas fi d'exercer ses effets sur notre société. [...] Comment en effet imaginer une existence sans croyances ?

TEMPLES DU ROCK ET DIEUX DU STADE

Le matériel l'emporte aujourd'hui sur le spiritu mais on peut retrouver des traces de spirituali dans les nouvelles formes d'idoles de notre soci de consommation. [...]

Les chanteurs rassemblent des foules immens qui communient en s'identifiant à leur vedette. L salles de concerts sont devenues des temples rock. Il y a aussi les acteurs ou ces nouveaux die du stade, bien nommées icônes. [...]

2

1. Clés

Observez la couverture du magazine *Clés* (document 1) et répondez aux questions.

a Que représente l'illustration ?
b Quel est le thème du dossier principal traité dans ce magazine ?
c Quelle est la question posée sur la couverture ? Proposez des hypothèses de réponses.

2. Par quoi...

Lisez l'article (document 2).

1 De quel type de texte s'agit-il ? Choisissez.

a scientifique
b philosophique
c économique

2 Si l'on ne croit plus en Dieu, dites à quoi on croit aujourd'hui. Comparez avec vos hypothèses (activité 1c).

3. ... remplacer Dieu ?

Lisez à nouveau l'article.

1 Associez chaque fonction à un nom.

a On s'identifie à lui / à elle.
b On l'adore et on l'idéalise.
c Il nous console.
d Elle nous fait appartenir à un groupe.

1 l'objet technologique
2 la marque
3 le sportif / la sportive
4 le chanteur / la chanteuse

2 Relevez une phrase qui justifie le titre de l'article.

3 Relevez les mots en relation avec :

a les croyances : *Dieu,* ___
b les objets religieux : *une croix,* ___
c les sentiments : *la peur,* ___

Boîte à mots

• **Les croyances :** Dieu – spirituel – une idole – une icône – l'adoration – communier
• **Les objets religieux :** une croix – une médaille – un chapelet – un objet culte
• **Les sentiments :** le manque – l'illusion – le doute – la confiance – la certitude – les valeurs – l'honneur – l'idéalisation – l'identification

L'adoration pour les sportifs – surtout les footballeurs – les met à la place d'idoles, porteuses des valeurs et de l'honneur d'une nation, objets d'idéalisation.

OBJETS PROTECTEURS ET MARQUES CULTES

Nos peurs nous amènent à vivre équipés d'objets qui répondent à nos manques. Autrefois, Dieu nous consolait, mais aujourd'hui, ce rôle est plutôt rempli par des objets technologiques. Ordinateurs, téléphones mobiles ou tablettes sont devenus tellement indispensables qu'il nous parait impossible de vivre sans eux. Nous sommes rassurés par leur contact, comme l'étaient nos grands-parents par une croix, une médaille sainte ou un chapelet.

Avec la globalisation des échanges et de la publicité, la marque est devenue un phénomène culturel et social dans de nombreux pays. De nos jours, porter « de la marque » fait croire qu'on appartient à un groupe et cela nous donne l'illusion de la confiance en nous.

Aujourd'hui, science, progrès, idoles médiatiques, objets de consommation et symboles commerciaux sont supposés apporter une réponse à nos doutes et un sens à notre existence. Comme nous n'avons pas de certitudes pour satisfaire notre recherche du Vrai et nous aider dans nos choix, nous n'avons qu'une seule possibilité : il nous faut croire.

D'après Philippe Grimbert, cles.com, janvier 2014

4. Fan de...

Écoutez ces témoignages de fans entendus à la radio.

1 Associez chaque témoignage à une personne ou une chose.

a objet technologique → témoignage ___
b marque → témoignage ___
c chanteur / chanteuse → témoignage ___
d acteur / actrice → témoignage ___
e sportif / sportive → témoignage ___
f jeu vidéo → témoignage ___

2 Trouvez de qui / de quoi chaque fan parle exactement. (Faites des hypothèses.)

Communication

6. Témoignages

En groupe.

1 Listez d'autres êtres ou objets qui pourraient remplacer Dieu.

2 Choisissez-en un et témoignez pour la radio. Enregistrez un(e) étudiant(e) du groupe et faites écouter votre témoignage à la classe.

5. Comment ?

Écoutez à nouveau les témoignages et lisez la transcription p. XIII.

1 Relevez :

a les adverbes de manière et de quantité ;
b les adverbes de lieu ;
c les adverbes de temps et de fréquence.

2 Quelle est la place de ces adverbes dans la phrase ?

3 Faites des hypothèses sur la formation des adverbes en *-ment*, *-emment* et *-amment*.

Grammaire → p. 161

Les adverbes

Emploi

On utilise les adverbes pour nuancer le sens d'un verbe, d'un adjectif ou d'un autre adverbe.
- **Adverbes de lieu :** *dehors, dedans, partout...*
- **Adverbes de temps et de fréquence :** *aujourd'hui, autrefois, souvent, fréquemment, toujours...*
- **Adverbes de manière et de quantité :** *absolument, franchement, vachement* (familier), *totalement, vraiment, incontestablement, plutôt, bien, trop, notamment, évidemment, élégamment...*

Place

L'adverbe se place en général après le verbe *(j'aime **bien**)*, entre l'auxiliaire et le participe passé *(elle a **souvent** dit)*, avant l'adjectif *(**toujours** fidèle)*.

Formation des adverbes en :

- ***-ment***
  Adjectif féminin + *-ment* : *franchement*.
  Adjectif masculin finissant par « i », « u » ou « é » + *-ment* : *vraiment, absolument, aisément*.
- ***-emment***
  Adjectif terminé par *-ent* : *évident → évidemment*.
- ***-amment***
  Adjectif terminé par *-ant* : *élégant → élégamment*.

▶ Activités 5 et 6 p. 123

Leçon 34 | # Religions

SONDAGE

DOUTE SUR L'EXISTENCE DE DIEU ET CONTINUATION DU BESOIN DE RELIGION

Voilà la contradiction que révèle l'enquête.
On constate en effet une perte d'intérêt
des Français pour les croyances religieuses
et un scepticisme croissant, même si
l'étude montre le besoin de spiritualité.
Chacun, à sa manière, donne
un sens à sa vie.
Aujourd'hui, un tiers d'entre nous
seulement croient encore en Dieu.
Clés a mené l'enquête à partir d'un sondage
sur la croyance en France.

2

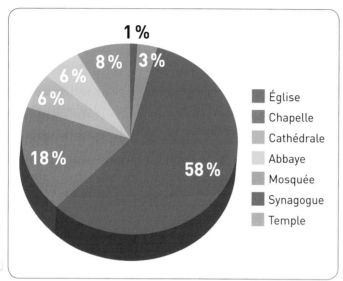

1

- Église
- Chapelle
- Cathédrale
- Abbaye
- Mosquée
- Synagogue
- Temple

L'Observatoire du patrimoine religieux, juillet 2013

1. Le patrimoine religieux français

Observez le graphique (document 1).

1 Associez les lieux de culte à :

a une confession :
  1 les catholiques
  2 les protestants
  3 les juifs
  4 les musulmans
  5 les bouddhistes
b des rituels :
  1 prier
  2 méditer
c une fête :
  1 Noël
  2 Vesak
  3 le Ramadan
  4 le Yom Kippour

2 Relevez le pourcentage total du patrimoine catholique.

2. Sondage

1 Lisez l'introduction du sondage (document 2) et répondez aux questions.

a Quel est le thème du sondage ?
b Quelle contradiction révèle-t-il ?

2 À deux, lisez le sondage.

a Relevez dans l'introduction une ou plusieurs phrases qui correspondent à chaque question / réponses.
Question / réponses 1 : « doute sur l'existence de Dieu », « scepticisme croissant ».
b Retrouvez dans vos réponses les mots qui correspondent à : douter – sceptique – contredire – spirituel – continuer – signifier.
c Dites si c'est vrai ou faux.
  1 On peut former un nom à partir d'un verbe.
  2 On peut former un nom à partir d'un adjectif.
d Relevez trois autres noms. Trouvez le verbe ou l'adjectif à partir desquels ils sont formés.

Boîte à mots   ▶ **Activité 9 p. 123**

- **Les lieux de culte :** une église – une cathédrale – une chapelle – une abbaye – une mosquée – un temple – une synagogue – un clocher
- **La religion/ La vie spirituelle :** un catholique – un protestant – un juif – un musulman – un bouddhiste – la prière/prier – la méditation – le doute – le scepticisme – la spiritualité/ spirituel
- **La pensée :** une contradiction – l'intuition – un regret – donner un sens (à sa vie)

1 Pour vous, Dieu, c'est plutôt :
- – une énergie surnaturelle. 21 %
- – la Nature. 20 %
- – celui avec qui dialoguer. 17 %
- – Ne sait pas. 41 %
- – Ne se prononce pas. 1 %

2 Avec laquelle de ces deux opinions êtes-vous d'accord ?
- – Les religions correspondent à une mentalité ancienne, elles vont progressivement disparaître avec la modernité. 28 %
- – Les religions sont un besoin essentiel de l'homme, elles vont rester même si elles se transforment. 70 %
- – Ne se prononce pas. 2 %

3 Pour répondre à la question du sens de la vie, vous privilégiez :
- – votre intuition. 38 %
- – la science. 17 %
- – la philosophie. 11 %
- – la religion. 9 %
- – Ne se pose pas cette question. 24 %
- – Ne se prononce pas. 1 %

Clés, décembre 2013 / janvier 2014 – sondage Opinion Way

3

Un dimanche matin, au marché de Combs-la-Ville (Essonne, 91). Que pensez-vous de la construction de la nouvelle église ?

3. La nouvelle église

1 **Observez la photo (document 3). Que pensez-vous de cette église ?**

2 **Écoutez le micro-trottoir. Dites qui est satisfait et qui n'est pas satisfait.**

3 **Écoutez à nouveau le micro-trottoir. Notez pourquoi certaines personnes ne sont pas satisfaites.**

4 **Lisez la transcription p. XIV et vérifiez vos réponses.**

5 **Lisez ces affirmations. Laquelle exprime un regret ? Choisissez.**

a J'aurais aimé une église avec de vieilles pierres et un joli clocher.

b Je pense que l'église devrait dépenser son argent pour autre chose.

Grammaire → p. 157

La nominalisation

Pour condenser et mettre en valeur une information, on utilise souvent des phrases nominales.
La nominalisation peut se faire :
– à partir d'un **verbe** :
*Les Français **doutent** de l'existence de Dieu.*
→ ***Doute** sur l'existence de Dieu.*
Formés à partir d'un verbe, les noms peuvent se terminer par *-age, -ation, -ment, -sion, -tion, -uction, -ure.*
Les noms en *-tion* et en *-ure* sont féminins : *une contradiction.*
Les noms en *-age* et en *-ment* sont masculins : *un sondage.*
– à partir d'un **adjectif** :
*Les Français sont de plus en plus **sceptiques**.*
→ *Un **scepticisme** croissant.*
Formés à partir d'un adjectif, les noms peuvent se terminer par *-ance, -ence, -esse, -ie, -ise, -té.*

▶ **Activité 7 p. 123**

Grammaire → p. 166

Le conditionnel passé

On utilise le conditionnel passé pour exprimer le regret ou le reproche.
Formation : *être* ou *avoir* au conditionnel présent + le participe passé du verbe.
*Je pense qu'on **aurait dû** construire un centre culturel.*
*J'**aurais aimé** une église avec de vieilles pierres et un joli clocher.*

▶ **Activité 8 p. 123**

Communication

4. Pour éviter la polémique

En groupe.

1 **Répondez oralement aux questions du sondage (document 2), puis comparez vos réponses avec celles des autres groupes.**

2 **À la manière de l'article de *Clés*, écrivez un court texte pour présenter les résultats de votre sondage.**

Le Horla

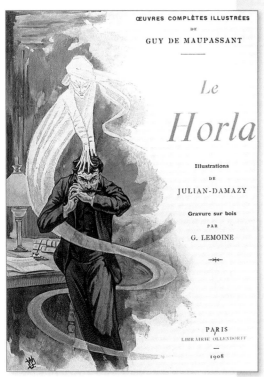

Le Horla est une nouvelle fantastique de Guy de Maupassant, publiée en 1887. Couverture de l'édition de 1908, illustrée par William Julian-Damazy.

8 mai – Quelle journée admirable ! J'ai passé toute la matinée étendu sur l'herbe, devant ma maison, sous l'énorme platane qui la couvre, l'abrite et l'ombrage tout entière. […]

12 mai – J'ai un peu de fièvre depuis quelques jours ; je me sens souffrant, ou plutôt je me sens triste.
D'où viennent ces influences mystérieuses qui changent en découragement notre bonheur et notre confiance en détresse ? On dirait que l'air, l'air invisible est plein d'inconnaissables Puissances […].
Comme il est profond ce mystère de l'invisible ! […]

16 mai – Je suis malade, décidément ! Je me portais si bien le mois dernier ! J'ai la fièvre, une fièvre atroce, ou plutôt un énervement fiévreux, qui rend mon âme aussi souffrante que mon corps. […]

25 mai – Aucun changement ! Mon état, vraiment, est bizarre. À mesure qu'approche le soir, une inquiétude incompréhensible m'envahit, comme si la nuit cachait pour moi une menace terrible. Je dîne vite, puis j'essaie de lire ; mais je ne comprends pas les mots ; je distingue à peine les lettres. […]

4 juillet – Décidément, je suis repris. Mes cauchemars anciens reviennent. Cette nuit, j'ai senti quelqu'un accroupi sur moi, et qui, sa bouche sur la mienne, buvait ma vie entre mes lèvres. […]

5 juillet – Comme je le fais maintenant chaque soir, j'avais fermé ma porte à clef ; puis, ayant soif, je bus un demi-verre d'eau, et je remarquai par hasard que ma carafe était pleine jusqu'au bouchon de cristal. […]

6 juillet – Je deviens fou. On a encore bu toute ma carafe cette nuit ; – ou plutôt, je l'ai bue !
Mais, est-ce moi ? Est-ce moi ? Qui serait-ce ? Qui ? Oh ! mon Dieu ! Je deviens fou ! Qui me sauvera ? […]

1. Le personnage

Observez la couverture de l'édition de 1908. À quel personnage de la littérature fantastique vous fait-elle penser ? Choisissez.

a un géant

b le diable

c un vampire

d une fée

e un fantôme

f un loup-garou

2. Le texte

Lisez l'extrait et répondez aux questions.

1 Quelle est la forme de ce texte ? Choisissez et justifiez.

a une biographie
b un journal intime
c une lettre personnelle

2 Combien de temps durent les événements décrits ?

3 Quelle phrase résume le mieux le texte ? Choisissez.

a Un homme pense qu'un vampire vient chez lui la nuit.
b Un homme choisit de vivre dans une maison magique.
c Un homme pense qu'un être invisible vient chez lui la nuit.

4 Associez les dates du texte aux illustrations de l'édition de 1908.

a

b

c

d

À vos plumes !

À deux.

1 Imaginez oralement ce qui s'est passé entre le 6 juillet et le 7 août.

2 Écrivez ce qui s'est passé le 8 août.

Recherches personnelles

Cherchez des informations sur Guy de Maupassant au moment où il a écrit *Le Horla*.

3. Le style

Lisez ces caractéristiques de la littérature fantastique et retrouvez dans le texte des exemples pour les illustrer.

Arrivée soudaine d'un fait magique dans la vie ordinaire. → « D'où viennent ces influences mystérieuses [...] ? »

a Le narrateur essaie de donner une explication rationnelle possible.
b Le narrateur exprime son incertitude, se pose des questions.
c Le narrateur personnifie l'être invisible.
d Le narrateur exprime sa peur.

4. Les mots

À deux, retrouvez dans le texte :

1 l'équivalent de ces mots :

a un danger ;
b entrer dans ;
c une angoisse ;
d l'esprit ;

2 le contraire de ces mots :

a le calme ;
b un rêve ;
c l'espoir.

5. Le fantastique

En groupe.

1 Dites si vous aimez les contes fantastiques (littérature ou cinéma) et le personnage que vous préférez.

2 Racontez un conte fantastique que vous avez lu ou vu au cinéma. Échangez vos commentaires.

Boîte à mots

- **Les personnages fantastiques :** le diable – un vampire – une fée – un fantôme – un loup-garou
- **La peur :** l'inquiétude – envahir – une menace – un cauchemar – atroce / terrible
- **Le mystère :** une influence – mystérieux – (l')invisible – une puissance (inconnaissable)

Entraînement

1 Voyager

1 À deux, lisez les phrases.

a Voyager en juillet c'est vraiment très ennuyeux.

b Je vous conseille d'essayer ce merveilleux fauteuil rouge.

c Il y a des jeux dans la paille.
Il a les yeux dans la page.

d Essuyez-vous les pieds avant de plonger dans la pataugeoire.

e Appuyez sur la jauge et essayez d'aboyer comme un chien enragé.

2 Écoutez pour vérifier, puis répétez le plus vite possible.

2 Irrationnel

1 Trouvez le mot qui correspond à ces définitions.

Exemple : Ne pas être tranquille.

→ *être angoissé*

a Un gros oiseau noir.

b Un animal domestique de la famille des félins.

c Qui croit à des choses irrationnelles.

d Disciple choisi par Jésus.

e Le fait de croire à l'existence de quelque chose

f Qui n'est pas autorisé à être dans un lieu.

2 Utilisez chaque mot dans une phrase.

Exemples : Je suis angoissé(e) les vendredis 13.
Je ne suis pas superstitieux / superstitieuse.

3 Généralités

Transformez ces informations en utilisant les indéfinis.

Exemple : Il y a des Français qui croient aux superstitions et il y en a qui trouvent cela ridicule.

→ **Certains** *Français croient aux superstitions,* **d'autres** *trouvent cela ridicule.*

a Les Français passent Noël chez eux et le Nouvel An dans un restaurant ou une discothèque.

b Toutes les personnes ont leurs propres superstitions.

c Il n'y a pas de Français dans les discothèques le soir de Noël.

d Pour la Saint-Sylvestre, il y a beaucoup de monde dans les restaurants, les discothèques, les salles de spectacles...

e Chez certains Français, on ne croit pas aux superstitions, ni en Dieu, ni à la nature, ni au progrès...

f Il y a un certain nombre de jeunes qui aiment rester en famille le 31 décembre.

4 À vos dictionnaires français

Cherchez les mots suivants dans un dictionnaire français.

1 Notez un synonyme de chaque mot.

2 Utilisez chaque mot dans une phrase.

Exemple : renverser (quelque chose) → *verser*
→ *J'ai renversé mon café sur mon pantalon.*

a tuer

b éloigner

c jeter

d ramasser (quelque chose)

e trinquer

———— ❙ Leçon 33 ————————————————

5 C'est évident !

Remplacez les mots soulignés par un adverbe.
Exemple : J'aime ce film, c'est vrai !
→ J'aime vraiment ce film !

a Il lui a répondu <u>avec élégance</u>.
b Je préfère cette chanson de Mick Jagger, <u>c'est évident</u> !
c Elle parle français <u>avec difficulté</u>.
d Viens te réchauffer <u>à l'intérieur</u> !
e Cet acteur joue <u>à la perfection</u>.
f C'est le meilleur acteur, <u>c'est incontestable</u> !

6 Tout à fait

Complétez ces phrases avec un adverbe.
Exemple : Nous sommes en désaccord (fréquent).
→ Nous sommes fréquemment en désaccord.

a Ce chanteur est le meilleur. (vrai)
b J'ai besoin de mon smartphone. (franc)
c Je veux voir ce film. (absolu)
d Mon étudiant a réussi le DELF B1. (brillant)
e Ce footballeur a répondu aux journalistes. (intelligent)
f Je suis d'accord avec vous. (total)

———— ❙ Leçon 34 ————————————————

7 La mécanique des noms

1 Associez.

VERBES
a changer
b travailler
c apparaître
d attendre
e classer
f partir
g prendre
h créer
i croire
j réussir

NOMS
1 l'attente
2 la correction
3 le travail
4 le départ
5 l'ennui
6 la beauté
7 l'apparition
8 la douceur
9 le classement
10 la visibilité
11 la croyance
12 l'importance
13 la création
14 l'intérêt
15 la prise
16 le charme
17 la tristesse
18 la réussite
19 la facilité
20 le changement

ADJECTIFS
k beau / belle
l visible
m doux / douce
n facile
o important(e)
p charmant(e)
q intéressant(e)
r correct(e)
s ennuyeux / ennuyeuse
t triste

2 Choisissez cinq noms et utilisez-les dans une phrase en relation avec les croyances.

8 Regrets

Transformez ces affirmations en regrets.
Exemple : La mairie ne s'est pas opposée à la construction de l'église.
→ La mairie aurait dû s'opposer à la construction de l'église.

a Les habitants ne se sont pas mobilisés.
b Nous n'avons pas fait de manifestation contre la construction.
c Ils n'ont pas demandé aux habitants de participer au choix de l'architecture.
d On ne s'est pas intéressé au projet.
e L'architecte n'a pas respecté le style de la ville.

9 À la radio ce soir

Complétez cette annonce avec des mots de la boîte à mots (p. 118).

Comment vit-on la *spiritualité* au XXIᵉ siècle ? Autrefois, chaque village avait son ＿, qui était son centre ＿. Mais, aujourd'hui, a-t-on besoin d'aller à l'église pour donner un ＿ à sa vie ? (Ou dans une ＿ si on est musulman, ou dans un ＿ pour les bouddhistes ?) La cathédrale Notre-Dame est-elle encore un lieu de ＿ ? En cette époque de ＿, pourquoi les pratiques comme la ＿ sont-elles si populaires ? Pourquoi cette ＿ entre le scepticisme et l'intuition ? Rendez-vous à 19 heures sur Radiocom pour un décryptage des croyances modernes.

Action !

Nous réalisons un sondage sur les croyances dans notre classe.

Pour cela, nous allons :

▷ Décider du type d'informations que l'on veut (les valeurs, la morale, les convictions personnelles, les superstitions). Choisir trois ou quatre thèmes.

▷ En sous-groupe, rédiger trois questions (1 ou 2 à choix multiples) sur chaque thème.

▷ Mettre en commun les questions des sous-groupes et en choisir huit au total.

▷ Recopier les questions, en faire des copies et distribuer le questionnaire à la classe.

▷ Remplir le questionnaire individuellement de manière anonyme.

▷ Ramasser les questionnaires et relever les réponses.

▷ Créer un graphique pour les réponses aux questions à choix multiples. Choisir des citations parmi les réponses aux questions ouvertes.

▷ Afficher les résultats.

Votre avis nous intéresse :

	−	+	++
L'élaboration du questionnaire	❑	❑	❑
La création du graphique	❑	❑	❑
Le choix des citations	❑	❑	❑

Les Français

Nous organisons une exposition sur la France

Nous allons savoir comment :

parler des symboles de la France
présenter une fête de notre pays
présenter des stéréotypes sur notre pays
écrire un article pour lepetitjournal.com
dire pourquoi on étudie le français
réaliser un mini-sondage
donner notre avis

▶ Reportage Télé-Loisirs :
micro-trottoir

▷ **Culture :**
Une chanson :
Douce France
de Charles Trenet

Dites-nous tout !

1 Quel est votre mot français
   préféré ?

2 Quel est pour vous l'objet qui
   représente le mieux la France ?

3 Citez trois mots pour décrire
   les Français.

4 Qu'aimez-vous le plus dans
   la culture française ?

5 Qui est votre personnalité
   française préférée ?

Leçon 36 | # Le 14 Juillet

1. Le reportage 8

Regardez la vidéo sans le son.

1 À votre avis, qui sont les personnes interrogées ? Choisissez.

a des hommes et des femmes politiques
b des célébrités
c des gens ordinaires
d des experts

2 Parlent-elles toutes de la même chose ? Imaginez le ou les sujets.

3 Repérez :

a à quel moment de l'année le reportage a lieu. Justifiez ;
b où le reportage a lieu : en France ou dans un autre pays ? Justifiez.

4 Nommez le plan avec lequel les personnes sont filmées et dites qui elles regardent.

2. Le thème 8

Regardez la vidéo avec le son.

1 Deux questions ont été posées aux personnes interrogées. Lesquelles ? Choisissez.

a Comment fête-t-on le 14 Juillet aujourd'hui ?
b Qu'est-ce que le 14 Juillet ?
c Quelle est la date la plus importante pour l'histoire de France ?
d Est-ce important de fêter le 14 Juillet ?
e Quand le drapeau tricolore est-il devenu le symbole de la France ?

2 Associez ce que dit chaque personne à un événement.

Boîte à mots ➤ Activité 2 p. 136

- **Le 14 Juillet :** la fête nationale – la prise de la Bastille – la révolution – le peuple français – une prison – des munitions – fêter
- **L'histoire :** la fin de la guerre – la Deuxième Guerre mondiale – les anciens – honorer
- **La nation :** le chef d'État – promouvoir
- **Les expressions :** je suis pas trop (histoire) – ça marque quelque chose – c'est histoire de (fêter) – c'est une très bonne chose

 a Bernard

 b Lucile

 c Nabil

 d Jean-Michel

 e Steven

 f Sarah

 g Linda

 1 La prise de la Bastille

 2 Le défilé du 14 Juillet

 3 La fin de la Deuxième Guerre mondiale

3 Lisez la rubrique Culture/Savoir sur la prise de la Bastille.

a Relevez :
1 ceux qui se sont trompés ;
2 ceux qui ne sont pas sûrs. Dites comment ils expriment leur incertitude (mimiques, gestes et expressions) ;
3 celui / celle qui donne des explications justes sur le 14 Juillet.

b Repérez ce qui n'a pas été dit dans le reportage.

c Dites quelle image cette vidéo donne des Français.

3. Et vous ?

1 Que connaissez-vous de cette période de l'histoire de France (personnes, événements, lieux…) ?

2 Savez-vous quels symboles la France garde de cette époque ?

3 Observez l'affiche et retrouvez la devise de la France.

4 Le 14 Juillet, on ne travaille pas. Connaissez-vous d'autres jours fériés en France ?

4. Célébration 8

Regardez la vidéo. Lisez la transcription p. XIV et relevez :

a deux expressions qui expliquent l'importance de fêter le 14 Juillet ;
b les mots en relation avec l'histoire.

5. Et eux 38

1 Écoutez la vidéo avec la transcription p. XIV. Classez les mots suivants selon la prononciation des lettres soulignées.

m'av*ez* – d*es* – p*eu*r – pass*é* – f*ê*te – laqu*e*lle – j*e* – m*e* – honor*er* – p*eu*ple – gu*e*rre – m*ê*me – ch*e*f

a On entend [Œ] ([ə], [ø], [œ]) : ___

b On entend [E] ([e], [ɛ]) : ___

2 Répétez les mots suivants devant un(e) camarade. Quelle différence remarquez-vous entre [E] et [Œ] ?

a mes – me
b père – peur
c des – deux

3 Dites lequel des deux mots demande le plus d'effort musculaire.

m*es* – m*ê*me

4 Comment s'écrivent les sons [e] et [ɛ] ?

Phonétique 38 → p. 155

L'opposition [Œ] ([ə], [ø], [œ]) et [E] ([e], [ɛ])

• [Œ] ([ə], [ø], [œ]) : arrondi, langue en avant, aigu : *je, peux, peur*.
• [E] ([e], [ɛ]) : souriant, langue en avant, aigu : *passé, fête, guerre*.

Les sons [e] et [ɛ]

• [e] : bouche fermée, muscles tendus.
« é » : *passé*.
« e » + consonne muette :
– « es » : *des* ;
– « ez » : *avez* ;
– « er » : *honorer*.
• [ɛ] : bouche ouverte, muscles relâchés.
« e » + consonne prononcée : *chef*.
« è » : *père*.
« ê » : *même*.
« ai » : *français, ouais*.
« et » : *juillet*.

▶ Activité 1 p. 136

Communication

6. Et vous

Expliquez une fête nationale de votre pays : histoire, signification, célébration.
Dites pourquoi c'est important de la fêter.

Représentations

III DÉBATS

JOURNEE DE LA FRANCOPHONIE -
La France vue de l'étranger

Même si la France reste la première destination touristique au monde et fait rêver de nombreux francophiles à travers le monde, elle n'arrive pas à se défaire de certains stéréotypes. Voici le portrait de la France vue de l'étranger.

La propreté. Les produits cosmétiques français se vendent bien à l'étranger, pourtant, l'image selon laquelle le Français se parfume pour masquer sa mauvaise odeur reste très présente dans les esprits. Lucie, expatriée au Mexique, en témoigne : « Nous sommes des personnes sales, qui sentent mauvais, qui ne se lavent pas, qui mettent du parfum au lieu de prendre une douche. » Un stéréotype dont parle également Claire, expatriée au Chili : « On m'a souvent dit qu'on ne se lave pas tous les jours. »

So french so chic. Malgré ce stéréotype de « sales », on retrouve aux quatre coins du monde la formule « so french so chic ». La Française est toujours synonyme de chic et d'élégance. Agnès, expatriée depuis 11 ans en Irlande et en Australie, explique : « Un des compliments les plus fréquents est que les femmes françaises ont un "je-ne-sais-quoi", une certaine classe. » Les Américains se demandent comment font les Françaises pour ne pas grossir alors qu'elles mangent du fromage et plein de gâteaux.

Le Français, roi de la paresse ? Autre élément présent dans l'imaginaire populaire à propos du Français typique : il n'aime pas beaucoup travailler et fait tout le temps la grève. Si, pour beaucoup, le système social français provoque la paresse, il reste cependant un modèle pour d'autres. Dottie, une Lyonnaise expatriée en Asie, explique : « Partout où j'ai travaillé, mes collègues et mes supérieurs m'ont toujours dit qu'ils aimaient travailler avec des Français car, pour eux, ils travaillent bien et sont des personnes de confiance. » Paul, à Shanghai : « Bien qu'ils soient admiratifs de notre système social, les congés payés et les jours fériés, les avantages sociaux accessibles à tous, les trente-cinq heures, la liberté de parole, la qualité de vie, ils pensent que cela produit des paresseux qui font toujours grève. »

La langue de Molière, romantique. En Asie, la langue française « est vue comme une langue de luxe que l'on veut faire apprendre à ses enfants afin de montrer son statut social », explique Dottie. Par contre, en Afrique, « la langue française est considérée comme une des plus belles langues ; ils aiment la sonorité des mots », explique Paul. « La langue française représente le luxe, le chic, le glamour », ajoute Candice.

De manière générale, l'art de vivre, la richesse culturelle, le glamour de la ville de Paris, la mosaïque des régions sont caractéristiques de l'image très positive de la France. En revanche, les Français ont une moins bonne réputation. Même s'ils apparaissent comme « râleurs », c'est quand même un pays « où il fait bon vivre et débattre, où les gens sont engagés, ouverts et solidaires ».

* Centre National d'Enseignement à Distance

1. Ailleurs

1 Observez la page d'accueil du CNED. Dites, selon vous :

a de quel ministère dépend le CNED ;

b qui consulte ce site.

2 Trouvez sur la page d'accueil du CNED les mots en relation avec :

a vivre à l'étranger : *expat*, ___

b la formation : ___

c le travail : ___

d le français : ___

3 **Lisez l'article du petitjournal.com.**

a Choisissez la phrase qui résume le mieux l'article.
  1 L'article recueille et commente les témoignages de Français qui vivent à l'étranger.
  2 L'article parle d'un Français qui fait une recherche sur les pays étrangers.
  3 L'article présente des étrangers qui apprennent le français.

b Dites à quelle occasion cet article a été publié.

Stéréotypes

Lisez à nouveau l'article.

1 **Retrouvez les contradictions.**

La France ne parvient pas à se défaire de certains stéréotypes. → *même si elle reste la première destination touristique au monde*

a Les produits cosmétiques français se vendent bien à l'étranger.

b On retrouve aux quatre coins du monde la formule « so french so chic ».

c Pour beaucoup, le système social français provoque la paresse.

d Les étrangers pensent que cela produit des paresseux qui font toujours grève.

Boîte à mots

- **La langue française** : la francophonie – un francophone – francophile – la langue de Molière – romantique – la sonorité des mots
- **L'image** : des stéréotypes – le portrait – l'imaginaire – admiratif – un compliment – la paresse / des paresseux – la réputation – représenter
- **L'entretien du corps** : la propreté – les produits cosmétiques – se parfumer – masquer – une odeur – sale ≠ propre – sentir bon ≠ mauvais
- **L'élégance** : le chic – un je-ne-sais-quoi – une certaine classe – le luxe – le glamour
- **Le système social** : la grève – un modèle – un supérieur – les congés payés – les avantages sociaux – la liberté de parole – engagé – solidaire – débattre
- **Le monde** : expatrié – aux quatre coins du monde

Communication

Clichés

En groupe.

1 **Dites quels sont les stéréotypes sur votre pays. Citez-en trois positifs et trois négatifs.**

2 **Citez d'autres stéréotypes sur les Français et écrivez un autre paragraphe pour le petitjournal.com.**

e Les Américains se demandent comment font les Françaises pour ne pas grossir.

f Les Français apparaissent comme « râleurs ».

2 **Observez les mots qui relient les deux informations. Qu'est-ce qu'ils expriment ? Choisissez.**

a l'opposition b la conséquence c la concession

3 **Retrouvez un exemple correspondant à chaque structure.**

a *Malgré* + nom : *malgré ce stéréotype de « sales »*

b *Bien que* + subjonctif : ____

c *Alors que* + indicatif : ____

4 **Relevez dans le texte deux informations qui s'opposent.**

Les Français ne se lavent pas, ils mettent du parfum au lieu de prendre une douche.

5 **Quels mots expriment l'opposition ?**

Grammaire → p. 170

L'expression de la concession

Pour exprimer la concession, c'est-à-dire le résultat inattendu et contradictoire d'un fait, on utilise :
– *pourtant, cependant* ;
  *Si le système social français provoque la paresse, il reste **cependant** un modèle.*
– *alors que* + indicatif ;
  *Les Américains se demandent comment font les Françaises pour ne pas grossir **alors qu'**elles mangent du fromage et plein de gâteaux.*
– *même si, quand même* ;
  ***Même si** la France reste la première destination touristique au monde, elle ne parvient pas à se défaire de certains stéréotypes.*
– *malgré* + nom ;
  ***Malgré** ce stéréotype de « sales », on retrouve aux quatre coins du monde la formule « so french so chic ».*
– *bien que* + subjonctif.
  ***Bien qu'**ils soient admiratifs de notre système social, ils pensent que cela produit des paresseux.*

L'expression de l'opposition

Pour opposer deux faits, exprimer une différence, on utilise : *au lieu de, en revanche, par contre.*
*Les Français ne se lavent pas, ils mettent du parfum **au lieu de** prendre une douche.*
*L'image de la France est très positive. **En revanche**, les Français ont une moins bonne réputation.*

▶ Activités 3 et 4 p. 136

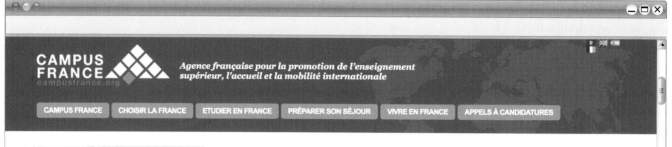

Réussir vos études en France c'est d'abord faire confiance à Campus France, pour vous aider à <u>trouver votre formation</u>, à la <u>financer</u> et à préparer votre séjour.

Au dernier palmarès de l'attractivité fait par l'UNESCO, la France se place au 3e rang (290 000 étudiants étrangers par an), derrière les États-Unis et le Royaume-Uni.

À la demande de l'établissement public Campus France, TNS Sofres a réalisé, au cours du premier semestre 2011, une enquête internationale auprès d'étudiants étrangers.

Cette enquête réalisée via Internet portait à la fois sur des étudiants s'apprêtant à effectuer un séjour universitaire en France, des étudiants actuellement en cours d'étude en France et des étudiants ayant terminé leur séjour d'étude. Près de 21 000 étudiants ont répondu à l'enquête. Voici quelques résultats.

B

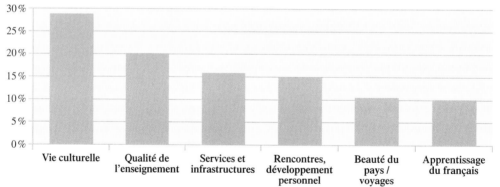

Points positifs du séjour en France

C Pour quelles raisons avez-vous choisi la France plutôt qu'un autre pays ?

a Pour la qualité de la formation en France — 45 %

b Pour ma connaissance de la langue française — 37 %

c Pour la valeur des diplômes français — 3 %

d Pour l'intérêt culturel de la France — 31 %

e Pour la réputation des établissements ou des enseignants en France — 31 %

f Pour apprendre ou améliorer mon niveau de français — 26 %

D Quels sont les 2 ou 3 mots ou expressions qui résument le mieux l'image que vous avez de la France ?

a La liberté — 24 %

b La culture — 20 %

c Un beau pays — 14 %

d La qualité de l'enseignement, le système éducatif — 10 %

e L'égalité — 9 %

f La fraternité — 7 %

g Le romantisme — 5 %

1. Campus France

Observez et lisez le document A. Dites si les affirmations suivantes sont vraies ou fausses et justifiez vos réponses.

a La France est le pays d'Europe qui attire le plus d'étudiants étrangers.

b Campus France est un organisme public.

c Campus France aide les étudiants étrangers à étudier en France.

d Campus France a réalisé une enquête auprès d'étudiants étrangers en France.

e L'enquête a été réalisée en ligne.

2. Résultats

Lisez les résultats de l'enquête (documents B, C et D). En groupe, répondez aux questions.

a Quels sont les résultats qui vous étonnent ? Pourquoi ?

b Quelles sont les réponses communes aux trois documents ?

3. Témoignages

Écoutez les témoignages.

1 Dites pourquoi chaque personne est venue en France.

2 Retrouvez dans les documents B, C et D les informations données par Hilda, Natasha, Rafah et Marcela.

3 Associez chaque phrase à une personne.

a La volonté d'améliorer mon français, c'est ce qui m'a fait choisir la France.

b L'amélioration de mon français, c'est ce que je trouve positif dans mon séjour en France.

c Le charme, c'est ce à quoi je pense pour représenter la France.

d La joie, c'est ce dont je me souviendrai de mon séjour en France.

4. C'est ça !

1 **Transformez les phrases de l'activité 3.3 comme dans l'exemple.**

a : La volonté d'améliorer mon français, c'est ce qui m'a fait choisir la France.
→ Ce qui m'a fait choisir la France, c'est la volonté d'améliorer mon français.

2 **Expliquez l'emploi de *ce qui*, *ce que*, *ce à quoi* et *ce dont*.**

Grammaire → p. 159

La mise en relief d'une idée

- Idée + *c'est ce qui* / *c'est ce que* / *c'est ce dont* / *c'est ce à quoi* + phrase
<u>Le charme</u>, *c'est ce à quoi* je pense pour représenter la France.

- *Ce qui* / *Ce que* / *Ce dont* / *Ce à quoi* + phrase, *c'est* + <u>idée</u>
Ce à quoi je pense pour représenter la France, *c'est* <u>le charme</u>.

- ce qui = sujet
ce que = COD
ce à quoi = complément introduit par *à*
ce dont = complément introduit par *de*

▶ **Activités 5 et 6 p. 137**

Boîte à mots

- **L'enquête :** l'étude – l'image – le palmarès – l'attractivité – le rang

- **Les points positifs :** la qualité – le développement – la beauté – la valeur – l'intérêt – la réputation – l'apprentissage – la connaissance

---

Communication

5. Et vous ?

En groupe.

1 **Dites pour quelles raisons vous avez choisi d'étudier le français.**

2 **Donnez deux ou trois mots ou expressions qui résument le mieux l'image que vous avez des Français.**

3 **Présentez les résultats de votre discussion sous forme de tableaux ou de graphiques ; indiquez les pourcentages.**

Leçon 39 | **Le français**

1. Francophone

Observez les documents 1 et 2 et répondez aux questions.

a Y a-t-il une langue officielle dans votre pays ?
b Pouvez-vous nommer quelques pays membres de la francophonie ?
c À votre avis, combien y a-t-il de francophones dans le monde ?
d Quand vous voulez regarder la télévision en français, quelle chaîne regardez-vous ? Pourquoi ?

1 Langue officielle
Français

ORGANISATION
INTERNATIONALE DE
2 la francophonie

2. L'e-mail de Charlotte

Lisez l'e-mail de Charlotte (document 3).

1 Dites à qui elle écrit. À quel sujet ? Pour quoi faire ?

2 Retrouvez dans le texte les informations que Charlotte transmet à son amie Jeanne.

3 Choisissez un équivalent du mot « emprunter ».

a vendre
b prendre pour utiliser
c transformer

4 Dans votre langue, utilisez-vous des anglicismes ? Cela fait-il polémique ?

3. Sur TV5 Monde

1 Observez le bandeau de la page web de TV5 Monde (document 4) et répondez aux questions.

a Où peut-on regarder TV5 Monde ?
b Que peut-on faire avec TV5 Monde ?

2 Écoutez l'extrait de l'émission que Charlotte a regardée et notez :

a le nom de l'émission et celui de la rubrique ;
b le nom de l'invité ;
c le titre du livre cité.

3

De : ccolbert@hotmail.com
À : jeannelavoine@free.fr
Objet : Les mots français et anglais

Salut !
Tu te souviens de notre conversation à propos des mots anglais qu'on utilise ? Tu sais, la polémique sur les anglicismes ? Eh bien, je viens de voir à la télé une spécialiste, une linguiste. Tu disais que le français empruntait trop de mots à l'anglais. La linguiste a dit que ce n'était pas tout à fait vrai. En fait, le journaliste a d'abord dit qu'un quart des mots français étaient empruntés à l'anglais. Elle a répondu que ce n'était pas tout à fait vrai, que le français était plus riche que d'autres langues. Elle a dit que le français empruntait aussi des mots à l'arabe et à l'italien. Puis elle a ajouté que les mots anglais étaient arrivés en France au début du XXᵉ siècle, je crois. Par contre, elle a expliqué que l'anglais avait emprunté des mots français au XIᵉ siècle. Elle a dit que les Anglais avaient emprunté ces mots quand les Français avaient envahi l'Angleterre. Puis elle a dit, avec humour, que les Anglais nous rendaient quelques mots parce qu'ils étaient des gens très polis.
Le journaliste a dit que peut-être il ne s'agissait que d'un échange entre les langues.
Cette linguiste s'appelle Henriette Walter et elle a écrit un livre très intéressant.
À demain !
Charlotte

3 Dites si ces informations sont vraies ou fausses.

a Certains pensent qu'il y a trop de mots en français qui viennent de l'anglais.

b Henriette Walter pense qu'il faut faire attention aux anglicismes.

c Le français est un mélange de différentes langues.

4 Notez la question que le journaliste pose à Henriette Walter.

5 Écoutez à nouveau l'extrait de l'émission et lisez la transcription p. XV pour vérifier vos réponses.

4. Elle a dit que...

1 Qu'est-ce que Charlotte rapporte dans son e-mail (document 3) que vous n'avez pas entendu ? Que remarquez-vous ?

2 Associez.

Discours direct	Discours indirect
a présent	1 plus-que-parfait
b passé composé	2 imparfait
c imparfait	

Grammaire → p. 165

Le discours rapporté au passé et la concordance des temps

Pour rapporter les paroles de quelqu'un, on utilise **un verbe introducteur au passé** : *dire que*, *répondre que*, *ajouter que*, *expliquer que...*

Discours direct	Discours indirect
C'est plutôt l'anglais qui est pour beaucoup emprunteur de la langue française.	*Elle a dit que c'était plutôt l'anglais qui était pour beaucoup emprunteur de la langue française.*
L'anglais a emprunté des mots au français depuis le XIᵉ siècle.	*Elle a expliqué que l'anglais avait emprunté des mots français depuis le XIᵉ siècle.*
Peut-être il ne s'agissait que d'un échange entre les langues.	*Le journaliste a dit que peut-être il ne s'agissait que d'un échange entre les langues.*

Au discourt indirect, le futur devient conditionnel présent.
« *Je lirai le livre d'Henriette Walter* », a dit Charlotte.   Charlotte a dit qu'elle *lirait* le livre d'Henriette Walter.

▶ Activités 7 et 8 p. 137

Communication

5. En français

À deux.

1 Répondez oralement aux questions.

a Pensez-vous que le français est en danger à cause des anglicismes ? Pourquoi ?

b Si vous pouviez apporter des corrections au français (orthographe et grammaire), lesquelles feriez-vous ?

c Pensez-vous que les changements dans l'orthographe et la grammaire d'une langue la mettent en danger ?

2 Faites le compte-rendu écrit de ce que vous a répondu votre collègue.

Boîte à mots

- **La langue :** un linguiste – emprunter (un mot) / un emprunteur – un anglicisme – le franglais – être issu de – contribuer à
- **Les échanges :** prêter – rendre

Douce France

Il revient à ma mémoire
Des souvenirs familiers
Je revois ma blouse noire
Lorsque j'étais écolier
Sur le chemin de l'école
Je chantais à pleine voix
Des romances sans paroles
Vieilles chansons d'autrefois

Douce France
Cher pays de mon enfance
Bercée de tendre insouciance
Je t'ai gardée dans mon cœur !
Mon village au clocher aux maisons sages
Où les enfants de mon âge
Ont partagé mon bonheur
Oui je t'aime
Et je te donne ce poème
Oui je t'aime
Dans la joie ou la douleur
Douce France
Cher pays de mon enfance
Bercée de tendre insouciance
Je t'ai gardée dans mon cœur !

J'ai connu des paysages
Et des soleils merveilleux
Au cours de lointains voyages
Tout là-bas sous d'autres cieux
Mais combien je leur préfère
Mon ciel bleu mon horizon
Ma grande route et ma rivière
Ma prairie et ma maison

Douce France
Cher pays de mon enfance
Bercée de tendre insouciance
Je t'ai gardée dans mon cœur !
Mon village au clocher aux maisons sages
Où les enfants de mon âge
Ont partagé mon bonheur
Oui je t'aime
Et je te donne ce poème
Oui je t'aime
Dans la joie ou la douleur
Douce France
Cher pays de mon enfance
Bercée de tendre insouciance
Je t'ai gardée dans mon cœur !

Charles Trenet

Douce France est une chanson écrite par Charles Trenet (musique de Léo Chauliac), en 1943. Elle n'a été enregistrée qu'en 1947.

1 Charles Trenet

1 Écoutez l'introduction de la chanson et répondez aux questions.

a Quels instruments de musique entendez-vous ?

b Comment est la mélodie ?

c À quel thème l'introduction musicale vous fait-elle penser ?

2 Écoutez la chanson.

a Nommez le style musical.

b Choisissez la phrase qui résume le mieux cette chanson.

   1 Un homme imagine son pays idéal.

   2 Un homme déclare son amour pour son pays.

   3 Un homme raconte un voyage qu'il a fait quand il était enfant.

3 Écoutez à nouveau la chanson, lisez les paroles et notez ce qu'on apprend sur le narrateur.

4 À votre avis, en parlant de «douleur» («Oui je t'aime, dans la joie ou la douleur»), à quel événement Charles Trenet fait-il référence ?

5 Relevez les mots en relation avec :

a l'enfance ;

b les sentiments ;

c la géographie.

La forme de la chanson

Observez la forme des paroles de la chanson.

1 Choisissez les caractéristiques qui y figurent.

a disposition en vers

b onomatopées

c présence de rimes croisées

d répétitions de certains vers

e mots phrases

f personnification

g métaphores

2 Lisez ces définitions. Retrouvez dans le texte le premier vers de chaque partie.

a Le refrain : mots ou phrases répétés plusieurs fois.

b Le couplet : partie du texte séparée par le refrain.

3 Retrouvez dans le texte :

a des mots qui riment avec :
  1 France : *enfance*, ___
  2 cœur : ___
  3 paysage : ___

b deux mots qui s'opposent parmi ceux relevés ;

c deux mots qui se complètent parmi ceux relevés.

d Que remarquez-vous ?

Recherches personnelles

- Notez quelques titres de chansons de Charles Trenet.
- Trouvez des informations sur l'histoire de la chanson *Douce France*.
- Par qui cette chanson a-t-elle été reprise en 2011 ?

Une autre version

Cherchez sur Internet une autre version de cette chanson (des années quatre-vingts). Dites quelles sont les différences (instruments, style de musique).

Boîte à mots

- **Les souvenirs** : la mémoire
- **L'enfance** : un écolier – le chemin de l'école – une blouse – l'insouciance
- **La ville** : un village – un clocher
- **Les sentiments** : le bonheur – la joie – la douleur – garder dans son cœur
- **La géographie** : un paysage – de lointains voyages – d'autres cieux (ciel) – l'horizon – une rivière – une prairie
- **Chanter** : une chanson – à pleine voix – les paroles

À vos plumes !

À deux.

1 Choisissez une chanson très célèbre et présentez-la oralement à la classe. Dites pourquoi elle est si célèbre et expliquez le contexte dans lequel elle a été écrite.

2 Ajoutez quatre vers pour un autre couplet de la chanson *Douce France*. Utilisez les mots suivants : *amour / toujours, été / beauté*.

3 Chantez !

Entraînement

Leçon 36

1 [e] ou [ɛ] ? 🎧 42

1 Lisez les mots suivants et classez-les :
[e] ou [ɛ] ?

vous avez – ouais – des – arrière – passé –
la forêt – mes – en fait – participé – née –
il y avait – les – honorer – la mer – l'étranger –
la fête – après – mais – tu sais – belle –
un poulet – étonné

2 Écoutez pour vérifier et répétez.

2 En France

Répondez aux questions en utilisant les mots
de la boîte à mots (p. 126).
*Exemple : Quels objets se trouvaient à la
Bastille ? → des munitions*

a Qu'est-ce que le 14 Juillet pour les Français ?
b Quel type de bâtiment était la Bastille ?
c Quel événement a eu lieu en 1789 ?
d Quel événement s'est terminé en 1945 ?
e Quel est le rôle du président de la République ?

Leçon 37

3 Un an à Paris

Alassane, un étudiant sénégalais, va passer un an à Paris. Une amie, Adama, lui envoie un e-mail
pour lui parler des Français. Complétez le texte avec : *alors que, bien que* (3 fois), ~~cependant~~,
cependant, malgré, même si.

De : Adama
À : Alassane
Objet : Les Français

Salut Alassane !

Tu vas voir, les Français sont assez polis, *cependant*, c'est difficile de se faire des amis. ___ la cuisine française est bonne, il n'est pas facile de trouver un bon restaurant pas cher à Paris. Les Français aiment boire du café aux terrasses, ___ la rue est souvent bruyante. Les musées sont payants, ___ tu peux y entrer sans payer une fois par mois. ___ la qualité des transports publics, il est parfois difficile de se déplacer rapidement. ___ on puisse avoir une bourse, cela ne suffit pas pour vivre. ___ il y ait beaucoup d'étudiants à Paris, les logements sont chers. ___ ce soit une grande ville, tu peux toujours trouver un petit jardin tranquille.

Nous t'attendons. Bisous

4 Travailler

Gaston fait un discours pour un public de cadres étrangers qui vont travailler en France. Reliez les phrases avec des expressions de concession ou d'opposition pour rendre son discours plus clair.

Exemple : On porte toujours la cravate. Les gens dans les métiers de la communication sont plus décontractés. → **Bien que** *dans les métiers de la communication les gens soient plus décontractés, on porte toujours la cravate.*

a Les Français travaillent moins d'heures que la moyenne. Ils sont très productifs.

b L'économie française est très liée au reste du monde. Les Français ne sont pas forts en langues.

c Les syndicats sont très importants. Il y a de moins en moins de grèves.

d La culture du vin est très importante en France. Les autres boissons sont de plus en plus populaires.

e Le chômage est élevé en France. L'économie est dynamique.

f Les Français adorent les réunions. Ils ne font pas beaucoup de visioconférences.

Leçon 38

5 Ce dont je me souviens...
Complétez les phrases avec : *ce qui*, *ce que*, *ce dont* ou *ce à quoi*.
Exemple : ___ j'ai détesté, c'est la foule dans le métro. → *Ce que j'ai détesté, c'est la foule dans le métro.*

a ___ m'a plu, c'est la qualité des enseignants.
b L'élégance des Parisiennes, c'est ___ on m'avait parlé.
c La nourriture, c'est ___ j'ai préféré.
d ___ j'ai échappé, c'est au stress des grandes villes.
e ___ je suis fier, c'est de mon français oral !
f ___ je regrette, c'est la richesse culturelle.

6 Souvenirs de France
Transformez les phrases comme dans l'exemple.
Exemple : J'ai beaucoup aimé l'accueil des Français. → *Ce que j'ai beaucoup aimé, c'est l'accueil des Français.*
→ *L'accueil des Français, c'est ce que j'ai beaucoup aimé.*

a Je me rappelle de la gentillesse de ma famille d'accueil.
b J'ai adoré prendre un crème à la terrasse des cafés, le matin.
c Je pense encore à mes visites dans des musées fabuleux.
d Le souhait d'apprendre le français explique mon séjour en France.

Leçon 39

7 Sam et Mathilde
Sam parle de lecture avec Mathilde. Plus tard, Mathilde raconte à ses amis ce que Sam a dit. Reliez.

Sam a dit...	Mathilde dit...
a J'adore lire.	1 Il a dit qu'il était allé à la librairie avec Paul.
b Je lis au moins un livre par mois.	2 Il a dit qu'il l'achèterait.
c J'ai vu un livre intéressant hier.	3 Il a dit qu'il en avait entendu parler à la radio.
d Je suis allé à la librairie avec Paul.	4 Il a dit qu'il avait vu un livre intéressant.
e Je l'achèterai.	5 Il a dit qu'il lisait au moins un livre par mois.
f C'est un livre sur le français.	6 Il a dit que c'était un livre sur le français.
g J'en avais entendu parler à la radio.	7 Il a dit qu'il adorait lire.

8 Le français
Vous avez écouté une émission de radio sur l'histoire du français. Plus tard, vous retrouvez Emma qui en parle aussi, mais qui se trompe. Corrigez ce que dit Emma.

Linguiste à la radio : Le français est parlé par 220 millions de personnes sur tous les continents. C'est une des deux langues de travail (avec l'anglais) de l'Organisation des Nations Unies. Le français est dérivé du latin. Donc, il y a des similarités entre le français et d'autres langues, comme l'italien. Avant l'arrivée des Romains, on parlait le gaulois. Au Moyen Âge, on parlait différents français. L'évolution du français est surveillée par des institutions comme l'Académie française.

Exemple : Emma : Il y a 100 millions de personnes qui parlent français. → *Non, il a dit que le français était parlé par 220 millions de personnes.*
a C'est la seule langue de travail de l'ONU.
b Le français est dérivé de la langue gauloise.
c Le français est complètement différent de toutes les autres langues.
d On parlait le francique en France avant que les Romains arrivent.
e Au Moyen Âge, le français était la langue officielle du pays.

Action !

Nous organisons une exposition sur la France.

Pour cela, nous allons :

▷ **Chercher dans** *Totem* **les aspects culturels dont nous aimerions parler :**
  – l'histoire ;
  – le mode de vie ;
  – la culture ;
  – la mentalité ;
  – les médias ;
  – l'image des Français ;
  – la langue française...

▷ **Mettre en commun tous les thèmes que nous avons retenus et n'en garder que quatre ou cinq.**

▷ **Nous mettre en groupe et nous repartir les thèmes.**

▷ **Recueillir les informations sur notre thème dans** *Totem*.

▷ **Compléter nos recherches avec des informations trouvées en dehors de** *Totem*.

▷ **Rédiger un texte et trouver des documents variés pour illustrer le texte (chansons, films, publicités...).**

▷ **Présenter le thème sous forme d'affiche.**

▷ **Exposer nos affiches dans notre classe, à la bibliothèque, dans l'entrée de l'école...**

Votre avis nous intéresse :

	–	+	++
Choisir un thème et recueillir les informations	❏	❏	❏
Créer l'affiche	❏	❏	❏

Préparation au DELF B1

Exercice 1

Vous souhaitez faire un séjour linguistique de deux semaines en France, du 1er au 15 juillet. Vous aimeriez suivre vos cours de langue dans une école qui dispose d'un équipement moderne. Vous voulez également pouvoir participer à plusieurs activités culturelles. Vous avez un budget de 600 euros maximum pour les quinze jours. Enfin, le témoignage des étudiants doit être entièrement positif.

INSTITUT CAMPUS

Apprenez le français en vous amusant ! Autour d'activités amusantes, vous apprendrez à parler et échanger en français avec des étudiants francophones. Nos cours ont lieu toute l'année, tous les matins du lundi au vendredi. Notre but est d'offrir à nos étudiants un environnement idéal pour apprendre le français. Pour cette raison, notre institut limite les effectifs de classe à 7 étudiants. Les étudiants disposent d'une salle d'ordinateurs en libre-service ainsi que d'un laboratoire multimédia. Notre Institut est situé près de l'office du tourisme qui pourra vous renseigner sur les lieux à visiter aux alentours. 200 € pour deux semaines (15 h de cours).

MATILDA : *Je n'ai pas aimé l'école car elle n'était pas assez moderne et les cours ne m'ont pas permis de progresser.*

ÉCOLE BONJOUR !

Une langue est le reflet d'une culture. L'été (de juin à septembre), notre centre de langue donne donc accès à des découvertes culturelles grâce à des cours à options axés sur la gastronomie, la musique, la danse, le cinéma, le développement durable et le yoga.
Nous disposons de dix salles de classe, d'une salle Internet avec dix ordinateurs, d'une salle de cinéma ; une salle est à la disposition des étudiants pour jouer du piano ou pour regarder la télévision.
350 € la semaine (soit 20 h de cours) – 1 000 € le mois.

JOËL : *J'ai passé le mois d'août à l'école Bonjour. Au début, c'était un peu difficile, mais j'ai rapidement fait des progrès grâce aux professeurs. Merci !*

CLFEE – Centre de langue française pour étudiants étrangers

Venir au CLFEE, c'est profiter de toute l'infrastructure afin de mieux travailler et perfectionner son français. Vous trouverez sur place tout le matériel, l'équipement informatique et multimédia nécessaire à l'enrichissement de votre apprentissage. Notre équipe de professeurs expérimentés accueille chaque année plus de 1 000 étudiants étrangers de tous les pays du monde. Les étudiants sont répartis en petits groupes dans les 27 salles de classe. Possibilité d'excursions culturelles les après-midi.
Toute l'année – 300 € / semaine pour un séjour de 1 à 4 semaines – 280 € la semaine pour un séjour de 5 à 16 semaines. Pour plus d'informations, écrivez à contact@clfee.fr

JOACHIM : *Tout était parfait ! C'est la meilleure école en France, je crois !*

ÉCOLE LE FRANÇAIS AVEC VOUS

Notre école de langue française, située dans un ancien bâtiment élégant, propose des cours de français général ou spécialisé, des ateliers (conversation, phonétique, écrit), des cours de préparation aux examens. Les cours en petits groupes de 10 étudiants permettent de progresser rapidement. Nous disposons de deux salles de cours et d'un accès à Internet gratuit situé près de notre école.
200 € la semaine – 800 le mois.
Juillet et septembre : sorties et activités culturelles.

MARINA : *Ça s'est bien passé, mais c'est dommage qu'il n'y ait pas Internet dans l'école.*

Préparation au DELF B1

1. Dites si le séjour correspond à vos exigences en cochant la case « oui » ou « non ».

	Institut Campus		École Bonjour !		CLFEE		École Le français avec vous	
	OUI	NON	OUI	NON	OUI	NON	OUI	NON
Dates	☐	☐	☐	☐	☐	☐	☐	☐
Équipement moderne	☐	☐	☐	☐	☐	☐	☐	☐
Activités culturelles	☐	☐	☐	☐	☐	☐	☐	☐
Budget	☐	☐	☐	☐	☐	☐	☐	☐
Critiques positives	☐	☐	☐	☐	☐	☐	☐	☐

2. Quel séjour correspond le plus à vos exigences ?

....

Exercice 2

Lisez le texte puis choisissez les réponses correctes ou répondez aux questions.

Et si nous avions besoin d'être superstitieux ?

À quand remonte votre dernier acte superstitieux ? Toucher du bois. Contourner une échelle. Remettre le pain à l'endroit. Croiser les doigts. Répandre du sel... N'avez-vous aucun vêtement « porte-bonheur » dans votre placard ? Ne possédez-vous rien qui ressemble à un grigri ?

Selon un sondage TNS Sofres, 49 % des Françaises déclarent être superstitieuses, contre 34 % des hommes. Réalisée pour le ministère de la Recherche, une autre enquête révèle également que la moitié des femmes croit à la transmission de pensée et un quart aux envoûtements ou à la sorcellerie... Plus étonnant, ces chiffres records seraient en progression constante ces dernières années, selon Éloïse Mozzani, auteur du *Livre des superstitions, mythes, croyances et légendes*.

Loin des superstitions traditionnelles réservées à quelques-uns et liées soit à la religion, soit aux corps de métiers, désormais, tout le monde s'y met. À chacun ses petits rites personnels, ses pensées magiques, ses pratiques symboliques extravagantes. Comme si croire aux présages était devenu la norme.

Ainsi, Thomas Langmann, producteur du film *The Artist*, a raconté que la pièce de monnaie offerte par sa fille lui avait tellement porté chance le soir des césars qu'il l'avait lui-même glissée dans la poche de l'acteur Jean Dujardin avant la remise des oscars.

Pourquoi sommes-nous devenus si superstitieux ? D'après Thomas Rabeyron, docteur en psychopathologie et psychologie clinique, *« plus l'environnement est inquiétant, plus les gens ont peur du lendemain, plus ils ont recours à la superstition »*. D'après Marie-Hélène Exertier, voyante et organisatrice du Festival de voyance d'Aix-les-Bains, de l'étudiant au retraité, les gens vivent en ce moment un mal-être profond. Ils ont un immense besoin d'être rassurés. Or, le paranormal est vu comme un remède efficace contre l'anxiété.

Incontestablement, les situations de stress, d'incertitude ou de mal-être (difficultés économiques, séparation, chômage, maladie...) sont donc particulièrement favorables aux pensées superstitieuses. Une étude sociologique a ainsi démontré qu'en période d'examen, 70 % des étudiants avaient des rituels ou des superstitions comme aide à la performance (vêtement, crayon, nourriture...).

Plus polémiques, d'autres observations ont montré qu'en matière de santé, lorsqu'un danger tout à fait irréel mais angoissant est suggéré (comme la contagiosité du VIH à distance), des personnes habituellement rationnelles se mettent d'un seul coup à adopter des réflexes superstitieux (méfiance et éloignement). À partir d'un certain niveau de risque, la crainte éveille le doute et efface la rationalité scientifique.

Mais attention : si les prises de risque ou les circonstances difficiles sont un facteur important dans l'élaboration de croyances personnelles, elles ne sont pas le seul. La mécanique superstitieuse est, en effet, très souvent, le fruit d'un milieu culturel et / ou d'une éducation familiale. Les croyances se transmettent alors d'une génération à l'autre et les récits d'expériences vécues viennent les renforcer. Voilà pourquoi les superstitions peuvent varier d'une région à l'autre, mais aussi d'une famille à l'autre.

D'après Marie-France.fr.

1. Vrai ou faux ? Cochez la bonne réponse et recopiez la phrase ou la partie du texte qui justifie votre réponse.

                                             V   F

Les hommes sont plus superstitieux que les femmes.   ☐   ☐

Justification : ....

....

2. D'après l'article, le nombre de personnes superstitieuses...
☐ a ne cesse d'augmenter.
☐ b diminue progressivement.
☐ c n'a pas évolué depuis des années.

3. D'après l'article, de quels domaines les superstitions sont-elles originaires ? (Deux réponses attendues.)

a ....

b ....

4. Vrai ou faux ? Cochez la bonne réponse et recopiez la phrase ou la partie du texte qui justifie votre réponse.

                                             V   F

Aujourd'hui, il est presque normal d'être superstitieux.   ☐   ☐

Justification : ....

....

5. D'après Thomas Rabeyron, à cause de quoi les personnes deviennent-elles superstitieuses ?

....

6. Vrai ou faux ? Cochez la bonne réponse et recopiez la phrase ou la partie du texte qui justifie votre réponse.

                                             V   F

D'après Marie-Hélène Exertier, sur les personnes en manque d'assurance, le paranormal agit comme un médicament.   ☐   ☐

Justification : ....

....

7. D'après l'article, quelle est l'attitude des étudiants lorsqu'ils doivent passer des examens ?

....

8. Vrai ou faux ? Cochez la bonne réponse et recopiez la phrase ou la partie du texte qui justifie votre réponse.

                                             V   F

Quand elle a connaissance d'un danger irréel, une personne rationnelle ne devient généralement pas superstitieuse.   ☐   ☐

Justification : ....

....

9. D'après l'article, comment explique-t-on que les superstitions sont différentes d'une famille à une autre ou d'une région à une autre ?

....

....

―――――――――――――――――― **II. Production écrite**――――――――――――――

Choisissez un sujet sur les trois proposés.

Sujet 1

Un nouveau lieu de culte vient d'être construit dans votre quartier. Tous les habitants de votre quartier sont invités à exprimer leur opinion sur cette construction sur le forum Internet de la mairie. Vous trouvez qu'il n'était pas nécessaire de construire ce bâtiment et vous expliquez pourquoi. Vous donnez des exemples de ce qui aurait pu être construit à la place. *(160 mots minimum)*

Sujet 2

Un de vos amis hésite à faire un séjour linguistique en France. Vous pensez que c'est une très bonne idée et vous lui expliquez pourquoi. *(160 mots minimum)*

Sujet 3

Vous lisez cet échange sur un forum Internet :

J-M. C. : Je ne suis pas contre l'anglais ! Je suis pour son apprentissage. Cependant, l'anglais dégrade le français.

M. G. : Le français est mal parlé parce qu'il est mal appris. L'impérialisme de l'anglais n'y est pour rien !

En tant qu'étudiant de langue française, vous décidez de donner votre avis en l'illustrant d'exemples concrets. *(160 mots minimum)*

DELF B1

Exercice 1

Lisez les questions. Écoutez le document. Choisissez les réponses correctes 🎧43
ou répondez aux questions.

1. Les deux amis parlent d'un séjour...
   - ☐ a touristique.
   - ☐ b linguistique.
   - ☐ c humanitaire.

2. À quelle période de l'année Romain a-t-il fait son séjour ?

   ....

3. Quel type d'activité Romain a-t-il fait pendant son séjour ?

   ....

4. Où Romain et sa famille logeaient-ils pendant leur séjour ?
   - ☐ a À l'hôtel.
   - ☐ b Chez l'habitant.
   - ☐ c Dans un camping.

5. Grâce à qui Romain et sa famille ont-ils pu parler avec les habitants ?

   ....

6. Comment Romain s'est-il informé sur le séjour qu'il voulait faire ?

   ....

Exercice 2

Lisez les questions. Écoutez le document. Choisissez les réponses correctes 🎧44
ou répondez aux questions.

1. Pour quelle raison principale Katherine a-t-elle décidé de partir étudier en France ?

   ....

2. Où Katherine était-elle logée pendant son séjour en France ?
   - ☐ a Dans un campus.
   - ☐ b Dans une famille française.
   - ☐ c Dans une auberge de jeunesse.

3. Quelle a été la première découverte de Katherine au lycée de Bourges ?

   ....

4. Quelle image Katherine attribue-t-elle aux professeurs français ?

   ....

5. Que pense Katherine de la relation qui existe en France entre les professeurs et les élèves ?
   - ☐ a Ce n'est pas très différent des États-Unis.
   - ☐ b L'autorité du professeur en France est trop importante.
   - ☐ c Elle aimerait bien que les États-Unis prennent modèle sur la France.

6. D'après Katherine, quelle différence y a-t-il entre les devoirs demandés par les professeurs français et ceux demandés par les professeurs américains ?

....

7. Que pense Katherine des professeurs à l'université française comparés à ceux de l'université de son pays ?

....

————————————— **II. Compréhension des écrits** —————————————

Exercice 1

Vous souhaitez offrir un objet connecté à votre ami pour son anniversaire. Il aimerait un objet qui l'aide à prendre soin de sa santé et de celle de sa famille en même temps. L'objet doit être facile d'utilisation et les avis des utilisateurs doivent être positifs. Il préfère un objet léger. Enfin, vous avez un budget de 70 euros maximum. Vous êtes allé(e) sur le site www.rueducommerce.com et avez sélectionné quelques objets.

1. MyThermo

Il est possible aujourd'hui de prendre sa température sans contact et de la transférer en moins d'une seconde à un smartphone ou une tablette numérique grâce à l'interconnexion Bluetooth. Avec MyThermo, vous pouvez, de façon simple, suivre tous les membres de la famille et partager des données avec vos proches ou avec votre médecin. En véritable assistant médical, l'application MyThermo, téléchargeable gratuitement, permet de suivre l'évolution de la température jour après jour. En cas d'urgence, MyThermo localise un professionnel de santé (médecin, pharmacie, hôpital), n'importe où dans le monde, en moins d'une seconde. Ainsi, le patient en voyage se sent toujours en sécurité. *Prix : 80 €.*
Avis des utilisateurs : *Je recommande cet objet très léger et utile surtout quand on a des enfants !*

2. Le bracelet connecté UP24

Petit et agréable à porter jour et nuit, le bracelet UP24 fait le suivi de vos heures de sommeil, du temps que vous mettez à vous endormir, du nombre de fois que vous vous êtes éveillé pendant la nuit et plus encore. L'alarme intelligente vous éveille en douceur au moment idéal de votre cycle de sommeil. Obtenez de façon très simple un suivi complet de votre activité de la journée, y compris les pas, la distance parcourue, les calories brûlées et la durée des périodes d'inactivité et d'activité. L'application UP fait le suivi de votre consommation de calories, de lipides, de glucides, de protéines, de fibres et de sodium. *Prix : 100 €.*
Avis des utilisateurs : *Bien, mais c'est une utilisation individuelle. Il faut donc acheter autant de bracelets que de membres d'une famille et cela revient cher.*

3. La balance Runtastic Libra

La balance connectée analyse les mesures importantes du corps y compris le poids, les pourcentages de masse grasse et d'eau, la masse musculaire et osseuse, et beaucoup d'autres indices corporels. La balance, légère et prenant peu de place, fonctionne avec l'application gratuite « RuntasticLibra » où vous pourrez fixer des objectifs personnalisés pour atteindre votre poids idéal ou la composition corporelle désirée. Runtastic Libra peut reconnaître jusqu'à 8 utilisateurs uniques et évalue automatiquement les paramètres personnels corporels. www.runtastic.com est une base idéale pour votre santé pour obtenir un suivi personnalisé et pour évaluer les progrès que vous et votre famille avez accomplis. *Prix : 70 €.*
Avis des utilisateurs : *Très utile et facile d'utilisation. Bien pour toute la famille !*

4. La fourchette digitale 10SFork

Prise de poids et digestion difficile sont des problèmes fréquents qui peuvent provoquer des maladies. La 10SFork est une fourchette connectée qui vous aide à recueillir des informations sur votre comportement alimentaire. Son utilisation individuelle est très simple. De légères vibrations vous alertent quand vous mangez trop vite. À chaque fois que la fourchette va à votre bouche, elle calcule la durée de votre repas et l'intervalle de temps entre chacun de vos coups de fourchette. Cette fourchette digitale, très légère, est accompagnée d'une application mobile et d'un programme de coaching qui vous aideront à adopter de nouvelles habitudes alimentaires. *Prix : 62 €.*
Avis des utilisateurs : *Génial !*

1. Dites si l'objet connecté correspond à vos exigences en cochant la case « oui » ou « non ».

	1. MyThermo		2. Le bracelet connecté UP24		3. La balance Runtastic Libra		4. La fourchette digitale 10SFork	
	OUI	NON	OUI	NON	OUI	NON	OUI	NON
Un seul objet pour toute la famille	☐	☐	☐	☐	☐	☐	☐	☐
Facile d'utilisation	☐	☐	☐	☐	☐	☐	☐	☐
Avis positif des utilisateurs	☐	☐	☐	☐	☐	☐	☐	☐
Budget	☐	☐	☐	☐	☐	☐	☐	☐
Léger	☐	☐	☐	☐	☐	☐	☐	☐

2. Quel objet connecté correspond le plus à vos exigences ?

....

Exercice 2

Lisez l'article puis choisissez les réponses correctes ou répondez aux questions.

Examens : comment gérer son stress ?

Que représente un examen pour celui qui le passe ? Comment apprendre à maîtriser son stress ?
Les réponses du psychiatre Patrick Légeron, auteur du livre Le Stress.

L'examen symbolise la première grande reconnaissance sociale et académique. Nous nous construisons tous à travers notre regard mais aussi celui des autres. Le diplôme marque l'entrée dans la vie sociale, universitaire ou professionnelle. Il représente une sorte de passage initiatique à la vie adulte. Le niveau de connaissances va être testé, mais également la personnalité du candidat. Cela est surtout vrai lors des épreuves orales, qui font souvent plus peur que les épreuves écrites. On a peur du jugement qu'on va recevoir, le face-à-face avec l'examinateur, la sensation d'être « en direct », sans filet de protection, donnent à beaucoup le sentiment de vivre une situation de jugement terrible. Certains perdent leurs moyens, d'autres, au contraire, sont électrisés par cette notion de « danger ». C'est ainsi qu'agit le stress : à dose raisonnable, il rend plus efficace et plus performant. À dose trop importante, il paralyse.

Le stress est lié à deux facteurs. Une perception très subjective de l'importance de la situation et l'idée que nous avons de nos capacités à faire face à cette situation. Celui qui fait de son examen un enjeu vital, et qui pense qu'il n'a aucune chance de le réussir, s'enferme dans un stress puissant. Mais celui qui se préoccupe peu de ses épreuves et de ses révisions a un niveau de stress trop bas qui ne le rendra pas efficace. Il faut à tout prix se situer entre les deux.

Pour cela, il est important de transformer ses exigences en préférences : «*ce serait mieux si je réussis*» plutôt que « *si je rate, c'est la catastrophe* ». Celui qui ne stresse pas doit travailler sur ses motivations réelles en écrivant sur une feuille blanche, d'un côté, tous les avantages à ne pas réviser, de l'autre, tous les avantages à réviser.

Pour arriver le jour J au mieux de sa forme, voici quelques conseils physiques et psychologiques. Il est indispensable de ne pas sacrifier son sommeil et de cultiver une hygiène de vie très forte, avec une alimentation équilibrée, sans abus d'alcool, de café ou de tabac. Pratiquez une activité physique afin de relâcher un peu la pression. Enfin, quelques méthodes simples de relaxation sont toujours bénéfiques pour apprendre à se détendre et à mieux respirer. Il est aussi important, dans les jours qui précèdent, de ne pas avoir investi tout son esprit dans les examens. Il faut aérer son cerveau saturé par les révisions, avec un bon film, une sortie entre copains, un dîner sympa... Le stress mobilise beaucoup d'émotions négatives, il faut donc équilibrer et développer des émotions positives, par le rire par exemple.

Dans toute cette préparation, le rôle des parents est évidemment essentiel. Ne surtout pas mettre la pression mais veiller à ce que son enfant bénéficie du meilleur environnement possible. Tout proposer sans jamais rien imposer !

www.psychologies.com

1. D'après Patrick Légeron, que représente l'obtention d'un examen ?

....

2. D'après Patrick Légeron, pour le jeune qui passe un premier diplôme, à quelle étape de sa vie cela correspond-il ?

....

3. Outre les compétences de la personne, qu'évalue-t-on pendant les examens ?

....

4. Quelle différence majeure Patrick Légeron fait-il entre un examen oral et un examen écrit ?
☐ **a** Il y a moins de risque d'échouer à un examen oral.
☐ **b** Un examen écrit est moins facile qu'un examen oral.
☐ **c** On se sent moins protégé quand on passe un examen oral.

5. Vrai ou faux ? Cochez la bonne réponse et recopiez la phrase ou la partie du texte qui justifie votre réponse.

	V	F
Le stress peut avoir des effets positifs sur la personne qui passe un examen.	☐	☐

Justification : ....

....

6. Pour Patrick Légeron, pour réussir un examen, il est préférable...
☐ **a** de ne pas stresser du tout.
☐ **b** d'avoir un haut niveau de stress.
☐ **c** de trouver un équilibre dans son stress.

7. Quels conseils Patrick Légeron donne-t-il à une personne qui stresse beaucoup ?

....

8. Vrai ou faux ? Cochez la bonne réponse et recopiez la phrase ou la partie du texte qui justifie votre réponse.

	V	F
a D'après Patrick Légeron, en période d'examens, il est très important de bien dormir.	☐	☐

Justification : ....

....

| **b** D'après Patrick Légeron, il est préférable de rester étudier chez soi jusqu'au jour des examens. | ☐ | ☐ |

Justification : ....

....

9. D'après Patrick Légeron, quelle attitude les parents doivent-ils avoir avec leurs enfants lorsqu'ils sont en période d'examens ?

....

III. Production écrite

> La publicité est-elle positive ou négative ?

Vous décidez de participer à ce forum de discussion. Répondez à la question en donnant votre avis et expliquez à quels moments la publicité peut être positive ou négative pour les gens. Illustrez votre opinion d'exemples concrets. Écrivez un texte construit et cohérent de 160 mots minimum.

IV. Production orale

10 minutes de préparation pour la troisième partie de l'épreuve.
15 minutes de passation maximum.

L'épreuve se déroule en trois parties qui s'enchaînent.
Elle dure entre 10 et 15 minutes.
Pour la troisième partie, vous disposez de 10 minutes de préparation.
Cette préparation a lieu avant le déroulement de l'ensemble de l'épreuve.

Entretien dirigé – SANS PRÉPARATION – *2 à 3 minutes*

Après avoir salué votre examinateur, présentez-vous (parlez de vous, de votre famille, de vos amis, de vos études, de vos goûts, des animaux que vous aimez, etc.). L'examinateur vous posera des questions complémentaires.

Exercice en interaction – SANS PRÉPARATION – *3 à 4 minutes*

Choisissez un sujet parmi les deux tirés au sort et jouez le rôle indiqué sur le document.

AU CHOIX DU CANDIDAT APRÈS TIRAGE AU SORT DE DEUX SUJETS :

> *Le genre masculin est utilisé pour alléger le texte.*
> *Vous pouvez naturellement adapter la situation en adoptant le genre féminin.*

Sujet 1

Un de vos amis aimerait faire un séjour linguistique à l'étranger. Mais il a un peu peur de partir seul. Vous essayez de le rassurer en lui donnant quelques conseils et en lui expliquant pourquoi ce séjour peut être très enrichissant pour lui.
L'examinateur joue le rôle de l'ami.

Sujet 2

Vous discutez avec un de vos amis qui pense que les objets connectés sont inutiles et nocifs pour la santé. Vous pensez le contraire et tentez de le convaincre de l'utilité de certains d'entre eux en lui donnant des exemples d'objets connectés et leurs fonctionnalités.
L'examinateur joue le rôle de l'ami.

Expression d'un point de vue – PRÉPARATION : 10 MINUTES – *5 à 7 minutes*

Choisissez un sujet parmi les deux tirés au sort. Dégagez le thème soulevé dans le document et présentez votre opinion sous la forme d'un exposé personnel de 3 minutes.
L'examinateur pourra vous poser quelques questions.

AU CHOIX DU CANDIDAT APRÈS TIRAGE AU SORT DE DEUX SUJETS :

Sujet 1

Les familles recomposées

Selon une étude de l'Insee, 1,5 million d'enfants de moins de 18 ans vivent dans 720 000 familles recomposées en France métropolitaine (soit un enfant sur dix). Tout laisse à penser que la famille recomposée va progressivement devenir une configuration familiale courante pour les générations à venir. Néanmoins, l'expérience montre que le vécu de la famille recomposée est souvent très complexe. Beaucoup de couples s'y engagent, le cœur léger, dans une profonde méconnaissance des enjeux complexes de ce nouveau système familial. On constate en effet que la réussite d'une famille recomposée est un véritable défi auquel très peu de couples sont préparés.

Il existe, bien sûr, de nombreuses situations où la mise en place d'une famille recomposée ne pose aucun problème et où tout se déploie dans une belle harmonie, mais ceci est malheureusement loin d'être le lot commun.

D'après www.lexpress.fr

Sujet 2

Le français est l'une des trois ou quatre langues les plus influentes du monde

Bien sûr, le français est distancé par l'anglais. Mais il n'a jamais été autant appris. Et demeure l'une des trois ou quatre langues les plus influentes sur la planète. Sur 6 000, ce n'est pas si mal...
Non, l'influence d'une langue ne se mesure pas simplement à la profusion de ses locuteurs. Car il faut observer aussi et surtout ses différentes fonctions : internationale, militaire, économique, liturgique... Plus celles-ci sont nombreuses, plus le prestige de la langue est grand, plus son rayonnement et sa longévité sont assurés. Le français occupe alors des positions stratégiques extraordinaires : il dispose d'un statut de langue officielle ou co-officielle dans une trentaine d'États du monde, répartis sur les cinq continents. Il est le seul dans ce cas avec l'anglais. Le français est aussi une langue diplomatique (à l'ONU et dans les institutions européennes), sportive (aux Jeux olympiques), scientifique, culturelle, commerciale. C'est aussi une grande langue d'enseignement : jamais autant de personnes ne l'ont appris dans le monde ! Alors, pensez-vous toujours que l'anglais menace le français ?

D'après www.lexpress.fr

Annexes

Glossaire du cinéma

▷ **Une bande-annonce :** séquences d'un film qui servent à en faire la présentation et la promotion.

▷ **Le décor :** le lieu de l'action d'un film.

▷ **Le générique :** première et dernière partie d'un film où sont indiqués les noms de ceux qui ont participé à l'élaboration du film.

▷ **Le hors-champ :** les éléments qui ne sont pas visibles à l'image, mais dont la présence est suggérée (par des bruits, par les réactions des personnages).

▷ **Un montage :** l'ordre dans lequel les images sont mises pour raconter l'histoire d'un film.

▷ **Un ralenti :** les mouvements à l'image sont plus lents que dans la réalité.

▷ **Un scénario :** texte qui décrit les actions d'un film (indications techniques et dialogues).

▷ **Un story-board :** découpage du scénario sous forme de dessins réalisés avant le tournage.

▷ **Un synopsis :** bref récit qui résume le scénario.

▷ **La voix off :** on entend mais on ne voit pas celui / celle qui parle.

▷ **Un zoom :** un objet ou un personnage est d'abord vu de loin, puis de près. La caméra ne se déplace pas.

Les plans

▷ **Caméra subjective :**
les personnages regardent vers la caméra comme si elle était une personne. Ce cadrage met le spectateur dans la position d'un personnage.

▷ **Gros plan :**
cadrage qui isole une partie / un détail du corps d'un personnage (pour présenter ses sentiments) ou un objet.

▷ **Plan d'ensemble :**
cadrage pour présenter un grand espace dans lequel les personnages sont éloignés.

▷ **Plan de demi-ensemble :**
cadrage pour situer le(s) personnage(s) dans une partie du décor. Les personnages sont suffisamment proches pour être clairement reconnus.

▷ **Plan moyen :**
cadrage pour montrer les liens entre plusieurs personnages. Les personnages sont cadrés de la tête aux genoux.

▷ Plan panoramique :
mouvement de caméra pour explorer un espace et suivre un mouvement. La caméra tourne sur elle-même sans se déplacer.

▷ Plan rapproché :
cadrage pour situer un ou deux personnages à une distance de conversation (comme si le spectateur pouvait lui / leur répondre). Les personnages sont cadrés de la tête à la taille.

▷ Plongée :
prise de vue du haut vers le bas pour montrer, par exemple, un sujet en position d'infériorité.

▷ Contre-plongée :
prise de vue du bas vers le haut pour montrer, par exemple, un sujet en position de supériorité.

▷ Travelling latéral :
mouvement de caméra pour transférer, par exemple, l'attention d'un sujet à un autre. La caméra se déplace vers la droite ou vers la gauche.

▷ Travelling arrière :
mouvement de caméra qui recule pour suivre un personnage qui avance.

Précis de phonétique

Les sons du français

▷ Les voyelles

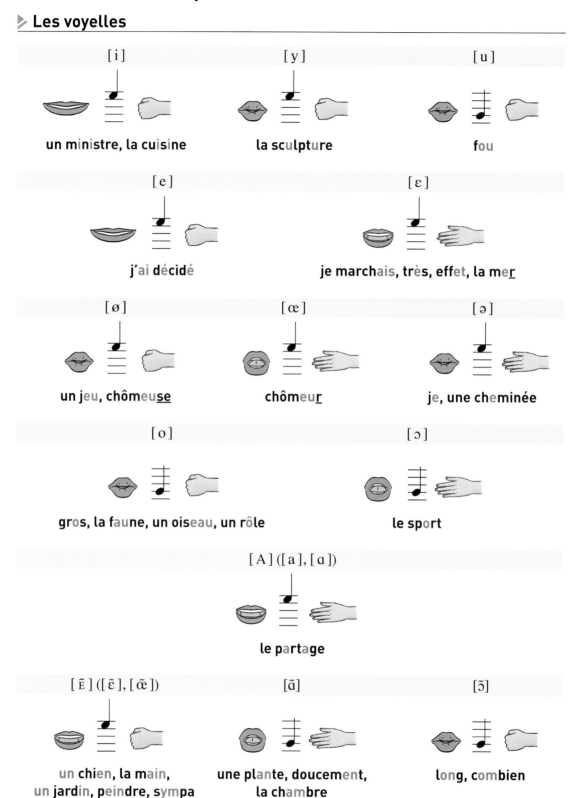

[i]

un ministre, la cuisine

[y]

la sculpture

[u]

fou

[e]

j'ai décidé

[ɛ]

je marchais, très, effet, la mer

[ø]

un jeu, chômeuse

[œ]

chômeur

[ə]

je, une cheminée

[o]

gros, la faune, un oiseau, un rôle

[ɔ]

le sport

[A] ([a], [ɑ])

le partage

[Ẽ] ([ɛ̃], [œ̃])

un chien, la main,
un jardin, peindre, sympa

[ɑ̃]

une plante, doucement,
la chambre

[ɔ̃]

long, combien

[p]	[t]	[k]
un pas, un appel	tout, une navette	la musique, un spectacle

[b]	[d]	[g]
belle	la douche	un gaz

[m]	[n]	[ɲ]
madame, couramment	la planète, donner	la campagne

[f]	[s]	[ʃ]
une fleur, une affiche	s'asseoir, discipliné, ça, les vacances, la fonction	marcher

[v]	[z]	[ʒ]
évoluer	la crise, le gaz, les_hommes	un logement, un jeu

[l]		[ʀ]
une belle île		remplir, arriver

Les semi-consonnes

[ɥ]	[w]	[j]
la cuisine	un choix, un point, citoyen	gentille, un avion, citoyen, un conseil

Rythme, accentuation, continuité

▷ Rythme, syllabation, voyelles

La syllabe est vocalique ; la voyelle garde le même son quelle que soit sa place dans le mot ; le débit peut être lent ou rapide mais le rythme reste régulier.
Si on veut insister, montrer l'importance de ce que l'on dit, se faire bien comprendre, on peut découper les syllabes.
l'organisation → *l'or – ga – ni – sa – tion*

▷ Le mot phonétique : pause, rythme et accentuation

Le mot phonétique se prononce comme un seul mot. Le rythme est régulier.
La dernière syllabe est plus longue.

Précis de phonétique

On peut s'arrêter après chaque mot phonétique ou en enchaîner plusieurs sans faire de pause. Dans ce cas, c'est l'accentuation et l'intonation qui marquent alors leur démarcation.

La déclaration des droits et des devoirs des journalistes de Munich en mille neuf cent soixante et onze (1971).

▶ La liaison

un apéritif → [œ̃ na pe ri tif] = « *unapéritif* » (prononcé comme un seul mot).

▶ Les enchaînements et l'élision

Il est sept heures. → [i lɛ sɛ tœr] = « *ilestseptheures* ».
quatre heures et quart → [ka trœ re kar] = « *quatreheuresetquart* ».
J'ai été à Aix. → [ʒe e te a ɛks] = « *jaiétéàAix* ».

Quelques sons difficiles et leurs graphies

▶ [y] / [ɥi] et [u] / [w]

- [y] et [u] se prononcent la bouche fermée. Les lèvres sont arrondies ; elles ne bougent pas.
- Pour [ɥi] et [w], les lèvres bougent très vite pour passer de l'arrondi au sourire.
- [y] s'écrit « u » *tu* ; « u » + consonne *fur* ; « u » + voyelle muette *vue*.
- [ɥi] s'écrit « ui » *depuis*.
- [u] s'écrit « ou » *fou* ; « ou » + consonne *vous* ; « ou » + voyelle muette *roue*.
- [w] s'écrit « oi » [wa] *savoir* ; « oin » [wɛ̃] *Tourcoing* ; « ou » + voyelle prononcée *oui, ouest* ; « oy » + voyelle [waj] *voyageurs*.

▶ [Œ], [O] et [u]

- [Œ] ([ø], [œ], [ə]) : arrondi, langue en avant, aigu.
  « e », « eu », « œu » : *que, queue, cœur*.
- [O] ([o] ou [ɔ]) : arrondi, langue en arrière, grave.
  « o », « au », « eau » : *corps, minéraux, eau*.
- [u] : arrondi, langue en arrière, très grave, très tendu.
  « ou » : *fou, cours*.

▶ [ø] / [œ]

- [ø] : bouche fermée, muscles tendus.
  « eu », « œu » : *vœux*.
- [œ] : bouche ouverte, muscles relâchés.
  « eu / œu » + consonne prononcée : *fauteuil, cœur*.
  « u » dans les mots anglais : *club*.

▶ [o] / [ɔ]

- [o] : bouche fermée, muscles tendus.
  « o », « au », « eau » : *trop, jaune, eau*.
  « o » + [z] : *chose*.
- [ɔ] : bouche ouverte, muscles relâchés.
  « o » + consonne : *sors*.
  « um » dans les mots latins : *calcium*.

▷ [Œ] / [E]

- [Œ] ([ə], [ø], [œ]) : arrondi, langue en avant, aigu : *je, peux, peur*.
- [E] ([e], [ɛ]) : souriant, langue en avant, aigu : *passé, fête, guerre*.

▷ [e] / [ɛ]

- [e] : bouche fermée, muscles tendus.
  « é » : *passé*.
  « e » + consonne muette :
  – « es » : *des* ;
  – « ez » : *avez* ;
  – « er » : *honorer*.

- [ɛ] : bouche ouverte, muscles relâchés.
  « e » + consonne prononcée : *chef*.
  « è » : *père*.
  « ê » : *même*.
  « ai » : *français, ouais*.
  « et » : *juillet*.

▷ Le « e » : [ə]

Le « e » [ə] doit être prononcé :
– quand il est précédé de deux consonnes prononcées : *prof de techno* ; *par semaine* ;
– quand on hésite ou qu'on exprime un sentiment : *c'est que Pierre...* (hésitation) ;
de techno ! (surprise).
Dans les autres cas, on peut ne pas prononcer le « e » : *je préfère* ; *je m'occupe* ;
un samedi ; *un ami de papa* ; *ce qui est marrant...*

▷ Les nasales [ɔ̃], [ɑ̃] et [ɛ̃]

- [ɔ̃] s'écrit « on », « om + b », « om + p » : *maison, compare*.
- [ɑ̃] s'écrit « an », « am + b », « am + p », « en », « em + b », « em + p » : *surveillance, chambre, moment*.
- [ɛ̃] s'écrit « un », « in », « im + b », « im + p », « ain », « ien », « oin », « éen » : *intégralité, simple, quotidien, besoin*.

La langue reste en bas. L'air passe par la bouche et par le nez. On ne prononce pas [n], ni [m].

▷ Dénasalisation

Si on ajoute une voyelle aux graphies précédentes, on ne prononce plus la nasale mais :
[ɔn] : *téléphone* ; [ɔm] : *homme* ; [am] : *caméra* ; [in] : *inutile* ; [im] : *image* ;
[ɛn] : *dizaine* ; [jɛn] : *quotidienne* ; [eɛn] : *européenne*.
L'air passe par la bouche pour la voyelle, puis la langue monte et l'air passe par le nez pour prononcer [n] ou [m].

▷ [j] et [ʒ]

- [j] : lèvres souriantes, langue en bas.
  « i » + voyelle prononcée : *avion, Dieu*.
  « il / ill » : *fauteuil, feuille*.
  « y » : *il y a, croyance*.
- [ʒ] : lèvres arrondies, langue en haut.
  « j » : *jeu*.
  « g » + « e / i » : *hommage, origine*.

❶ « ail / aill » = [aj] : *travailler*.
  « ay » = [ɛj] : *payer*.
  « oy » = [waj] : *croyances*.
  « uy » = [ɥij] : *essuyer*.

❷ Pour bien prononcer [j], pensez à « yes » en anglais.

Précis de grammaire

Caractériser / Décrire

▷ Les articles

- **L'article défini** introduit un nom « connu ».
  La compagnie de théâtre le Royal de luxe.

- **L'article indéfini** introduit un nom qui n'est pas encore « connu ».
  Une lettre est arrivée.

- **L'article partitif** introduit un nom qui n'est pas « comptable ».
  Voulez-vous du thé ?

	Définis	Indéfinis	Partitifs
Masculin singulier	*le / l'*	*un*	*du / de l'*
Féminin singulier	*la / l'*	*une*	*de la / de l'*
Pluriel	*les*	*des*	*des*

▷ Le pluriel des noms

- On ajoute un *-s* à la fin du nom.
  une image → des images
  ❶ *un tableau → des tableaux*

- Pour les noms qui finissent par *-al*, le pluriel devient *-aux*.
  un cheval → des chevaux

▷ La place et l'accord de l'adjectif   ▎Leçon 29

L'adjectif qualifie le nom.

La place de l'adjectif

- En général, l'adjectif se place **après** le **nom**.
  Une expérience client unique et ludique.

- Certains adjectifs se placent **avant** le **nom** : *bon, mauvais, beau, joli, petit, grand, large, jeune, vieux, nouveau, ancien.*
  Une large sélection des meilleurs smartphones.
  ❶ On utilise *bel* (à la place de *beau*) pour les noms masculins qui commencent par une voyelle.
  Un bel objet.

- L'adjectif peut changer de sens selon qu'il est placé avant ou après le nom.
  Un grand designer = un designer très connu, qui a beaucoup de succès.
  Un homme grand = un homme de grande taille.

L'accord de l'adjectif

- Au féminin, on ajoute en général un *-e*.
  Ce téléphone est connecté. Cette montre est connectée.

- Au pluriel, on ajoute un *-s*.
  Les robots ménagers sont chers.
  Les photos artistiques sont chères.

- Les adjectifs qui finissent par *-al* ont un pluriel en *-aux*.
  Un événement mondial → des événements mondiaux.

▶ La nominalisation

Pour condenser et mettre en valeur une information, on utilise souvent des phrases nominales.

La nominalisation peut se faire :

– à partir d'un **verbe** :

  Les Français doutent de l'existence de Dieu.

  → **Doute** *sur l'existence de Dieu.*

  Formés à partir d'un verbe, les noms peuvent se terminer par *-age, -ation, -ment, -sion, -tion, -uction, -ure.*

  Les noms en *-tion* et en *-ure* sont féminins : *une contradiction.*

  Les noms en *-age* et en *-ment* sont masculins : *un sondage.*

– à partir d'un **adjectif** :

  Les Français sont de plus en plus sceptiques.

  → *Un **scepticisme** croissant.*

  Formés à partir d'un adjectif, les noms peuvent se terminer par *-ance, -ence, -esse, -ie, -ise, -té.*

▶ La troncation (la réduction des mots)

On appelle *troncation* le fait de supprimer une ou plusieurs syllabes d'un mot pour en créer un nouveau plus court.

un ordinateur → *un **ordi***

le cinématographe → *le **cinéma*** → *le **ciné***

un professeur → *un **prof***

un autocar → *un **car***

On peut faire la même chose avec certains prénoms :

Caroline → ***Caro***

▶ Le présent

On utilise le présent pour :

– décrire une action en train de se passer :

  Je regarde un film.

– exprimer une idée :

  L'art moderne, c'est beau.

– décrire une habitude :

  Je fais du jogging.

– décrire un état :

  Je suis étudiante.

– parler du futur :

  Je vais à Paris à Noël.

– décrire une action qui a commencé dans le passé mais qui continue :

  Nous habitons à Nantes depuis six mois.

▶ La négation

La place des éléments de la négation dans la phrase	
Avec un temps simple	sujet + *ne* + verbe conjugué + *pas* → *Je **ne** comprends **pas**.*
Avec un temps composé	sujet + *ne* + auxiliaire + *pas* + participe passé → *Je **ne** suis **pas** sortie.*
Avec le mode impératif	*ne* + verbe conjugué + *pas* → ***Ne** lisez **pas**.*

Précis de grammaire

Les différentes formes de négation	
La négation porte sur une chose	*ne / n'... pas / rien* → *Il **n'**aime **rien**.*
La négation porte sur une personne	*ne / n'... personne* → *On **ne** connaît **personne**.*
La négation porte sur la fréquence	*ne / n'... jamais / plus* → *Il **ne** va **jamais** au musée.* → *Il **n'**aime **plus** la fac.*

▷ Les prépositions

De localisation
- ***à l'extrémité de :*** *à l'extrémité du port.*
- ***face à :*** *face à la Méditerranée.*
- ***au bord de :*** *au bord de la Seine.*
- ***sur :*** *sur la ville.*

De moyen
- ***en :*** *On va à l'aéroport en navette.*
- ***à :*** *Françoise va travailler à vélo.*
- ***par :*** *On peut arriver à Nantes par la mer.*

De matière
- ***en :*** *un presse-agrumes en métal.*

De construction du verbe
- Avec ***de :*** *On profite du week-end (profiter **de**).*
- Avec ***à :*** *Le MuCEM a ouvert au public cet été (ouvrir **à**).*

▷ Les pronoms relatifs

▎Leçons 2 et 28

Les pronoms relatifs simples
On utilise les pronoms relatifs pour caractériser, définir.
Ils remplacent un mot ou un groupe de mots.
- ***Qui*** représente une personne ou une chose. Il remplace un sujet.
  *La carrière, **qui** continue à être importante, ne favorise pas les moins diplômés.*
- ***Que / Qu'*** représente une personne ou une chose. Il remplace un complément d'objet direct.
  *Les salariés **qu'**on paye le plus / **que** les entreprises payent le plus sont les informaticiens et les ingénieurs.*
- ***Où*** remplace un complément de lieu ou de temps.
  *La différence est plus importante dans les pays d'Europe de l'Est **où** manquent les personnels qualifiés.*
  *Au moment **où** il y a une crise économique, les différences de salaire sont plus importantes.*
- ***Dont*** remplace un complément (verbe / nom) introduit par ***de***.
  *Un autre fait **dont** <u>parlent</u> les auteurs. (parler **de**)*
  *Les artistes **dont** <u>les diplômes</u> sont moins valorisés. (les diplômes **des** artistes)*

Les pronoms relatifs composés
On utilise les pronoms relatifs composés pour caractériser.
Ils remplacent un mot ou un groupe de mots et se construisent avec une préposition
(dans, sur, sous, avec, chez, grâce à, à l'aide de, à côté de...).

	Singulier	Pluriel
Masculin	*lequel*	*lesquels*
Féminin	*laquelle*	*lesquelles*

*Le collier **sur lequel** est intégré le GPS.*
*La montre **avec laquelle** vous pouvez lire vos SMS.*

❶ Avec *à* : *auquel, auxquels, à laquelle, auxquelles.*
   *Des capteurs **grâce auxquels** les mouvements sont analysés.*

❶ Avec *de* : *duquel, desquels, de laquelle, desquelles.*
   *Un thermostat **à l'aide duquel** vous pouvez modifier la température.*

▷ La mise en relief d'une idée | Leçon 38

- Idée + ***c'est ce qui / c'est ce que / c'est ce dont / c'est ce à quoi*** + phrase.
  *Le charme, **c'est ce à quoi** je pense pour représenter la France.*
- ***Ce qui / Ce que / Ce dont / Ce à quoi*** + phrase, ***c'est*** + idée.
  ***Ce à quoi** je pense pour représenter la France, **c'est** le charme.*
- *ce qui* = sujet   *ce à quoi* = complément introduit par *à*
  ce que = COD   *ce dont* = complément introduit par *de*

▷ Les pronoms personnels

	Singulier			Pluriel		
	1re	**2e**	**3e**	**1re**	**2e**	**3e**
Compléments d'objet direct	*me (m')*	*te (t')*	*le (l') / la (l')*	*nous*	*vous*	*les*
Compléments d'objet indirect	*me (m')*	*te (t')*	*lui*	*nous*	*vous*	*leur*
Toniques	*moi*	*toi*	*lui / elle*	*nous*	*vous*	*eux / elles*

- Les pronoms remplacent un nom. Ils se placent :
  – avant le verbe :   – avant l'infinitif :   – entre le verbe et l'infinitif :
  *Je **le** vois demain.*   *Impossible de **le** voir.*   *Je peux **le** faire.*

  ❶ Avec l'impératif, le pronom se met après le verbe ; *me* et *te* deviennent ***moi*** et ***toi***.
     *Décide-**toi** !*

- Les pronoms compléments d'objet direct (COD) s'utilisent avec des verbes sans
  préposition. Ils remplacent des choses ou des personnes.
  *Je **le** vois tous les jours. (Je vois Hugo tous les jours.)*
  *Je **le** prends tous les matins. (Je prends le tram tous les matins.)*

- Les pronoms compléments d'objet indirect (COI) remplacent des noms précédés de
  la préposition ***à***. Ils remplacent souvent des personnes.
  Ils répondent à la question « À qui ? ».
  *téléphoner **à** → Je téléphone **à** Charlotte. → Je **lui** téléphone.*

▷ Les pronoms compléments | Leçon 28

Le pronom *y*
Le pronom ***y*** remplace un lieu, un nom ou un verbe introduit par la préposition *à*.
*Tu connais cette boutique spécialisée en objets connectés ? Oui, j'**y** suis déjà allé.*
*Si je pense à acheter un bracelet connecté ? Oui, j'**y** pense parfois. (penser à)*

Le pronom *en*
- ***En*** remplace un nom précédé d'une quantité (partitif ou nombre).
  *Des objets connectés ? On **en** prévoit 80 milliards.*
- ***En*** remplace un nom introduit par la préposition *de*.
  *On **en** parle comme d'une révolution. (On parle des objets connectés comme
  d'une révolution.)*
- Il se place avant le verbe.

Précis de grammaire

▷ La place des doubles pronoms
Leçon 29

Sujet	COI	COD	Verbe
Je	me / te / nous / vous *vous*	le / la / l' /les *la*	*conseille.*

Sujet	COD	COI	Verbe
Je	le / la / l' /les *la*	lui / leur *lui*	*prête ?*

- Les pronoms *y* et *en* sont toujours placés en deuxième position.
  *Vous **vous y** intéressez ?*
  *Vous pouvez **m'en** dire plus ?*
- À l'impératif affirmatif, les pronoms se placent toujours **après le verbe**. L'ordre est COD + COI.
  ***Montrez-la-moi**, s'il vous plaît.*

▷ Les indéfinis
Leçon 32

Pour donner une information générale, sans précisions, on utilise des indéfinis.
- **Personnes et / ou objets :** *certain(s) / certaine(s), d'autre(s), chacun / chacune, chaque, aucun(s) / aucune(s), quelques.*
  ***Certains** peuvent « porter bonheur », **d'autres**, « porter malheur ».*
- **Seulement pour des personnes :** *quelqu'un, personne.*
- **Seulement pour des objets :** *rien, quelque chose.*
  *Au Cambodge, si **quelqu'un** cligne de l'œil gauche, cela porte malheur.*
- **Lieux :** *partout, ailleurs, quelque part, n'importe où.*
  *Comme **partout** dans le monde, les Français ont des superstitions.*

▷ Les pronoms interrogatifs

Ils peuvent être simples (*qui*) ou composés (*lequel, laquelle...*).
Les pronoms interrogatifs composés s'accordent en genre et en nombre.
Ils permettent d'interroger sur un ou plusieurs objets extraits d'un ensemble.
Le nom qu'ils remplacent peut être présent dans la phrase interrogative ou dans le contexte.

	Singulier	Pluriel
Masculin	*lequel*	*lesquels*
Féminin	*laquelle*	*lesquelles*

__Lequel__ de ces tableaux te plaît ?
*Tu as trois vestes. **Laquelle** vas-tu mettre ?*

▷ Les pronoms démonstratifs
Leçon 12

Les pronoms démonstratifs composés

Ils remplacent un nom que l'on veut montrer ou situer.
Si on a deux choix, on utilise *-ci* puis *-là*. Si on a un seul choix, on emploie l'un ou l'autre.

	Singulier	Pluriel
Masculin	*celui-ci / -là*	*ceux-ci / -là*
Féminin	*celle-ci / -là*	*celles-ci / -là*

*Lequel ? **Celui-là**.*
*Ces œuvres sont intéressantes mais **celle-ci** est vraiment belle.*

Les pronoms démonstratifs avec des pronoms relatifs simples

Les pronoms démonstratifs peuvent être suivis d'un pronom relatif *(qui / que / dont)*. Cette association permet de distinguer un élément d'un groupe et de le décrire. Le pronom démonstratif s'accorde avec le mot qu'il remplace.

	Singulier	Pluriel
Masculin	*celle*	*celles*
Féminin	*celui*	*ceux*

Celle qui bouquine. – Celui qui ronfle. – Pour ceux qui ne sont jamais chez eux.

▷ Les adverbes

Leçon 33

Emploi

On utilise les adverbes pour nuancer le sens d'un verbe, d'un adjectif ou d'un autre adverbe.
- **Adverbes de lieu :** *dehors, dedans, partout…*
- **Adverbes de temps et de fréquence :** *aujourd'hui, autrefois, souvent, fréquemment, toujours…*
- **Adverbes de manière et de quantité :** *absolument, franchement, vachement* (familier), *totalement, vraiment, incontestablement, plutôt, bien, trop, notamment, évidemment, élégamment…*

Place

L'adverbe se place en général après le verbe *(j'aime **bien**)*, entre l'auxiliaire et le participe passé *(elle a **souvent** dit)*, avant l'adjectif *(**toujours** fidèle)*.

Formation des adverbes en :

- ***-ment***
  Adjectif féminin + *-ment* : *franchement*.
  Adjectif masculin finissant par « i », « u » ou « é » + *-ment* : *vraiment, absolument, aisément*.
- ***-emment***
  Adjectif terminé par *-ent* : *évident* → *évidemment*.
- ***-amment***
  Adjectif terminé par *-ant* : *élégant* → *élégamment*.

▷ La modalisation

Leçon 18

Pour apporter un **jugement**, un **sentiment** à ce que l'on exprime, on peut utiliser des modalisateurs. Ils permettent de traduire une certitude, une incertitude, une appréciation positive ou négative, ou d'atténuer son discours.
- **Adjectifs :** *nul, certain, super, formidable, génial…*
- **Adverbes :** *peut-être, plutôt, assez, certainement, vraiment, franchement, réellement, très, trop…*
  *Financièrement, c'est **plutôt / assez / très / vraiment** intéressant.*
  *C'est un moyen **formidable / super / génial** de rencontrer du monde.*

▷ Le gérondif

Leçon 8

Le gérondif exprime la **manière**. Il répond à la question « Comment ? ».
Le sujet du verbe au gérondif est le même que celui de la principale.
Formation : *en* + base du verbe (1re personne du pluriel du présent) + *-ant*.
*L'exposition nous fait comprendre le métier de chasseur d'images **en présentant** les rapports complexes et passionnants qui existent entre le photographe et la célébrité.*

Précis de grammaire

Le gérondif peut aussi exprimer la **simultanéité**. Il répond alors à la question «Quand?».
Il s'est endormi en regardant la télé. (= simultanéité)
Il s'est informé en regardant la télé. (= manière)

❶ Verbes irréguliers : *avoir : ayant – être : étant – savoir : sachant.*

❶ **Les pronoms compléments** se placent avant le participe présent.
*Elle lui parle **en le regardant** dans les yeux.*

Raconter

▷ Le passé récent

Il permet de rapporter une action qui s'est passée juste avant le moment où on parle.
Formation : le verbe ***venir*** au présent + ***de*** + le verbe à l'infinitif.
*Il **vient de** rentrer.*

▷ Le passé composé

On utilise le passé composé pour raconter un événement (une action) passé(e),
terminé(e) et limité(e) dans le temps.
Les événements sont présentés dans un ordre chronologique.

Avec l'auxiliaire *être*

- On utilise l'auxiliaire ***être*** avec :
  – les verbes pronominaux :
    *Elle s'**est** inscrite à la fac.*
  – les verbes : *naître / mourir   monter / descendre*
    aller / venir / devenir   passer
    arriver / rester / partir   retourner
    entrer / sortir   tomber
  *Elle **est** née en Espagne.*
  *Ils **sont** devenus amis.*
- Avec l'auxiliaire ***être***, le participe passé s'accorde avec le sujet.

Avec l'auxiliaire *avoir*

Pour tous les autres verbes, on utilise l'auxiliaire ***avoir***.
Elle a travaillé au Japon.
Hugo a invité Juliette.

▷ L'imparfait

On utilise l'imparfait pour exprimer une situation, faire une description (personnes,
états), décrire une habitude.
Formation : base de la 1re personne du pluriel au présent + *-ais, -ais, -ait, -ions, -iez,
-aient*.
*Je **passais** mes vacances au bord de la mer.*

❶ ***Être*** : *j'étais, tu étais...*

▷ Le plus-que-parfait   ❙ Leçon 9

On utilise le plus-que-parfait pour exprimer qu'une action précède une autre action
dans le passé. Le plus-que-parfait exprime l'antériorité d'un événement qui apparaît
donc avant un passé composé ou un imparfait.
*Il y **avait passé** une année avec son père et il **est revenu** à Paris à l'âge de 24 ans.*

Formation : auxiliaire *être* ou *avoir* à l'imparfait + le participe passé du verbe.

j'avais passé	*nous avions passé*
tu avais passé	*vous aviez passé*
il/elle/on avait passé	*ils/elles avaient passé*

▷ Les temps du récit (1)   │ Leçon 9

- Pour apporter des précisions sur le contexte (circonstances, situation, habitude), on utilise l'**imparfait**.
  *On **se couchait** toujours à l'aube.*
- Pour raconter un événement passé, terminé et limité dans le temps, on utilise le **passé composé**. Il permet de présenter les actions chronologiquement.
  *Quand il avait cinq ans, son père **est venu** à Paris.*
- Pour exprimer qu'une action précède une autre action dans le passé, on utilise le **plus-que-parfait**.
  *Il y **avait passé** une année avec son père et il **est revenu** à Paris à l'âge de 24 ans.*

▷ Le passé simple   │ Leçon 22

Le passé simple est utilisé dans les romans, les contes, les biographies ou les textes historiques.
Il se forme, en général, à partir du radical du verbe.
Les terminaisons des verbes en *-er* sont : *-ai, -as, -a, -âmes, -âtes, -èrent*.
On utilise essentiellement le passé simple avec *il/elle/on* et *ils/elles*.
*En 1953, Contrex® **quitta** le milieu pharmaceutique.*

	Quitter		
je	*quittai*	*nous*	*quittâmes*
tu	*quittas*	*vous*	*quittâtes*
il/elle/on	*quitta*	*ils/elles*	*quittèrent*

▷ Les temps du récit (2)   │ Leçon 24

- Pour raconter des événements passés, accomplis, et pour présenter des actions chronologiquement, on peut utiliser le **passé simple**.
  *Louis Réard **inventa** le bikini.*
  *Il **eut** du mal à trouver des mannequins.*
  Avoir : il eut, ils eurent. – Être : il fut, ils furent. – Faire : il fit, ils firent. –
  Naître : il naquit, ils naquirent. – Mourir : il mourut, ils moururent.
- Rarement employé, le passé simple a la même valeur que le passé composé.
  On utilise donc fréquemment le **passé composé** pour le remplacer.
  *Louis Réard **a inventé** le bikini.*
  *Il **a eu** du mal à trouver des mannequins.*
- Pour apporter des précisions sur le contexte (circonstances, situation, répétition), on utilise l'**imparfait**.
  *Il **gérait** une boutique de lingerie.*
  *Les Américains **venaient** d'effectuer des essais.*
- Le **présent** et le **futur** peuvent aussi être utilisés à la place du passé composé.
  Ils permettent de rendre le récit plus vivant.
  *Le bikini **sera** interdit ; c'est dans les années soixante qu'il **s'impose** sur les plages.*

▷ La forme passive   │ Leçon 23

- Le sujet du verbe « actif » (celui qui fait l'action) devient **complément d'agent**, généralement introduit par *par*. On ne mentionne **l'agent** que lorsque c'est obligatoire. Le complément d'objet direct devient le sujet du verbe passif.

Précis de grammaire

Forme active :	*Alice* (sujet)	*a brûlé* (verbe)	*des calories.* (complément)

Forme passive :	(sujet) *Des calories*	(verbe) *ont été brûlées*	(complément d'agent) *(par Alice).*

Formation : sujet (passif) + *être* (conjugué) + participe passé du verbe (+ *par* + complément d'agent). Le participe passé s'accorde.
*Le podomètre permet de savoir combien de calories ont été brûl**ées**.*
*Toutes ces informations sont partag**ées par** tous sur les réseaux sociaux.*

- La structure sans le verbe *être* est possible :
sujet (passif) + participe passé du verbe (+ *par* + complément d'agent).
*Le podomètre permet d'évaluer la distance parcouru**e**.*
*Le podomètre enregistre le nombre de pas fai**ts par** Alice.*

L'accord du participe passé

- Avec l'auxiliaire *être* : le participe passé s'accorde avec **le sujet du verbe.**
*Alice s'**est** inscrit**e** dans une salle de sport.*
- Avec l'auxiliaire *avoir* : le participe passé s'accorde avec **le complément d'objet** si celui-ci est placé avant le verbe.
*Alice consulte **les kilomètres** qu'elle a fai**ts** et **les calories** qu'elle a perd**ues**.*

▷ Les indicateurs temporels ⎮ Leçons 4, 22, 24 et 27

- **Pour dire dans quel ordre les événements ont eu lieu** (la chronologie), on utilise :
  - ***d'abord*** (1), ***ensuite / puis*** (2), ***enfin*** (3) :
  *****D'abord**, nous sommes partis à la mer. **Ensuite**, nous avons visité Toulouse.*
  *****Enfin**, nous avons fait de la marche dans les Pyrénées.*
  - ***avant de*** + infinitif, ***après*** + nom :
  *****Avant de** <u>partir</u>, nous avons contacté nos amis.*
  *****Après** <u>nos vacances</u>, nous étions bien reposés.*
- **Pour situer un événement dans le temps**, on utilise : *en, à l'âge de, X an(s) plus tard, X an(s) après, dans les années vingt, le 23 juin 1946, en 1946, cette année-là, c'est à cette occasion que, il y a, dans l'Antiquité, au XVe siècle...*
*Les archéologues ont découvert des mosaïques **dans les années vingt**.*
- **Pour indiquer l'origine d'un événement**, on utilise : *depuis, à partir de, dès, il y a...*
*****Dès** l'antiquité, les femmes portaient le bikini.*
- **Pour indiquer les limites d'un événement**, on utilise : *de... à..., jusqu'à / en...*
*****Des** années cinquante **à** nos jours.*
- **Pour exprimer la durée :**
  - ***en*** indique le temps nécessaire à la réalisation de quelque chose :
  *****En** dix ans, la production de bouteilles a été multipliée par quatre.*
  - ***cela fait... que*** indique l'origine d'un fait qui continue au moment où l'on parle :
  *****Cela fait** plus d'un demi-siècle **que** Vittel® associe son nom à la vitalité, à la jeunesse.*
  - ***entre*** + année + ***et*** + année indique une période précise :
  *****Entre 1953 et 1954**, le slogan passa de « un foie, deux reins, trois raisons de boire Contrex® » à « une taille, deux hanches, trois raisons de boire Contrex® ».*
  - ***peu à peu*** indique une progression :
  *C'est ainsi que, **peu à peu**, la marque se positionna sur le marché de la minceur.*
  - ***pendant*** permet d'exprimer une durée qui est définie :
  *J'ai travaillé comme architecte **pendant** cinq ans.*

- **Pour situer, sans indications précises, une action dans le futur**, on utilise :
  dans un avenir proche, un jour, demain, la semaine / l'année prochaine, dans les prochaines années / dans X ans, au moment de / d' + infinitif, en + année, d'ici à + année, à l'horizon + année.
  ***Un jour**, tout le monde aura des lunettes Google.*

▶ Le discours rapporté au passé et la concordance des temps ┃ Leçon 39

Pour rapporter les paroles de quelqu'un, on utilise un verbe introducteur au passé :
dire que, répondre que, ajouter que, expliquer que...

Discours direct	Discours indirect
C'est plutôt l'anglais qui est pour beaucoup emprunteur de la langue française.	*Elle a dit que c'était plutôt l'anglais qui était pour beaucoup emprunteur de la langue française.*
L'anglais a emprunté des mots au français depuis le XIᵉ siècle.	*Elle a expliqué que l'anglais avait emprunté des mots français depuis le XIᵉ siècle.*
Peut-être il ne s'agissait que d'un échange entre les langues.	*Le journaliste a dit que peut-être il ne s'agissait que d'un échange entre les langues.*

Au discours indirect, le futur devient conditionnel présent.
« Je lirai le livre d'Henriette Walter », a dit Charlotte.
Charlotte a dit qu'elle lirait le livre d'Henriette Walter.

▶ Le présent et le futur ┃ Leçons 9 et 24

- Le **présent** peut être utilisé pour raconter la vie de quelqu'un. C'est le présent historique ou de narration. Il peut être remplacé par un passé composé.
  *Il **prend** le nom de Brassaï en 1929.*
- Le **futur** peut aussi être utilisé à la place du passé composé. Il permet de rendre le récit plus vivant.
  *Le bikini **sera** interdit ; c'est dans les années soixante qu'il **va s'imposer**.*

Parler du futur

▶ L'expression du futur ┃ Leçon 4

- On utilise le **futur proche** pour situer une action dans un avenir assez proche ou bien quand on est sûr de la réalisation de l'action.
  Formation : *aller + infinitif.*
  *L'arrivée de la génération du baby-boom **va modifier** le marché du travail <u>dans les prochaines années</u>.*
- On utilise le **futur simple** pour exprimer une prévision, faire des projets.
  La probabilité de réalisation est plus ou moins grande suivant le contexte.
  Formation : *infinitif + -ai, -as, -a, -ons, -ez, -ont.*
  *Cinq secteurs **concentreront** l'essentiel des créations d'emplois <u>à l'horizon 2015</u>.*

  ❶ Pour les verbes en *-re*, on supprime le *e* : *prendre : je prendrai.*

  ❶ Futurs irréguliers : *aller : j'<u>irai</u> ; avoir : j'<u>aurai</u> ; être : je <u>serai</u> ; faire : je <u>ferai</u> ; pouvoir : je <u>pourrai</u> ; savoir : je <u>saurai</u> ; venir : je <u>viendrai</u> ; voir : je <u>verrai</u>.*

▶ Le futur antérieur ┃ Leçon 27

Quand deux actions se suivent dans le futur, on utilise le futur antérieur pour la première action et le futur simple pour la deuxième action.
*Les constructeurs qui n'**auront** pas **suivi** le progrès disparaîtront.*

Précis de grammaire

Formation : *être* ou *avoir* au futur + le <u>participe passé du verbe</u>.
*Les personnes qui ne se **seront** pas <u>adaptées</u> apparaîtront comme des has-been.*
*Quand la robotique **aura** <u>pénétré</u> dans toutes les maisons, nous ne vivrons plus de la même manière.*

Faire une hypothèse

▷ L'expression de l'hypothèse   ┃ Leçon 14

- Pour exprimer un projet sous condition, on utilise : *si* + présent + futur simple.
  La condition est au présent et le résultat est au futur.
  Si nous avons le temps, nous irons au cinéma.
  (Nous irons au cinéma, si nous avons le temps.)
- Pour exprimer une hypothèse difficilement réalisable, imaginaire ou contraire à la réalité, on utilise : *si* + **imparfait** + conditionnel présent.
  Si j'avais assez d'argent, je partirais très loin.
  Je partirais très loin si j'avais assez d'argent.

▷ Le conditionnel présent   ┃ Leçon 4

Le conditionnel est le mode de l'irréel. On l'utilise pour :
– exprimer une hypothèse ;
– formuler une demande polie ;
– exprimer une éventualité, donner une information non vérifiée :
  *À l'horizon 2022, la France **devrait** compter 2,6 millions d'étudiants.*
Formation : radical du futur + les terminaisons de l'imparfait *(-ais, -ais, -ait, -ions, -iez, -aient)*.

elle <u>devra</u> → *elle <u>devrait</u>*   *nous <u>partirons</u>* → *nous <u>partirions</u>*

Exprimer un regret, un reproche

▷ Le conditionnel passé   ┃ Leçon 34

On utilise le conditionnel passé pour exprimer le regret ou le reproche.
Formation : *être* ou *avoir* au conditionnel présent + le participe passé du verbe.
*Je pense qu'on **aurait dû** construire un centre culturel.*
*J'**aurais aimé** une église avec de vieilles pierres et un joli clocher.*

Dire de faire

▷ L'impératif

On utilise **l'impératif** pour dire à quelqu'un de faire quelque chose.
- L'impératif se conjugue à la 2ᵉ personne du singulier et aux 1ʳᵉ et 2ᵉ personnes du pluriel.
  Sors ! Sortons ! Sortez !
- L'impératif à la forme négative : ***ne (n')*** + impératif + ***pas***.
  Ne <u>buvez</u> ***pas*** *d'alcool.*
- L'impératif des verbes pronominaux : ***me*** et ***te*** deviennent ***moi*** et ***toi***.
  *Installe-**toi**. – Promenons-**nous**.*

L'impératif et les pronoms compléments
- Le pronom complément **COD** ou **COI** se place **après le verbe** à l'impératif affirmatif.
  *Demandez-**lui**. – Donne-**le**.*
- On utilise ***moi***, ***toi***, ***nous***, ***vous*** pour les 1ʳᵉ et 2ᵉ personnes.
  *Levez-**vous**.*

▶ L'expression de l'obligation

| Leçon 7

- **Devoir** + infinitif.
  L'éditorialiste **doit** fonder ses opinions sur des faits.
- **L'obligation de** + nom.
  Parmi ces lois, **l'obligation de** respect de la vie.
- **S'obliger à** + infinitif.
  S'obliger à respecter la vie privée des personnes.

▶ Le subjonctif

| Leçons 7 et 19

Les valeurs du subjonctif

- On utilise le mode subjonctif pour exprimer **un conseil** ou **une obligation** :

  il faut que (il ne faut pas que)
  il est nécessaire que   } + sujet + verbe au subjonctif
  il est fondamental que
  il est indispensable que

  *Il faut qu'ils **combattent** la censure.*

- On utilise aussi le subjonctif quand on exprime :
  - **le doute :** *je ne crois pas que, je ne pense pas que, je ne suis pas sûr que* + subjonctif ;
    Je ne suis pas sûre qu'une famille plus traditionnelle soit plus heureuse que nous.
  - **la peur :** *j'ai peur que* + subjonctif.
    J'ai peur que les valeurs familiales ne soient plus du tout respectées.

Formation du subjonctif

- Pour *je, tu, il/elle/on, ils/elles* : **base** de la 3e personne du présent + les terminaisons du présent des verbes en -er (-e, -es, -e, -ent) :
  *ils **viennent** ; base : **vienn-***

il faut	*que je*	*vienne*
	que tu	*viennes*
	qu'il/elle/on	*vienne*
	qu'ils/elles	*viennent*

- Pour *nous, vous* : **base** de la 1re personne du présent + les terminaisons de l'imparfait (-ions, -iez) :
  *nous **venons** ; base : **ven-***

il faut	*que nous*	*venions*
	que vous	*veniez*

  ❶ Verbes irréguliers : *aller, avoir, être, faire, pouvoir, savoir, vouloir* (p. 172-176).

- Si le conseil ou l'obligation n'est pas destiné(e) à quelqu'un en particulier, on peut utiliser l'infinitif :

  il faut que (il ne faut pas)
  il est nécessaire   } + verbe au subjonctif
  il est fondamental
  il est indispensable

  *Il faut **combattre** la censure.*

Donner son point de vue

▶ L'opinion

| Leçon 19

On peut donner son avis avec :
- **pour, selon moi, à mon avis** :
  Selon moi, la famille, c'est la base de notre société.
  À mon avis, la famille d'aujourd'hui est plus cool.

Précis de grammaire

– *avoir l'impression que* + <u>indicatif</u> :
J'ai l'impression que la plupart des familles <u>divorcent</u> de nos jours.
– *penser / trouver / croire que* + <u>indicatif</u> :
Je pense que les gens n'<u>adhèrent</u> plus à ce modèle.

▷ La certitude

On utilise *être sûr(e) / être certain(e) que* + verbe à l'indicatif pour exprimer la certitude.
*Je suis sûr qu'*elle trouvera un travail.
*Nous sommes certains qu'*il réussira ses études.

Exprimer un souhait

Pour exprimer un souhait, on utilise :
– **le subjonctif** avec les verbes *souhaiter, vouloir…* ;
l'emploi du subjonctif suppose deux sujets différents, un souhait personnalisé :
Je souhaite qu'elle réussisse.
Il voudrait que vous veniez à sa fête.
– **le conditionnel** avec les verbes *vouloir, souhaiter* ou *être* + infinitif. L'emploi de
l'infinitif suppose un même sujet ou un souhait « généralisé » ;
formation : base du futur simple + terminaisons de l'imparfait.

Futur		Conditionnel présent
j'aimer*ai*	→	j'aimer*ais voyager*

*Je **voudrais** partir en vacances.*
*Ce **serait** bien d'aller faire du bateau.*

Comparer

▷ Les comparatifs

‖ Leçon 2

• *Plus / moins / aussi* + <u>adjectif ou adverbe</u> *(+ que / qu')*.
*Les diplômés sont **moins** souvent <u>obèses</u>.*

  ❶ *bon* → *meilleur :* Les diplômes restent le ***meilleur*** investissement.

  ❶ *bien* → *mieux :* Un travail ***mieux*** rémunéré.

• *Plus de (d') / moins de (d') / autant de (d')* + <u>nom</u> *(+ que / qu')*.
*Les diplômes des artistes ont **moins de** <u>valeur</u>.*
• <u>Verbe</u> + *plus / moins / autant (+ que / qu')*.
*Un diplômé <u>gagne</u> **plus** qu'un titulaire du bac.*
• Pour nuancer une comparaison ou indiquer un classement : *un peu, **beaucoup**,
vraiment*.
*La différence est **beaucoup** <u>plus</u> importante dans les pays de l'Est.*
• Pour marquer une progression : *de plus en plus, de moins en moins*.
*La différence est **de plus en plus** importante.*

▷ Le superlatif

• *Le / la / les plus / moins* + <u>adjectif ou adverbe</u>.
*C'est **le plus** <u>bel</u> appartement !*

  ❶ *C'est **la meilleure** !*

  ❶ *C'est **le mieux**.*

• *Le plus de (d') / le moins de (d')* + <u>nom</u>.
*C'est la rue qui a **le moins de** <u>magasins</u>.*

Organiser ses idées

▶ L'organisation des idées
Leçon 3

Les articulateurs permettent d'organiser et de relier les idées, les explications, les faits de manière logique. Ils créent la cohérence du texte.
- **D'abord** introduit la première idée.
- **De plus** présente une idée qui renforce la précédente.
- **En fait** apporte une précision à l'idée précédente.
- **Bref** introduit le résumé de l'ensemble des idées.
- **Donc** exprime la conséquence et permet de conclure.

__D'abord__, lorsqu'un enfant commence à envoyer des SMS, c'est son niveau d'orthographe qui détermine la forme des SMS. __De plus__, l'étude montre que ce sont les bons élèves qui font le plus de textismes. __En fait__, c'est ce qu'on appelle le langage SMS. [...] __Bref__, les élèves faibles en orthographe ont un apprentissage long du langage SMS. __Donc__, pour écrire des SMS, il faut savoir écrire.

▶ Exprimer le but
Leçon 13

Pour exprimer un but, une finalité, un objectif, on utilise :
- **se donner / avoir pour but de** + infinitif :
  Vision Éthique __se donne pour but de / a pour but de__ promouvoir une autre forme de tourisme.
- **afin de / pour** + infinitif :
  Vision Éthique se propose d'informer les prestataires locaux __afin d'__améliorer / __pour__ améliorer les conditions de vie des populations des pays rencontrés.
- **afin que / pour que** + subjonctif :
  Vision Éthique vous conseille dans l'organisation de vos voyages __afin qu'__ils soient / __pour qu'__ils soient au plus près de vos envies.

▶ Exprimer la cause (fait qui entraîne un autre fait)
Leçon 3

- **Parce que** et **car** répondent à la question « Pourquoi ? ».
  Ils font des fautes __parce qu'__ils écrivent des SMS.
  Cela n'affecte pas leur niveau d'orthographe __car__ ce sont les bons élèves qui font le plus de textismes.
- **Comme** et **puisque** présentent la cause sans répondre à la question « Pourquoi ? ».
  - **Comme** s'emploie toujours en début de phrase :
    __Comme__ ils sont bons en français, ils savent adapter leur langue au contexte.
  - **Puisque** présente une cause évidente :
    On n'écrit pas seulement des SMS en langage SMS __puisque__ l'étude montre que 52 % contenaient des textismes et 48 % étaient écrits selon les règles traditionnelles.
- Si le résultat est négatif, on utilise : **à cause de** + nom / pronom.
  __À cause de__ la neige, je n'ai pas pu quitter Paris.
- Si le résultat est positif, on utilise : **grâce à** + nom / pronom.
  __Grâce à__ des amis, j'ai trouvé un appartement.

▶ Exprimer la conséquence
Leçon 17

- Pour exprimer un fait qui est le résultat d'un autre fait, on utilise : **donc, alors, c'est pourquoi, si bien que**.
  L'année 2013 restera celle qui a vu l'ouverture du mariage aux personnes de même sexe et __donc__ la possibilité pour ces couples d'adopter des enfants.

Précis de grammaire

- Lorsqu'on veut marquer **l'intensité de la conséquence**, on utilise :
  - **si** + <u>adjectif</u> + **que** ;
  - **tellement** + <u>adjectif</u> + **que**.

  *J'ai vécu des choses **tellement** <u>différentes</u> **que** ça m'a fait grandir.*
- **Du coup** est surtout utilisé à l'oral (registre plutôt familier).

  *Mes parents habitent à cinq minutes l'un de l'autre, **du coup**, je peux facilement passer d'un appart à l'autre.*
- On peut aussi exprimer la conséquence avec des verbes comme **entraîner** ou **provoquer**.

  *Ça **a entraîné** une nouvelle organisation de notre vie.*

  *Au début, ça a **provoqué** plein de problèmes d'organisation.*

▶ Exprimer l'opposition / la concession   ▍Leçon 37

L'expression de la concession

Pour exprimer la concession, c'est-à-dire le résultat inattendu et contradictoire d'un fait, on utilise :
- **pourtant, cependant** :

  *Pour beaucoup, le système social français provoque la paresse ; il reste **cependant** un modèle pour d'autres.*
- **alors que** + indicatif :

  *Les Américains se demandent comment font les Françaises pour ne pas grossir **alors qu'**elles mangent du fromage et plein de gâteaux.*
- **même si**, **quand même** :

  ***Même** si la France reste la première destination touristique au monde, elle ne parvient pas à se défaire de certains stéréotypes.*
- **malgré** + nom :

  ***Malgré** ce stéréotype de « sales », on retrouve aux quatre coins du monde la formule « so french so chic ».*
- **bien que** + subjonctif :

  ***Bien qu'**ils soient admiratifs de notre système social, ils pensent que cela produit des paresseux qui font toujours grève.*

L'expression de l'opposition

Pour opposer deux faits, exprimer une différence, on utilise : **au lieu de**, **en revanche**, **par contre**.

*Les Français ne se lavent pas, ils mettent du parfum **au lieu de** prendre une douche.*

*En Asie, la langue française est vue comme une langue de luxe. **Par contre**, en Afrique, la langue française est considérée comme une des plus belles langues.*

*L'image de la France est très positive. **En revanche**, les Français ont une moins bonne réputation.*

▶ Exprimer des proportions   ▍Leçon 8

- *X % (de) / X pour cent (de).*

  91 % (des Français) s'intéressent au moins une fois par jour à l'actualité.*
- *La plupart (de).*

  La plupart (des Français) composent leur information à la carte.*
- *La majorité (de) ≠ une minorité (de).*

  La majorité (des Français) s'informe par la télévision.*
- *Un tiers / deux tiers (de).*

  ***Deux tiers (d'**entre eux) s'informent plusieurs fois par jour.*
- *25 % = un quart (1/4).   50 % = la moitié (1/2).   75 % = trois quarts (3/4).*
- *Un sur deux / trois...*

Les modes

L'indicatif	– Mode du réel, de l'opinion.
	– Comporte : le présent, le futur simple, le futur proche,
	  le futur antérieur, le passé récent, le passé composé, l'imparfait,
	  le plus-que-parfait, le passé simple.

Le subjonctif	– Mode de ce qui n'est pas encore réalisé, des sentiments, de la nécessité, du souhait, du conseil, du doute. – Comporte : le présent.
Le conditionnel	– Mode de ce qui est imaginé, éventuel. C'est le mode de la politesse, de l'hypothèse, du regret et du reproche. – Comporte : le présent, le passé.
L'impératif	– Mode du dire de faire, de l'ordre, de la consigne. – Comporte : le présent.

La phrase

Phrase simple	Phrase complexe
sujet + verbe + complément *Nous souhaitons la préservation* *des loups.*	sujet + verbe + *que* + sujet + **verbe au subjonctif** *Nous souhaitons qu'il y ait plus de jardins.* sujet + verbe + *parce que* + sujet + verbe à l'indicatif *Nous manifesterons parce que nous réclamons plus* *d'espaces verts.* infinitive : *on peut* + *venir* + infinitif *On peut venir protester.*

Les niveaux de langue

	Niveau courant	Niveau familier

Vocabulaire	– S'utilise à l'écrit comme à l'oral dans
	  le milieu scolaire, professionnel,
	  les relations sociales.
	– Pas de mots spécifiques mais un
	  vocabulaire simple, compris de tous.
	  Ce n'est pas beau et ça coûte
	  beaucoup d'argent.
		– S'utilise entre amis et à l'oral.
		– Utilisation de mots familiers.
		  C'est nul ce truc et ça coûte un fric
		  fou!

Grammaire	Les règles de grammaire et
	de construction de la phrase sont
	respectées.
	Ça ne me plaît pas.
		– Les règles de grammaire ne sont pas
		  toujours respectées.
		– Suppression du *ne (n')* de la négation.
		– On utilise généralement *on* à la place
		  de *nous*.
		  Ça me plaît pas !
		– On fait l'élision avec *tu*.
		  T'es fatigué ?
		– On utilise *y* au lieu de *il*.
		  Y fait beau !

Précis de conjugaison

	Être	Avoir	Aller	Faire	Vivre
Présent	je suis tu es il/elle/on est nous sommes vous êtes ils/elles sont	j'ai tu as il/elle/on a nous avons vous avez ils/elles ont	je vais tu vas il/elle/on va nous allons vous allez ils/elles vont	je fais tu fais il/elle/on fait nous faisons vous faites ils/elles font	je vis tu vis il/elle/on vit nous vivons vous vivez ils/elles vivent
Passé composé	j'ai été tu as été il/elle/on a été nous avons été vous avez été ils/elles ont été	j'ai eu tu as eu il/elle/on a eu nous avons eu vous avez eu ils/elles ont eu	je suis allé(e) tu es allé(e) il/elle est allé(e) nous sommes allé(e)s vous êtes allé(e)s ils/elles sont allé(e)s	j'ai fait tu as fait il/elle/on a fait nous avons fait vous avez fait ils/elles ont fait	j'ai vécu tu as vécu il/elle/on a vécu nous avons vécu vous avez vécu ils/elles ont vécu
Imparfait	j'étais tu étais il/elle/on était nous étions vous étiez ils/elles étaient	j'avais tu avais il/elle/on avait nous avions vous aviez ils/elles avaient	j'allais tu allais il/elle/on allait nous allions vous alliez ils/elles allaient	je faisais tu faisais il/elle/on faisait nous faisions vous faisiez ils/elles faisaient	je vivais tu vivais il/elle/on vivait nous vivions vous viviez ils/elles vivaient
Plus-que-parfait	j'avais été tu avais été il/elle/on avait été nous avions été vous aviez été ils/elles avaient été	j'avais eu tu avais eu il/elle/on avait eu nous avions eu vous aviez eu ils/elles avaient eu	j'étais allé(e) tu étais allé(e) il/elle/on était allé(e) nous étions allé(e)s vous étiez allé(e)s ils/elles étaient allé(e)s	j'avais fait tu avais fait il/elle/on avait fait nous avions fait vous aviez fait ils/elles avaient fait	j'avais vécu tu avais vécu il/elle/on avait vécu nous avions vécu vous aviez vécu ils/elles avaient vécu
Passé simple	je fus tu fus il/elle/on fut nous fûmes vous fûtes ils/elles furent	j'eus tu eus il/elle/on eut nous eûmes vous eûtes ils/elles eurent	j'allai tu allas il/elle/on alla nous allâmes vous allâtes ils/elles allèrent	je fis tu fis il/elle/on fit nous fîmes vous fîtes ils/elles firent	je vécus tu vécus il/elle/on vécut nous vécûmes vous vécûtes ils/elles vécurent
Futur	je serai tu seras il/elle/on sera nous serons vous serez ils/elles seront	j'aurai tu auras il/elle/on aura nous aurons vous aurez ils/elles auront	j'irai tu iras il/elle/on ira nous irons vous irez ils/elles iront	je ferai tu feras il/elle/on fera nous ferons vous ferez ils/elles feront	je vivrai tu vivras il/elle/on vivra nous vivrons vous vivrez ils/elles vivront
Conditionnel présent	je serais tu serais il/elle/on serait nous serions vous seriez ils/elles seraient	j'aurais tu aurais il/elle/on aurait nous aurions vous auriez ils/elles auraient	j'irais tu irais il/elle/on irait nous irions vous iriez ils/elles iraient	je ferais tu ferais il/elle/on ferait nous ferions vous feriez ils/elles feraient	je vivrais tu vivrais il/elle/on vivrait nous vivrions vous vivriez ils/elles vivraient
Conditionnel passé	j'aurais été tu aurais été il/elle/on aurait été nous aurions été vous auriez été ils/elles auraient été	j'aurais eu tu aurais eu il/elle/on aurait eu nous aurions eu vous auriez eu ils/elles auraient eu	je serais allé(e) tu serais allé(e) il/elle/on serait allé(e) nous serions allé(e)s vous seriez allé(e)s ils/elles seraient allé(e)s	j'aurais fait tu aurais fait il/elle/on aurait fait nous aurions fait vous auriez fait ils/elles auraient fait	j'aurais vécu tu aurais vécu il/elle/on aurait vécu nous aurions vécu vous auriez vécu ils/elles auraient vécu

	Être	Avoir	Aller	Faire	Vivre
Subjonctif présent	que je sois que tu sois qu'il/elle/on soit que nous soyons que vous soyez qu'ils/elles soient	que j'aie que tu aies qu'il/elle/on ait que nous ayons que vous ayez qu'ils/elles aient	que j'aille que tu ailles qu'il/elle/on aille que nous allions que vous alliez qu'ils/elles aillent	que je fasse que tu fasses qu'il/elle/on fasse que nous fassions que vous fassiez qu'ils/elles fassent	que je vive que tu vives qu'il/elle/on vive que nous vivions que vous viviez qu'ils/elles vivent

	Payer	S'installer	Choisir	Voir	Vouloir
Présent	je paie/paye tu paies/payes il/elle/on paie/paye nous payons vous payez ils/elles paient/payent	je m'installe tu t'installes il/elle/on s'installe nous nous installons vous vous installez ils/elles s'installent	je choisis tu choisis il/elle/on choisit nous choisissons vous choisissez ils/elles choisissent	je vois tu vois il/elle/on voit nous voyons vous voyez ils/elles voient	je veux tu veux il/elle/on veut nous voulons vous voulez ils/elles veulent
Passé composé	j'ai payé tu as payé il/elle/on a payé nous avons payé vous avez payé ils/elles ont payé	je me suis installé(e) tu t'es installé(e) il/elle/on s'est installé(e) nous nous sommes installé(e)s vous vous êtes installé(e)s ils/elles se sont installé(e)s	j'ai choisi tu as choisi il/elle/on a choisi nous avons choisi vous avez choisi ils/elles ont choisi	j'ai vu tu as vu il/elle/on a vu nous avons vu vous avez vu ils/elles ont vu	j'ai voulu tu as voulu il/elle/on a voulu nous avons voulu vous avez voulu ils/elles ont voulu
Imparfait	je payais tu payais il/elle/on payait nous payions vous payiez ils/elles payaient	je m'installais tu t'installais il/elle/on s'installait nous nous installions vous vous installiez ils/elles s'installaient	je choisissais tu choisissais il/elle/on choisissait nous choisissions vous choisissiez ils/elles choisissaient	je voyais tu voyais il/elle/on voyait nous voyions vous voyiez ils/elles voyaient	je voulais tu voulais il/elle/on voulait nous voulions vous vouliez ils/elles voulaient
Plus-que-parfait	j'avais payé tu avais payé il/elle/on avait payé nous avions payé vous aviez payé ils/elles avaient payé	je m'étais installé(e) tu t'étais installé(e) il/elle/on s'était installé(e) nous nous étions installé(e)s vous vous étiez installé(e)s ils/elles s'étaient installé(e)s	j'avais choisi tu avais choisi il/elle/on avait choisi nous avions choisi vous aviez choisi ils/elles avaient choisi	j'avais vu tu avais vu il/elle/on avait vu nous avions vu vous aviez vu ils/elles avaient vu	j'avais voulu tu avais voulu il/elle/on avait voulu nous avions voulu vous aviez voulu ils/elles avaient voulu
Passé simple	je payai tu payas il/elle/on paya nous payâmes vous payâtes ils/elles payèrent	je m'installai tu t'installas il/elle/on s'installa nous nous installâmes vous vous installâtes ils/elles s'installèrent	je choisis tu choisis il/elle/on choisit nous choisîmes vous choisîtes ils/elles choisirent	je vis tu vis il/elle/on vit nous vîmes vous vîtes ils/elles virent	je voulus tu voulus il/elle/on voulut nous voulûmes vous voulûtes ils/elles voulurent
Futur	je paierai tu paieras il/elle/on paiera nous paierons vous paierez ils/elles paieront	je m'installerai tu t'installeras il/elle/on s'installera nous nous installerons vous vous installerez ils/elles s'installeront	je choisirai tu choisiras il/elle/on choisira nous choisirons vous choisirez ils/elles choisiront	je verrai tu verras il/elle/on verra nous verrons vous verrez ils/elles verront	je voudrai tu voudras il/elle/on voudra nous voudrons vous voudrez ils/elles voudront

Précis de conjugaison

	Payer	S'installer	Choisir	Voir	Vouloir
Conditionnel présent	je paierais tu paierais il/elle/on paierait nous paierions vous paieriez ils/elles paieraient	je m'installerais tu t'installerais il/elle/on s'installerait nous nous installerions vous vous installeriez ils/elles s'installeraient	je choisirais tu choisirais il/elle/on choisirait nous choisirions vous choisiriez ils/elles choisiraient	je verrais tu verrais il/elle/on verrait nous verrions vous verriez ils/elles verraient	je voudrais tu voudrais il/elle/on voudrait nous voudrions vous voudriez ils/elles voudraient
Conditionnel passé	j'aurais payé tu aurais payé il/elle/on aurait payé nous aurions payé vous auriez payé ils/elles auraient payé	je me serais installé(e) tu te serais installé(e) il/elle/on se serait installé(e) nous nous serions installé(e)s vous vous seriez installé(e)s ils/elles se seraient installé(e)s	j'aurais choisi tu aurais choisi il/elle/on aurait choisi nous aurions choisi vous auriez choisi ils/elles auraient choisi	j'aurais vu tu aurais vu il/elle/on aurait vu nous aurions vu vous auriez vu ils/elles auraient vu	j'aurais voulu tu aurais voulu il/elle/on aurait voulu nous aurions voulu vous auriez voulu ils/elles auraient voulu
Subjonctif présent	que je paie/paye que tu paies/payes qu'il/elle/on paie/paye que nous payions que vous payiez qu'ils/elles paient/payent	que je m'installe que tu t'installes qu'il/elle/on s'installe que nous nous installions que vous vous installiez qu'ils/elles s'installent	que je choisisse que tu choisisses qu'il/elle/on choisisse que nous choisissions que vous choisissiez qu'ils/elles choisissent	que je voie que tu voies qu'il/elle/on voie que nous voyions que vous voyiez qu'ils/elles voient	que je veuille que tu veuilles qu'il/elle/on veuille que nous voulions que vous vouliez qu'ils/elles veuillent

	S'inscrire	Savoir	Connaître	Dire	Comprendre
Présent	je m'inscris tu t'inscris il/elle/on s'inscrit nous nous inscrivons vous vous inscrivez ils/elles s'inscrivent	je sais tu sais il/elle/on sait nous savons vous savez ils/elles savent	je connais tu connais il/elle/on connaît nous connaissons vous connaissez ils/elles connaissent	je dis tu dis il/elle/on dit nous disons vous dites ils/elles disent	je comprends tu comprends il/elle/on comprend nous comprenons vous comprenez ils/elles comprennent
Passé composé	je me suis inscrit(e) tu t'es inscrit(e) il/elle/on s'est inscrit(e) nous nous sommes inscrit(e)s vous vous êtes inscrit(e)s ils/elles se sont inscrit(e)s	j'ai su tu as su il/elle/on a su nous avons su vous avez su ils/elles ont su	j'ai connu tu as connu il/elle/on a connu nous avons connu vous avez connu ils/elles ont connu	j'ai dit tu as dit il/elle/on a dit nous avons dit vous avez dit ils/elles ont dit	j'ai compris tu as compris il/elle/on a compris nous avons compris vous avez compris ils/elles ont compris
Imparfait	je m'inscrivais tu t'inscrivais il/elle/on s'inscrivait nous nous inscrivions vous vous inscriviez ils/elles s'inscrivaient	je savais tu savais il/elle/on savait nous savions vous saviez ils/elles savaient	je connaissais tu connaissais il/elle/on connaissait nous connaissions vous connaissiez ils/elles connaissaient	je disais tu disais il/elle/on disait nous disions vous disiez ils/elles disaient	je comprenais tu comprenais il/elle/on comprenait nous comprenions vous compreniez ils/elles comprenaient
Plus-que-parfait	je m'étais inscrit(e) tu t'étais inscrit(e) il/elle/on s'était inscrit(e) nous nous étions inscrit(e)s vous vous étiez inscrit(e)s ils/elles s'étaient inscrit(e)s	j'avais su tu avais su il/elle/on avait su nous avions su vous aviez su ils/elles avaient su	j'avais connu tu avais connu il/elle/on avait connu nous avions connu vous aviez connu ils/elles avaient connu	j'avais dit tu avais dit il/elle/on avait dit nous avions dit vous aviez dit ils/elles avaient dit	j'avais compris tu avais compris il/elle/on avait compris nous avions compris vous aviez compris ils/elles avaient compris

	S'inscrire	Savoir	Connaître	Dire	Comprendre
Passé simple	je m'inscrivis tu t'inscrivis il/elle/on s'inscrivit nous nous inscrivîmes vous vous inscrivîtes ils/elles s'inscrivirent	je sus tu sus il/elle/on sut nous sûmes vous sûtes ils/elles surent	je connus tu connus il/elle/on connut nous connûmes vous connûtes ils/elles connurent	je dis tu dis il/elle/on dit nous dîmes vous dîtes ils/elles dirent	je compris tu compris il/elle/on comprit nous comprîmes vous comprîtes ils/elles comprirent
Futur	je m'inscrirai tu t'inscriras il/elle/on s'inscrira nous nous inscrirons vous vous inscrirez ils/elles s'inscriront	je saurai tu sauras il/elle/on saura nous saurons vous saurez ils/elles sauront	je connaîtrai tu connaîtras il/elle/on connaîtra nous connaîtrons vous connaîtrez ils/elles connaîtront	je dirai tu diras il/elle/on dira nous dirons vous direz ils/elles diront	je comprendrai tu comprendras il/elle/on comprendra nous comprendrons vous comprendrez ils/elles comprendront
Conditionnel présent	je m'inscrirais tu t'inscrirais il/elle/on s'inscrirait nous nous inscririons vous vous inscririez ils/elles s'inscriraient	je saurais tu saurais il/elle/on saurait nous saurions vous sauriez ils/elles sauraient	je connaîtrais tu connaîtrais il/elle/on connaîtrait nous connaîtrions vous connaîtriez ils/elles connaîtraient	je dirais tu dirais il/elle/on dirait nous dirions vous diriez ils/elles diraient	je comprendrais tu comprendrais il/elle/on comprendrait nous comprendrions vous comprendriez ils/elles comprendraient
Conditionnel passé	je me serais inscrit(e) tu te serais inscrit(e) il/elle/on se serait inscrit(e) nous nous serions inscrit(e)s vous vous seriez inscrit(e)s ils/elles se seraient inscrit(e)s	j'aurais su tu aurais su il/elle/on aurait su nous aurions su vous auriez su ils/elles auraient su	j'aurais connu tu aurais connu il/elle/on aurait connu nous aurions connu vous auriez connu ils/elles auraient connu	j'aurais dit tu aurais dit il/elle/on aurait dit nous aurions dit vous auriez dit ils/elles auraient dit	j'aurais compris tu aurais compris il/elle/on aurait compris nous aurions compris vous auriez compris ils/elles auraient compris
Subjonctif présent	que je m'inscrive que tu t'inscrives qu'il/elle/on s'inscrive que nous nous inscrivions que vous vous inscriviez qu'ils/elles s'inscrivent	que je sache que tu saches qu'il/elle/on sache que nous sachions que vous sachiez qu'ils/elles sachent	que je connaisse que tu connaisses qu'il/elle/on connaisse que nous connaissions que vous connaissiez qu'ils/elles connaissent	que je dise que tu dises qu'il/elle/on dise que nous disions que vous disiez qu'ils/elles disent	que je comprenne que tu comprennes qu'il/elle/on comprenne que nous comprenions que vous compreniez qu'ils/elles comprennent

	Attendre	Pouvoir	Courir	Peindre	Venir
Présent	j'attends tu attends il/elle/on attend nous attendons vous attendez ils/elles attendent	je peux tu peux il/elle/on peut nous pouvons vous pouvez ils/elles peuvent	je cours tu cours il/elle/on court nous courons vous courez ils/elles courent	je peins tu peins il/elle/on peint nous peignons vous peignez ils/elles peignent	je viens tu viens il/elle/on vient nous venons vous venez ils/elles viennent
Passé composé	j'ai attendu tu as attendu il/elle/on a attendu nous avons attendu vous avez attendu ils/elles ont attendu	j'ai pu tu as pu il/elle/on a pu nous avons pu vous avez pu ils/elles ont pu	j'ai couru tu as couru il/elle/on a couru nous avons couru vous avez couru ils/elles ont couru	j'ai peint tu as peint il/elle/on a peint nous avons peint vous avez peint ils/elles ont peint	je suis venu(e) tu es venu(e) il/elle/on est venu(e) nous sommes venu(e)s vous êtes venu(e)s ils/elles sont venu(e)s

Précis de conjugaison

	Attendre	Pouvoir	Courir	Peindre	Venir
Imparfait	j'attendais tu attendais il/elle/on attendait nous attendions vous attendiez ils/elles attendaient	je pouvais tu pouvais il/elle/on pouvait nous pouvions vous pouviez ils/elles pouvaient	je courais tu courais il/elle/on courait nous courions vous couriez ils/elles couraient	je peignais tu peignais il/elle/on peignait nous peignions vous peigniez ils/elles peignaient	je venais tu venais il/elle/on venait nous venions vous veniez ils/elles venaient
Plus-que-parfait	j'avais attendu tu avais attendu il/elle/on avait attendu nous avions attendu vous aviez attendu ils/elles avaient attendu	j'avais pu tu avais pu il/elle/on avait pu nous avions pu vous aviez pu ils/elles avaient pu	j'avais couru tu avais couru il/elle/on avait couru nous avions couru vous aviez couru ils/elles avaient couru	j'avais peint tu avais peint il/elle/on avait peint nous avions peint vous aviez peint ils/elles avaient peint	j'étais venu(e) tu étais venu(e) il/elle/on était venu(e) nous étions venu(e)s vous étiez venu(e)s ils/elles étaient venu(e)s
Passé simple	j'attendis tu attendis il/elle/on attendit nous attendîmes vous attendîtes ils/elles attendirent	je pus tu pus il/elle/on put nous pûmes vous pûtes ils/elles purent	je courus tu courus il/elle/on courut nous courûmes vous courûtes ils/elles coururent	je peignis tu peignis il/elle/on peignit nous peignîmes vous peignîtes ils/elles peignirent	je vins tu vins il/elle/on vint nous vînmes vous vîntes ils/elles vinrent
Futur	j'attendrai tu attendras il/elle/on attendra nous attendrons vous attendrez ils/elles attendront	je pourrai tu pourras il/elle/on pourra nous pourrons vous pourrez ils/elles pourront	je courrai tu courras il/elle/on courra nous courrons vous courrez ils/elles courront	je peindrai tu peindras il/elle/on peindra nous peindrons vous peindrez ils/elles peindront	je viendrai tu viendras il/elle/on viendra nous viendrons vous viendrez ils/elles viendront
Conditionnel présent	j'attendrais tu attendrais il/elle/on attendrait nous attendrions vous attendriez ils/elles attendraient	je pourrais tu pourrais il/elle/on pourrait nous pourrions vous pourriez ils/elles pourraient	je courrais tu courrais il/elle/on courrait nous courrions vous courriez ils/elles courraient	je peindrais tu peindrais il/elle/on peindrait nous peindrions vous peindriez ils/elles peindraient	je viendrais tu viendrais il/elle/on viendrait nous viendrions vous viendriez ils/elles viendraient
Conditionnel passé	j'aurais attendu tu aurais attendu il/elle/on aurait attendu nous aurions attendu vous auriez attendu ils/elles auraient attendu	j'aurais pu tu aurais pu il/elle/on aurait pu nous aurions pu vous auriez pu ils/elles auraient pu	j'aurais couru tu aurais couru il/elle/on aurait couru nous aurions couru vous auriez couru ils/elles auraient couru	j'aurais peint tu aurais peint il/elle/on aurait peint nous aurions peint vous auriez peint ils/elles auraient peint	je serais venu(e) tu serais venu(e) il/elle/on serait venu(e) nous serions venu(e)s vous seriez venu(e)s ils/elles seraient venu(e)s
Subjonctif présent	que j'attende que tu attendes qu'il/elle/on attende que nous attendions que vous attendiez qu'ils/elles attendent	que je puisse que tu puisses qu'il/elle/on puisse que nous puissions que vous puissiez qu'ils/elles puissent	que je coure que tu coures qu'il/elle/on coure que nous courions que vous couriez qu'ils/elles courent	que je peigne que tu peignes qu'il/elle/on peigne que nous peignions que vous peigniez qu'ils/elles peignent	que je vienne que tu viennes qu'il/elle/on vienne que nous venions que vous veniez qu'ils/elles viennent

Lexique

Leçon	Français	Allemand	Anglais	Espagnol	Portugais	Russe
L32	à l'endroit	richtig herum	the right way round	al derecho	do direito	с лица
L32	à l'envers	verkehrt herum	inside out	al revés	do avesso	наизнанку
L40	à pleine voix	lauthals	loudly (voice)	a viva voz	em voz alta	во весь голос
L34	abbaye (une)	Abtei (eine)	abbey	abadía (una)	abadia (uma)	монастырь
L29	accéder à (v.)	zugreifen auf (V.)	to access (v.)	acceder a (v.)	aceder a (v.)	получать доступ к (гл.)
L2	accentuer (v.)	betonen (V.)	to accentuate (v.)	acentuar (v.)	acentuar (v.)	акцентировать (гл.)
L4	accueillir (v.)	empfangen (V.)	to welcome (v.)	acoger (v.)	acolher (v.)	принимать (гл.)
L25	acte (un)	Akt (ein)	act (noun)	acto (un)	acto (um)	акт
L13	acte citoyen (un)	Akt bürgerlichen Verantwortungs-bewusstseins (ein)	civic deed	acción ciudadana (una)	acto de cidadania (um)	гражданский поступок
L4	actif (un)	Erwerbstätiger (ein)	active person	activo (un)	activa (uma)	работающий
L4	action sociale (l')	Sozialwesen (das)	social / civic action	acción social (la)	acção social (a)	общественная деятельность
L8	actualité (l')	Zeitgeschehen (das)	current affairs	actualidad (la)	actualidade (a)	новость
L19	adhérer à (v.)	beitreten (V.)	to join (v.)	afiliarse a (v.)	aderir a (v.)	присоединяться к (гл.)
L37	admiratif (adj.)	bewundernd (Adj.)	admiring (adj.)	admirativo (adj.)	admirado (adj.)	восхищенный (прил.)
L17	adopter (v.)	annehmen, verabschieden (V.)	to adopt (v.)	adoptar (v.)	adoptar (v.)	принимать (гл.)
L33	adoration (l')	Verehrung (die)	adoration	adoración (la)	adoração (a)	обожание
L3	affecter (v.)	sich auswirken auf (V.)	to affect (v.)	fingir (v.)	afectar (v.)	сказываться (гл.)
L13	agence (une)	Agentur (eine)	agency	agencia (una)	agência (uma)	агентство
L11	ah la vache ! (familier)	Krass! (umgangssprachlich)	Oh my gosh! (colloquial)	¡Caray! (familiar)	Fogo! (familiar)	черт возьми! (просторечное)
L26	alerter (v.)	warnen (V.)	to alert (v.)	avisar (v.)	alertar (v.)	оповещать (гл.)
L11	aller à la rencontre de	jemandem entgegengehen	to go and meet	ir al encuentro de	ir ao encontro de	идти навстречу
L25	allonger (le bras) (v.)	(den Arm) ausstrecken (V.)	to stretch out (the arm) (v.)	alargar (el brazo) (v.)	esticar (o braço) (v.)	вытянуть (руку) (гл.)
L16	Allez…	Los…	Come on…	Venga…	Vá lá…	Ну…
L1	alterner (v.)	abwechseln (V.)	to alternate (v.)	alternar (v.)	alternar (v.)	чередовать (гл.)
L28	analyser (v.)	analysieren (V.)	to analyse (v.)	analizar (v.)	analisar (v.)	анализировать (гл.)
L36	anciens (les)	ältere Menschen (die)	elders	ancianos (los)	anciões (os)	старики
L39	anglicisme (un)	Anglizismus (ein)	Anglicism	anglicismo (un)	anglicismo (um)	англицизм
L31	angoissé (adj.)	ängstlich (Adj.)	anguished (adj.)	angustiado (adj.)	angustiado (adj.)	встревоженный (прил.)
L31	apôtre (un)	Apostel (ein)	apostle	apóstol (un)	apóstolo (um)	апостол
L38	apprentissage (l')	Erlernen (das), Lehre (die)	learning (noun)	aprendizaje (el)	aprendizagem (a)	обучение
L8	approfondir (v.)	vertiefen (V.)	to go deeper into	profundizar (v.)	aprofundar (v.)	углублять (гл.)
L9	atmosphère (une)	Atmosphäre (eine)	atmosphere	ambiente (un)	atmosfera (uma)	атмосфера
L35	atroce (adj.)	furchtbar (Adj.)	atrocious (adj.)	atroz (adj.)	atroz (adj.)	жестокий (прил.)
L38	attractivité (l')	Attraktivität (die)	attractiveness	atractivo (el)	atractividade (a)	привлекательность
L13	authenticité (l')	Echtheit (die)	authenticity	autenticidad (la)	autenticidade (a)	подлинность
L19	autorité (l')	Autorität (die)	authority	autoridad (la)	autoridade (a)	власть
L40	autres cieux (d')	in anderen Gefilden	other climes	otros cielos	algures	иные места
L37	aux quatre coins du monde	überall auf der Welt	to the four corners of the earth	en todos los rincones del mundo	nos quatro cantos do mundo	во всех уголках мира
L37	avantages sociaux (les)	soziale Vergünstigungen (die)	fringe benefits	ventajas sociales (las)	vantagens sociais (as)	социальные льготы
L17	avec le temps	mit der Zeit	with time	con el tiempo	com o tempo	со временем
L26	avoir accès à (loc. v.)	Zugang zu etwas haben (verb. Wendung)	have access to	tener acceso a (loc. v.)	ter acesso a (loc. v.)	иметь доступ к (глагольное выражение)
L12	avoir la forme	in Form sein	to be on form	estar en forma	estar em forma	иметь форму
L23	bain de jouvence (un)	Jungbrunnen (ein)	rejuvenating experience	cura de juventud (una)	cura de rejuvenescimento (uma)	источник молодости
L23	bain de mer (un)	Bad im Meer (ein)	bathing in the sea	baño de mar (un)	banho no mar (um)	морская ванна
L23	bain de soleil (un)	Sonnenbad (ein)	sunbathing (noun)	baño de sol (un)	banho de sol (um)	солнечная ванна
L1	base de tout (la)	Grundlage für alles (die)	the basis of everything	base de todo (la)	base de tudo (a)	основа всего

Lexique

Leçon	Français	Allemand	Anglais	Espagnol	Portugais	Russe
L17	beau-père (le)	Stiefvater (der)	father-in-law, stepfather	suegro (el)	sogro (o), padrasto (o)	тесть
L38	beauté (la)	Schönheit (die)	beauty	belleza (la)	beleza (a)	красота
L17	belle-mère (la)	Stiefmutter (die)	mother-in-law, stepmother	suegra (la)	sogra (a), madrasta (a)	теща
L24	bikini (un)	Bikini (ein)	bikini	bikini (un)	biquíni (um)	бикини
L40	blouse (une)	Bluse (eine)	overall (clothing)	blusa (una)	blusa (uma)	блуза
L32	bois (le)	Holz (das)	wood	madera (la)	madeira (a)	дерево
L16	Bon bah…	Na dann…	Well, er…	Bueno pues…	Ora bem…	Ну вот…
L21	bon débarras	den/die/das wären wir los!	good riddance	hasta nunca	até nunca mais	слава богу
L16	Bon écoute…	Gut, hör zu…	OK, listen…	Bueno mira…	Bem, ouve…	Ну, слушай…
L40	bonheur (le)	Glück (das)	happiness	felicidad (la)	felicidade (a)	счастье
L19	bonne volonté (la)	guter Wille (der)	good will	buena voluntad (la)	boa vontade (a)	добрая воля
L1	bosser (v.)	arbeiten, malochen (V.)	to work, to slog (v.)	currar (v.)	trabalhar muito (v.)	работать (гл.)
L34	bouddhiste (un)	Buddhist (ein)	Buddhist	budista (un)	budista (um)	буддист
L21	bouffe (la) *(familier)*	Essen (das) *(umgangssprachlich)*	grub *(informal)*	comida (la) *(familiar)*	comida (a) *(familiar)*	жратва *(просторечное)*
L12	bouquiner (v.)	schmökern (V.)	to read (a book) (v.)	leer (v.)	ler (v.)	рыться в книгах (гл.)
L28	bracelet (le)	Armband (das)	bracelet	pulsera (la)	pulseira (a)	браслет
L25	bras (le)	Arm (der)	arm (noun)	brazo (el)	braço (o)	рука
L23	bronzer (v.)	bräunen (V.)	to get a tan	broncearse (v.)	bronzear (v.)	загорать (гл.)
L28	brosse à dents (la)	Zahnbürste (die)	toothbrush	cepillo de dientes (el)	escova de dentes (a)	зубная щетка
L23	brûler des calories	Kalorien verbrennen	to burn off calories	quemar calorías	queimar calorias	сжигать калории
L11	c'est dingue	das ist Wahnsinn	it's crazy	es una locura	é de loucos	с ума сойти
L11	c'est fou	das ist verrückt	it's mad	qué locura	que loucura	ужас
L11	c'est génial	das ist toll	it's great	es genial	é genial	гениально
L36	c'est histoire de	einfach nur, um	it's a question of	se trata de	é a oportunidade de	это история
L21	c'est reparti	weiter geht's	here we go again	vuelta otra vez	recomeçou	все сначала
L36	c'est une très bonne chose	das ist sehr gut	it's a very good thing	es algo fantástico	é uma coisa muito boa	это очень хорошо
L17	ça fait des histoires	das macht Scherereien	it creates problems	eso da problemas	isso vai dar problemas	это неприятно
L36	ça marque quelque chose	das bedeutet etwas	that marks something	eso señala algo	isso assinala algo	это что-то да значит
L4	cadre administratif (un)	administrativer Rahmen (ein)	administrative framework	marco administrativo (un)	quadro administrativo (um)	административный работник
L21	calcium (le)	Kalzium (das)	calcium	calcio (el)	cálcio (o)	кальций
L2	calculer que	kalkulieren, dass	calculate that	calcular que	achar que	высчитать, что
L26	caméras de surveillance (les)	Überwachungskameras (die)	CCTV cameras	cámaras de vigilancia (las)	câmaras de vigilância (as)	камеры наблюдения
L1	CAP (un)	Zeugnis über eine abgeschlossene Berufsausbildung (ein)	"CAP" (vocational training certificate taken at secondary school)	CAP (un) (Diploma de formación profesional)	Diploma de Aptidão Profissional (um)	свидетельство о профессиональной подготовке
L26	capter (v.)	empfangen (V.)	to pick up (e.g. radio waves), to capture (v.)	captar (v.)	captar (v.)	улавливать (гл.)
L29	capteurs (des)	Sensoren (die)	sensors	sensores (unos)	sensores (os)	датчики
L20	caresse (une)	Streicheln (ein), Zärtlichkeit (eine)	caress (noun)	caricia (una)	carícia (uma)	ласка
L2	carrière (la)	Karriere (die)	career (noun)	carrera (la)	carreira (a)	карьера
L15	carte du monde (la)	Weltkarte (die)	map of the world	mapa del mundo (el)	mapa do mundo (o)	карта мира
L8	catalogue (un)	Katalog (ein)	catalogue (noun)	catálogo (un)	catálogo (um)	каталог
L34	cathédrale (une)	Kathedrale (eine)	cathedral	catedral (una)	catedral (uma)	собор
L34	catholique (un)	Katholik (ein)	Catholic	católico (un)	católico (um)	католик
L35	cauchemar (un)	Alptraum (ein)	nightmare	pesadilla (una)	pesadelo (um)	кошмар
L18	célibataire (adj.)	ledig, alleinstehend (Adj.)	single (adj.)	soltero (adj.)	solteiro (adj.)	холостой (прил.)
L31	Cène (la)	das letzte Abendmahl	the Last Supper	La Última Cena	Ceia (a)	Вечеря

Leçon	Français	Allemand	Anglais	Espagnol	Portugais	Russe
L37	certaine classe (une)	bestimmte Klasse (eine)	a certain excellence	cierta clase	certa classe (uma)	определенный класс
L33	certitude (la)	Gewissheit (die)	certainty	certeza (la)	certeza (a)	уверенность
L20	chagrin (un)	Kummer, Leid (ein)	grief, sorrow	pena (una)	desgosto (um)	печаль
L26	chambre (la)	Zimmer (das)	room, bedroom	habitación (la)	quarto (o)	комната
L40	chanson (une)	Lied (ein)	song	canción (una)	canção (uma)	песня
L33	chapelet (un)	Rosenkranz (ein)	rosary	rosario (un)	rosário (um)	четки
L34	chapelle (une)	Kapelle (eine)	chapel	capilla (una)	capela (uma)	часовня
L6	charte (une)	Charta (eine)	charter (noun)	carta (una)	carta (uma)	устав
L8	chasseur d'images (un)	Fotoreporter (ein)	image hunter	cazador de imágenes (un)	caçador de imagens (um)	фоторепортер
L31	chat (un)	Katze (eine)	cat	gato (un)	gato (um)	кот
L36	chef d'État (le)	Staatschef (der)	head of state	jefe de Estado (el)	chefe de estado (o)	глава государства
L40	chemin de l'école (le)	Schulweg (der)	way to school	camino de la escuela (el)	caminho para a escola (o)	дорога к школе
L20	cher / chérie (adj.)	lieb (Adj.)	dear, darling (adj.)	querido / querida (adj.)	querido / querida (adj.)	дорогой / дорогая (прил.)
L1	chercher (v.)	suchen (V.)	to look for (v.)	buscar (v.)	procurar (v.)	искать (гл.)
L37	chic (le)	Schick (der)	style (noun)	elegancia (la)	estilo (o)	роскошь
L2	chômage (le)	Arbeitslosigkeit (die)	unemployment	paro (el)	desemprego (o)	безработица
L6	chronique (une)	Chronik (eine)	column (in newspaper)	crónica (una)	crónica (uma)	хроника
L32	clés (des)	Schlüssel (die)	keys	llaves (unas)	chaves (as)	ключи
L11	cliché (un)	Klischee (ein)	cliché	cliché, tópico (un)	cliché (um)	клише
L32	cligner de l'œil	zwinkern (v.)	to wink (v.)	guiñar el ojo	piscar o olho	подмигивать
L32	clin d'œil (un)	Augenzwinkern (ein)	wink (noun)	guiño (un)	piscar de olhos (um)	миг
L34	clocher (un)	Kirchturm (ein)	church tower	campanario (un)	campanário (um)	колокольня
L25	cœur (le)	Herz (das)	heart	corazón (el)	coração (o)	сердце
L30	cognitif (adj.)	kognitiv (Adj.)	cognitive (adj.)	cognitivo (adj.)	cognitivo (adj.)	когнитивный (прил.)
L18	colocataire / coloc (un/une)	Mitbewohner / Mitbewohnerin (ein/eine)	housemate, flatmate	coinquilino/a (un/una)	co-arrendatário/a (um/uma)	сонаниматель
L1	combattre (v.)	bekämpfen (V.)	to fight (v.)	luchar (v.)	combater (v.)	воевать (гл.)
L21	comme un fou (ouf)	wie ein Verrückter (Irrer)	like a mad person	como un loco (uf)	como um louco	как сумасшедший
L7	commentaire (un)	Kommentar (ein)	comment (noun)	comentario (un)	comentário (um)	комментарий
L4	commerce (le)	Geschäft (das)	commerce	comercio (el)	comércio (o)	торговля
L4	communication (la)	Kommunikation (die)	communication	comunicación (la)	comunicação (a)	коммуникация
L33	communier (v.)	kommunizieren (V.)	to receive communion	comulgar (v.)	comungar (v.)	причащать (гл.)
L28	comparer (v.)	vergleichen (V.)	to compare (v.)	comparar (v.)	comparar (v.)	сравнивать (гл.)
L37	compliment (un)	Kompliment (ein)	compliment (noun)	cumplido (un)	elogio (um)	комплимент
L8	composer son information à la carte	die Information erhalten, die man wünscht	key in your à la carte information	componer su información a la carta	compor a sua informação à carta	составлять информацию по своему выбору
L33	confiance (la)	Vertrauen (das)	trust (noun)	confianza (la)	confiança (a)	доверие
L37	congés payés (les)	bezahlter Urlaub (der)	paid holidays	vacaciones pagadas (las)	férias pagas (as)	оплачиваемые отпуска
L38	connaissance (la)	Wissen (das)	knowledge	conocimiento (el)	conhecimento (o)	знание
L30	connaître (v.)	kennen, kennenlernen (V.)	to know (v.)	conocer (v.)	conhecer (v.)	знать (гл.)
L26	connecter (v.)	sich anmelden, verbinden (V.)	to connect (v.)	conectar (v.)	conectar (v.)	соединять (гл.)
L8	consommer (v.)	verbrauchen (V.)	to consume (v.)	consumir (v.)	consumir (v.)	потреблять (гл.)
L25	consultation (une)	Arztbesuch (ein)	consultation (medical)	consulta (una)	consulta (uma)	консультация
L3	contenir (v.)	enthalten (V.)	contain (v.)	contener (v.)	conter (v.)	содержать (гл.)
L3	contexte (le)	Kontext (der)	context	contexto (el)	contexto (o)	контекст
L21	continuer sur sa lancée	den beschrittenen Weg weitergehen	to keep up the momentum	proseguir	aproveitar o movimento	продолжать в том же темпе

Lexique

Leçon	Français	Allemand	Anglais	Espagnol	Portugais	Russe
L34	contradiction (une)	Widerspruch (ein)	contradiction	contradicción (una)	contradição (uma)	противоречие
L39	contribuer à (v.)	beitragen zu (V.)	to contribute (v.)	contribuir a (v.)	contribuir para (v.)	делать вклад в (гл.)
L29	coque de téléphone (une)	Handyschale (eine)	phone casing	carcasa de teléfono (una)	cobertura do telefone (uma)	корпус телефона
L31	corbeau (un)	Rabe (ein)	crow (noun)	cuervo (un)	corvo (um)	ворон
L12	coup de soleil (un)	Sonnenbrand (ein)	sun stroke	quemadura solar (una)	queimadura solar (uma)	солнечный удар
L17	couple (un)	Paar (ein)	couple	pareja (una)	casal (um)	пара
L24	création (une)	Kreation, Schaffung (eine)	creation	creación (una)	criação (uma)	создание
L4	création d'emploi (une)	Schaffung von Arbeitsplätzen (eine)	job creation	creación de empleo (una)	criação de emprego (uma)	создание рабочих мест
L2	crise économique (la)	Wirtschaftskrise (die)	economic crisis	crisis económica (la)	crise económica (a)	экономический кризис
L7	critique (la)	Kritik (die)	criticism	crítica (la)	crítica (a)	критика
L33	croix (une)	Kreuz (ein)	cross (noun)	cruz (una)	cruz (uma)	крест
L31	croyance populaire (une)	Volksglaube (ein)	popular belief	creencia popular (una)	crença popular (uma)	народное верование
L13	culture (la)	Kultur (die)	culture	cultura (la)	cultura (a)	культура
L8	débat (un)	Debatte (eine)	debate (noun)	debate (un)	debate (um)	дискуссия
L37	débattre (v.)	debattieren (V.)	to debate (v.)	debatir (v.)	debater (v.)	дискутировать (гл.)
L27	décennie (une)	Jahrzehnt (ein)	decade	década (una)	década (uma)	десятилетие
L6	déclaration (une)	Erklärung (eine)	declaration	declaración (una)	declaração (uma)	заявление
L6	décor (un)	Dekor (ein)	decor	decoración (una)	decoração (uma)	декор
L13	découverte (la)	Entdeckung (die)	discovery	descubrimiento (el)	descoberta (a)	открытие
L12	décrocher (v.)	aufgeben (V.)	to drop out (v.)	desconectar (v.)	abandonar (v.)	бросить (гл.)
L29	dédié à (adj.)	vorgesehen für (Adj.)	dedicated to (adj.)	dedicado a (adj.)	dedicado a (adj.)	предназначенный для (прил.)
L7	défendre (v.)	verteidigen (V.)	to defend (v.)	defender (v.)	defender (v.)	защищать (гл.)
L29	démonstrateur (un) / démonstratrice (une)	Vorführer (ein) / Vorführerin (eine)	demonstrator	demostrador (un) / demostradora (una)	demonstrador/a (um/a)	демонстратор / женщина-демонстратор
L29	design (adj.)	Design-	designer (adj.)	de diseño (adj.)	design (adj.)	дизайнерский (прил.)
L23	détente (la)	Entspannung (die)	relaxation	relax (el)	descontracção (a)	расслабление
L3	déterminer (v.)	bestimmen (V.)	to determine (v.)	determinar (v.)	determinar (v.)	определять (гл.)
L36	Deuxième Guerre mondiale (la)	Zweiter Weltkrieg (der)	Second World War	Segunda Guerra Mundial (la)	Segunda Guerra Mundial (a)	Вторая мировая война
L24	deux-pièces (un)	Zweiteiler (ein)	two-piece swimsuit	bikini (un)	biquíni (um)	раздельный купальник
L38	développement (le)	Entwicklung (die)	development	desarrollo (el)	desenvolvimento (o)	развитие
L17	développer une amitié	eine Freundschaft entwickeln	to develop a friendship	desarrollar una amistad	desenvolver uma amizade	укреплять дружбу
L35	diable (le)	Teufel (der)	the devil	diablo (el)	diabo (o)	дьявол
L25	dialogue (un)	Dialog (ein)	dialogue	diálogo (un)	diálogo (um)	диалог
L25	didascalies (les)	Regieanweisungen (die)	stage directions	didascalias (las)	didascálias (as)	дидаскалия
L33	Dieu	Gott	God	Dios	Deus	Бог
L27	diffuser (v.)	übertragen (V.)	to broadcast (v.)	difundir (v.)	difundir (v.)	распространять (гл.)
L2	diplômé (adj.)	diplomiert (Adj.)	graduate, qualified (adj.)	diplomado (adj.)	diplomado (adj.)	дипломированный (прил.)
L4	dirigeant (un)	Führungsperson (eine)	director	directivo (un)	dirigente (um)	руководитель
L26	dispositif (un)	Vorrichtung (eine), Gerät (ein)	mechanism	dispositivo (un)	dispositivo (um)	приспособление
L20	dispute (une)	Streit (ein)	dispute (noun)	disputa (una)	disputa (uma)	диспут
L13	diversité (la)	Vielfalt (die)	diversity	diversidad (la)	diversidade (a)	разнообразие
L16	divorcer (v.)	sich scheiden lassen (V.)	to divorce (v.)	divorciarse (v.)	divorciar-se (v.)	разводиться (гл.)
L27	domotique (la)	Haustechnik (die)	home automation	domótica (la)	domótica (a)	домашняя электроника
L26	données (des)	Daten (die)	data	datos (unos)	dados (os)	данные
L34	donner un sens (à sa vie)	(seinem Leben) einen Sinn geben	to give meaning (to one's life)	dar sentido (a su vida)	dar um sentido (à sua vida)	придавать смысл (своей жизни)
L40	douleur (la)	Schmerz (der)	pain (noun)	dolor (el)	dor (a)	боль
L33	doute (le)	Zweifel (der)	doubt (noun)	duda (la)	dúvida (a)	сомнение
L20	du fond du cœur	aus tiefstem Herzen	from the bottom of one's heart	desde lo más profundo del corazón	do fundo do coração	от всей души

Leçon	Français	Allemand	Anglais	Espagnol	Portugais	Russe
L1	dur (le)	Schwierige (das)	hard	duro (el)	duro (o)	жесткий
L23	eau salée (l')	Salzwasser (das)	salt water	agua salada (el)	água salgada (a)	соленая вода
L40	écolier (un)	Schüler (ein)	school child	colegial (un)	aluno (um)	школьник
L12	écolo (adj.)	umweltbewusst (Adj.)	environmental (adj.)	ecológico (adj.)	ecologista (adj.)	экологический (прил.)
L6	écran (un)	Bildschirm (ein)	screen (noun)	pantalla (una)	ecrã (um)	экран
L7	éditorialiste (un)	Leitartikelschreiber (ein)	editorialist	editorialista (un)	editorialista (um)	автор редакционной статьи
L4	effectifs (les)	Bestände (die), Personal (das)	staff (noun)	plantillas (las)	efectivos (os)	кадры
L34	église (une)	Kirche (eine)	church	iglesia (una)	igreja (uma)	церковь
L19	égoïste (adj.)	egoistisch (Adj.)	selfish (adj.)	egoísta (adj.)	egoísta (adj.)	эгоист (прил.)
L18	élever (v.)	großziehen (V.)	to raise (v.)	criar (v.)	criar (v.)	воспитывать (гл.)
L32	éloigner (v.)	entfernen (V.)	to move something away	alejar (v.)	afastar (v.)	удалять (гл.)
L11	emmener (v.)	mitnehmen (V.)	to take (v.)	llevar (v.)	levar (v.)	уводить (гл.)
L39	emprunter (un mot) (v.)	übernehmen (ein Wort) (V.)	to borrow (a word) (v.)	tomar prestado (una palabra) (v.)	pedir emprestado (uma palavra) (v.)	заимствовать (слово) (гл.)
L39	emprunteur (un)	Entleiher (ein)	borrower	prestamista (un)	devedor (um)	заемщик
L15	en esprit	im Geiste	in spirit	en espíritu	em espírito	в духе
L13	en groupe	in einer Gruppe	in a group	en grupo	em grupo	в группе
L29	en libre-service	Selbstbedienungs-	self service	self-service	em self-service	с самообслуживанием
L23	endorphine (l')	Endorphin (das)	endorphin	endorfina (la)	endorfina (a)	эндорфин
L16	enfants (les)	Kinder (die)	children	niños (los)	crianças (as)	дети
L37	engagé (adj.)	engagiert (Adj.)	committed, taking a stand	comprometido (adj.)	empenhado (adj.)	вовлеченный (прил.)
L19	ennui (l')	Langeweile (die)	ennui, boredom	aburrimiento (el)	aborrecimento (o)	скука
L2	enquête (une)	Erhebung, Umfrage (eine)	survey (noun)	encuesta (una)	inquérito (um)	опрос
L26	enregistrer (v.)	aufzeichnen (V.)	to register (v.)	grabar (v.)	gravar (v.)	записывать (гл.)
L4	enseignement (l')	Unterricht (der), Schulwesen (das)	teaching (noun)	enseñanza (la)	ensino (o)	образование
L29	ensoleillement (l')	Sonneneinstrahlung (die)	sunlight	insolación (la)	exposição ao sol (a)	солнечное освещение
L18	entraide (l')	gegenseitige Hilfe (die)	mutual aid	ayuda mutua (la)	entreajuda (a)	взаимопомощь
L11	entre (prép.)	zwischen (Präp.)	between (prep.)	entre (prep.)	entre (prep.)	между (предл.)
L23	entretenir son corps	seinen Körper fit halten	to look after one's body	cuidar su cuerpo	cuidar do seu corpo	ухаживать за своим телом
L11	entretenir une culture	eine Kultur aufrechterhalten	to maintain a culture	cuidar una cultura	manter uma cultura	поддерживать культуру
L35	envahir (v.)	ergreifen (V.)	to possess (of an emotion) (v.)	invadir (v.)	invadir (v.)	охватывать (гл.)
L21	envie (l')	Lust (die)	desire (noun)	necesidad (la)	vontade (a)	желание
L9	éprouver (v.)	empfinden (V.)	to feel (v.)	sentir (v.)	experimentar (v.)	испытывать (гл.)
L11	est (l')	Osten (der)	east	este (el)	este (o)	восток
L8	esthétique (l')	Ästhetik (die)	aesthetics	estética (la)	estética (a)	эстетика
L7	éthique (l')	Ethik (die)	ethics	ética (la)	ética (a)	этика
L13	éthique (adj.)	ethisch (Adj.)	ethical (adj.)	ético (adj.)	ético (adj.)	этический (прил.)
L31	être (très) bon pour	(sehr) gut für etwas sein	to be (very) good for	ser (muy) bueno para	ser (muito) bom para	быть (очень) хорошим в
L18	être à l'aise	sich wohl fühlen	to be at ease	estar cómodo(a)	estar à vontade	чувствовать себя комфортно
L8	être accro à	süchtig sein nach	to be addicted to	estar enganchado a	estar viciado em	быть увлеченным
L31	être banni	verbannt, verboten sein	to be exiled, banished	estar desterrado	ser banido	быть изгнанным
L22	être conditionné(e) en bouteilles	in Flaschen abgefüllt sein	to be packaged in bottles	estar envasado(a) en botellas	ser acondicionado(a) em garrafas	быть разлитым(-ой) в бутылки
L4	être dans le rouge	in den roten Zahlen stecken	to be in the red	estar en números rojos	estar no vermelho	быть в затруднительном положении
L20	être dans tes bras	in deinen Armen sein	to be in your arms	estar en tus brazos	estar nos teus braços	быть в твоих руках

Lexique

Leçon	Français	Allemand	Anglais	Espagnol	Portugais	Russe
L12	être en forme	in Form sein	to be on form	estar en forma	estar em forma	быть в форме
L11	être en pleine mutation	im Wandel sein	to be undergoing a transformation	estar en pleno cambio	estar em plena mutação	бурно развиваться
L10	être gêné	verlegen sein	to be embarrassed, uncomfortable	estar molesto	estar constrangido	быть в затруднении
L39	être issu de	aus etwas stammen	to come from	descender de	ser proveniente de	происходить из
L9	être naturalisé	eingebürgert werden	to be naturalised	estar naturalizado	ser naturalizado	быть принятым в гражданство
L2	être qualifié	qualifiziert sein	to be qualified	estar cualificado	ser qualificado	быть квалифицированным
L31	être signe de	Anzeichen für etwas sein	to be a sign of	ser señal de	ser sinal de	быть знаком
L18	être soutenu	gestützt werden	to be supported (backed up)	estar apoyado	ser apoiado	иметь поддержку
L38	étude (l')	Lernen, Studium (das)	study (learning)	estudio (el)	estudo (o)	изучение
L2	étude (une)	Studie (eine)	study (noun)	estudio (un)	estudo (um)	исследование
L13	évasion (l')	Flucht (die)	evasion	evasión (la)	evasão (a)	бегство
L11	évoquer (v.)	erwähnen (V.)	to evoke (v.)	evocar (v.)	evocar (v.)	упоминать (гл.)
L25	examiner (v.)	untersuchen (V.)	to examine (v.)	examinar (v.)	examinar (v.)	осматривать (гл.)
L37	expatrié (adj.)	ausgewandert (Adj.)	expatriate (adj.)	expatriado (adj.)	expatriado (adj.)	экспатриированный (прил.)
L23	exposition (au soleil) (une)	Aussetzen (der Sonne) (ein)	exposure (to the sun)	exposición (al sol) (una)	exposição (ao sol) (uma)	выдержка (на солнце)
L8	exposition (une)	Ausstellung (eine)	exhibition	exposición (una)	exposição (uma)	выставка
L26	extérieur (l')	Außenwelt (die), Draußen (das)	exterior	exterior (el)	exterior (o)	снаружи
L1	facile (le)	Leichte (das)	easy	fácil (lo)	fácil (o)	простота
L21	faire gaffe à (familier)	aufpassen auf (umgangssprachlich)	to watch out for	tener cuidado con (familiar)	estar atento a (familiar)	остерегаться (просторечное)
L23	faire la sieste	einen Mittagsschlaf machen	to have a siesta	echar la siesta	fazer a sesta	отдыхать после обеда
L15	faire le tour de la Terre	die Erde umrunden, eine Weltreise machen	to go round the world	dar la vuelta a la Tierra	dar a volta ao mundo	объехать Землю
L2	fait (un)	Tatsache (eine)	fact	hecho (un)	facto (um)	факт
L17	famille biologique (la)	leibliche Familie (die)	biological family	familia biológica (la)	família biológica (a)	биологическая семья
L18	famille monoparentale (une)	Einelternfamilie (eine)	single-parent family	familia monoparental (una)	família monoparental (uma)	неполная семья
L17	famille réelle (la)	echte Familie (die)	real family	familia real (la)	família real (a)	действительная семья
L35	fantôme (un)	Phantom (ein)	ghost	fantasía (una)	fantasma (um)	призрак
L2	fatigant (adj.)	anstrengend (Adj.)	tiring (adj.)	cansino (adj.)	cansativo (adj.)	утомительный (прил.)
L2	favoriser (v.)	begünstigen (V.)	to favour (v.)	favorecer (v.)	favorecer (v.)	предпочитать (гл.)
L35	fée (une)	Fee (eine)	fairy	hada (un)	fada (uma)	фея
L31	fer à cheval (un)	Hufeisen (ein)	horseshoe	herradura de caballo (una)	ferradura (uma)	подкова
L36	fête nationale (la)	Nationalfeiertag (der)	national holiday	fiesta nacional (la)	feriado nacional (o)	государственный праздник
L36	fêter (v.)	feiern (V.)	to celebrate (v.)	celebrar (v.)	festejar (v.)	праздновать (гл.)
L36	fin de la guerre (la)	Kriegsende (das)	end of the war	fin de la guerra (el)	fim da guerra (o)	окончание войны
L4	finances (les)	Finanzen (die)	finances	finanzas (las)	finanças (as)	финансы
L29	flagship (un)	Flagship (ein)	flagship	buque insignia (un)	flagship (uma)	флагман
L22	foie (le)	Leber (die)	liver	hígado (el)	fígado (o)	печень
L4	formation (la)	Ausbildung, Bildung (die)	training (noun)	formación (la)	formação (a)	образование
L3	forme (la)	Form (die)	form (noun)	forma (la)	forma (a)	форма
L26	fourchette (une)	Gabel (eine)	fork	tenedor (un)	garfo (um)	вилка
L37	francophile (adj.)	frankophil (Adj.)	Francophile (adj.)	francófilo (adj.)	francófilo (adj.)	франкофильский (прил.)
L37	francophone (un)	frankophon (ein)	French speaker	francófono (un)	francófono (um)	франкофон
L37	francophonie (la)	Frankophonie (die)	the French speaking world	francofonía (la)	francofonia (a)	франкофония
L39	franglais (le)	Franglais (das)	franglais	franglés (el)	franglês (o)	смесь французского с английским

ê (être en forme) → **j** (je suis fou de joie)

Leçon	Français	Allemand	Anglais	Espagnol	Portugais	Russe
L2	gagner (v.)	verdienen (V.)	to earn (v.)	ganar (v.)	ganhar (v.)	зарабатывать (гл.)
L32	gant (un)	Handschuh (ein)	glove (noun)	guante (un)	luva (uma)	перчатка
L26	garage (le)	Garage, Werkstatt (die)	garage (noun)	taller (el)	garagem (a)	гараж
L17	garde alternée / en alternance (la)	gemeinsames Sorgerecht (das)	alternating custody	custodia compartida (la)	guarda alternada (a)	поочередная опека
L40	garder dans son cœur	in seinem Herzen aufbewahren	to keep in one's heart	llevar en su corazón	guardar no seu coração	хранить в сердце
L25	genoux (les)	Knie (die)	knees	rodillas (las)	joelhos (os)	колени
L37	glamour (le)	Glamour (der, das)	glamour	glamour (el)	glamour (o)	гламур
L17	grandir (v.)	groß / erwachsen werden (V.)	to grow up (v.)	crecer (v.)	crescer (v.)	расти (гл.)
L37	grève (la)	Streik (der)	strike (noun)	huelga (la)	greve (a)	забастовка
L21	gros (adj.)	dick (Adj.)	large (adj.)	grande (adj.)	grande (adj.)	большой (прил.)
L22	hanche (une)	Hüfte (eine)	hip (noun)	cadera (una)	anca (uma)	бедро
L4	hausse (une)	Anstieg (ein)	rise (noun)	alza (un)	subida (uma)	повышение
L20	histoires passionnées (des)	faszinierende Geschichten (die)	exciting stories	historias apasionadas (unas)	histórias de amor (as)	увлекательные истории
L15	honnête (adj.)	ehrlich (Adj.)	honest (adj.)	honesto (adj.)	honesto (adj.)	честный (прил.)
L33	honneur (l')	Ehre (die)	honour (noun)	honor (el)	honra (a)	честь
L36	honorer (v.)	ehren (V.)	to honour (v.)	honrar (v.)	honrar (v.)	чествовать (гл.)
L18	honte (la)	Scham (die)	shame (noun)	vergüenza (la)	vergonha (a)	стыд
L40	horizon (l')	Horizont (der)	horizon	horizonte (el)	horizonte (o)	горизонт
L27	humanoïdes (des)	menschenähnliche Wesen (die)	humanoids	humanoides (unos)	humanóides (os)	гуманоиды
L29	humidité (l')	Feuchtigkeit (die)	humidity	humedad (la)	humidade (a)	влажность
L33	icône (une)	Ikone (eine)	icon	icono (un)	ícone (um)	икона
L33	idéalisation (l')	Idealisierung (die)	idealisation	idealización (la)	idealização (a)	идеализация
L33	identification (l')	Identifizierung (die)	identification	identificación (la)	identificação (a)	идентификация
L33	idole (une)	Idol (ein)	idol	ídolo (un)	ídolo (um)	идол
L38	illusion (l')	Illusion (die)	illusion	ilusión (la)	ilusão (a)	иллюзия
L37	image (l')	Bild (das)	image	imagen (la)	imagem (a)	изображение
L15	imaginaire (l')	Imaginäres (das)	imaginary things	imaginario (lo)	imaginário (o)	воображаемое
L2	imagination (l')	Vorstellungskraft (die)	imagination	imaginación (la)	imaginação (a)	воображение
L9	impact (l')	Einfluss (der)	impact, effect	impacto (el)	impacto (o)	воздействие
L35	inaltérable (adj.)	unveränderlich (Adj.)	unchangeable (adj.)	inalterable (adj.)	inalterável (adj.)	неизменный (прил.)
L13	inconnaissable (adj.)	unergründlich (Adj.)	unknowable (adj.)	irreconocible (adj.)	irreconhecível (adj.)	непознаваемый (прил.)
L2	individuel (adj.)	individuell (Adj.)	individual (adj.)	individual (adj.)	individual (adj.)	индивидуальный (прил.)
L35	inégalité (l')	Ungleichheit (die)	inequality	desigualdad (la)	desigualdade (a)	неравенство
L3	influence (une)	Einfluss (ein)	influence (noun)	influencia (una)	influência (uma)	влияние
L29	influencer (v.)	beeinflussen (V.)	to influence (v.)	influir (v.)	influenciar (v.)	влиять (гл.)
L29	innovant (adj.)	innovativ (Adj.)	innovative (adj.)	innovador (adj.)	inovador (adj.)	инновационный (прил.)
L29	innovations (des)	Innovationen (die)	innovations	innovaciones (unas)	inovações (as)	инновации
L35	innover (v.)	Neuerungen einführen (V.)	to innovate (v.)	innovar (v.)	inovar (v.)	вводить новшества (гл.)
L40	inquiétude (l')	Beunruhigung (die)	worry (noun)	inquietud (la)	inquietude (a)	беспокойство
L10	insouciance (l')	Sorglosigkeit (die)	carefree attitude	despreocupación (la)	indiferença (a)	беспечность
L30	instruments à vent (des)	Blasinstrumente (die)	wind instrument	instrumentos de viento (unos)	instrumentos de sopro (os)	духовые инструменты
L2	intéressant (adj.)	interessant (Adj.)	interesting (adj.)	interesante (adj.)	interessante (adj.)	интересный (прил.)
L38	intérêt (l')	Interesse (das)	interest	interés (el)	interesse (o)	интерес
L34	intuition (l')	Intuition (die)	intuition	intuición (la)	intuição (a)	интуиция
L2	investissement (un)	Investition (eine)	investment	inversión (una)	investimento (um)	инвестиция
L35	invisible (l')	das Unsichtbare	invisible	invisible (lo)	invisível (o)	невидимое
L11	j'en rêve	ich träume davon	I dream of it	sueño con ello	eu sonho com isso	я мечтаю об этом
L11	je suis fou de joie	ich bin außer mir vor Freude	I'm mad with joy	estoy loco de alegría	estou radiante	я вне себя от радости

Lexique

Leçon	Français	Allemand	Anglais	Espagnol	Portugais	Russe
L36	je suis pas trop (histoire)	ich bin nicht so gut in (Geschichte)	I'm not that (I don't know that much about) (history)	no sé mucho de (historia)	sei pouco (história)	я не силен (в истории)
L37	je-ne-sais-quoi (un)	ein gewisses Etwas	a certain "je ne sais quoi"	no sé qué (un)	não-sei-quê (um)	не знаю что
L32	jeter (v.)	werfen (V.)	to throw (v.)	tirar (v.)	deitar fora (v.)	бросать (гл.)
L20	joie (la)	Freude (die)	joy	alegría (la)	alegria (a)	радость
L34	juif (un)	Jude (ein)	Jew	judío (un)	judeu (um)	еврей
L26	l'entrée (l')	Eingang(sbereich) (der)	hall	entrada (la)	entrada (a)	вход
L3	langage (le)	Sprache (die)	language	lenguaje (el)	linguagem (a)	язык
L37	langue de Molière (la)	Sprache Molières (die)	the language of Molière (i.e. French)	lengua de Molière (la)	língua de Molière (a)	язык Мольера
L31	lapin (un)	Kaninchen (ein)	rabbit	conejo (un)	coelho (um)	кролик
L10	lecture en musique (une)	Lesung mit Musik (eine)	reading music	lectura en música (una)	leitura de música (uma)	чтение нот
L7	liberté d'expression (la)	Meinungsfreiheit (die)	freedom of expression	libertad de expresión (la)	liberdade de expressão (a)	свобода выражения
L37	liberté de parole (la)	Redefreiheit (die)	freedom of speech	libertad de palabra (la)	liberdade de expressão (a)	свобода слова
L24	lingerie (la)	Lingerie (die)	lingerie	lencería (la)	lingerie (a)	белье
L39	linguiste (un)	Linguist (ein)	linguist	lingüista (un)	linguista (um)	лингвист
L28	localisateur GPS (le)	GPS-Ortungsgerät (das)	GPS locator	localizador GPS (el)	localizador por GPS (o)	датчик GPS
L28	localiser (v.)	orten (V.)	to locate (v.)	localizar (v.)	localizar (v.)	локализовать (гл.)
L4	logistique (la)	Logistik (die)	logistics	logística (la)	logística (a)	логистика
L40	lointains voyages (des)	Fernreisen (die)	distant journeys	lejanos viajes (unos)	viagens para lugares distantes (as)	дальние поездки
L35	loup-garou (un)	Werwolf (ein)	werewolf	hombre-lobo (un)	lobisomem (um)	нелюдим
L29	ludique (adj.)	Spiel-	playful (adj.)	entretenido (adj.)	lúdico (adj.)	игровой (прил.)
L6	lumières (les)	Lichter (die)	lights	luces (las)	luzes (as)	огни
L37	luxe (le)	Luxus (der)	luxury	lujo (el)	luxo (o)	роскошь
L24	maillot de bain (un)	Badeanzug (ein)	swimming costume	traje de baño (un)	fato de banho (um)	купальник
L32	maladresse (une)	Ungeschicklichkeit (eine)	clumsiness	torpeza (una)	falta de jeito (uma)	неловкость
L16	maman (une)	Mama (eine)	mum	mamá (una)	mamã (uma)	мама
L30	manipuler (v.)	manipulieren (V.)	to manipulate (v.)	manipular (v.)	manipular (v.)	манипулировать (гл.)
L33	manque (le)	Mangel (der)	lack (noun)	carencia (la)	falta (a)	недостаток
L22	marché (le)	Markt (der)	market (noun)	mercado (el)	mercado (o)	рынок
L4	marché du travail (le)	Arbeitsmarkt (der)	labour market	mercado laboral (el)	mercado laboral (o)	рынок труда
L37	masquer (v.)	verdecken (V.)	to mask (v.)	ocultar (v.)	ocultar (v.)	скрывать (гл.)
L15	mécontent (adj.)	unzufrieden (Adj.)	unhappy (adj.)	descontento (adj.)	descontente (adj.)	недовольный (прил.)
L33	médaille (une)	Medaille (eine)	medal	medalla (una)	medalha (uma)	медаль
L14	méditation (la)	Meditation (die)	meditation	meditación (la)	meditação (a)	медитация
L40	mémoire (la)	Gedächtnis (das)	memory	memoria (la)	memória (a)	память
L35	menace (une)	Bedrohung (eine)	threat	amenaza (una)	ameaça (uma)	угроза
L16	mère (une)	Mutter (eine)	mother	madre (una)	mãe (uma)	мать
L4	métier (un)	Beruf (ein)	profession	profesión (una)	profissão (uma)	профессия
L4	métiers administratifs (les)	Verwaltungsberufe (die)	administrative jobs	profesiones administrativas (las)	trabalhos administrativos (os)	административные специальности
L1	mettre en place (loc. v.)	einrichten (V.)	to put in place	poner en marcha	implementar (v.)	устанавливать (гл.)
L6	micro (un)	Mikrofon (ein)	micro, microphone	micro (un)	microfone (um)	микрофон
L22	minceur (la)	Schlankheit (die)	thinness	delgadez (la)	magreza (a)	тонкость
L21	minéraux (les)	Mineralien (die)	minerals	minerales (los)	minerais (os)	минералы
L14	mobile-home (un)	Mobilheim (ein)	mobile home	mobil-home (una)	casa móvel (uma)	дом на колесах
L37	modèle (un)	Modell (ein)	model (noun)	modelo (un)	modelo (um)	модель
L28	modifier (v.)	ändern (V.)	to modify (v.)	modificar (v.)	modificar (v.)	изменять (гл.)
L27	moment de paix (un)	ruhiger Augenblick (ein)	a quiet moment	momento de paz (un)	momento de paz (um)	момент мира
L28	montre (la)	Uhr (die)	watch, wristwatch	reloj (el)	relógio (o)	часы

Leçon	Français	Allemand	Anglais	Espagnol	Portugais	Russe
L2	montrer que	zeigen, dass	to show that	demostrar que	mostrar que	показывать, что
L9	mort (la)	Tod (der)	death	muerte (la)	morte (a)	смерть
L34	mosquée (une)	Moschee (eine)	mosque	mezquita (una)	mesquita (uma)	мечеть
L3	mot (un)	Wort (ein)	word (noun)	palabra (una)	palavra (uma)	слово
L36	munitions (des)	Munition (die)	arms, munitions	municiones (unas)	munições (as)	припасы
L34	musulman (un)	Moslem (ein)	Muslim	musulmán (un)	muçulmano (um)	мусульманин
L15	mystérieux (adj.)	geheimnisvoll (Adj.)	mysterious (adj.)	misterioso (adj.)	misterioso (adj.)	таинственный (прил.)
L23	nager (v.)	schwimmen (V.)	to swim (v.)	nadar (v.)	nadar (v.)	плавать (гл.)
L9	naissance (la)	Geburt (die)	birth (noun)	nacimiento (el)	nascimento (o)	рождение
L9	naturalisation (la)	Einbürgerung (die)	naturalisation	naturalización (la)	naturalização (a)	натурализация
L12	ne pas sentir (qqch / qqn)	(etwas / jemanden) nicht ausstehen können	not to be able to stand something / somebody	no soportar (algo / a alguien)	não poder com (algo / alguém)	не выносить (что-либо / кого-либо)
L18	néo-solidarité (la)	Neosolidarität (die)	neo-solidarity	neosolidaridad (la)	neo-solidariedade (a)	нео-солидарность
L30	neurones (les)	Neuronen (die)	neurons	neuronas (las)	neurónios (os)	нейроны
L3	niveau (un)	Niveau (ein)	level (noun)	nivel (un)	nível (um)	уровень
L11	nord (le)	Norden (der)	north	norte (el)	norte (o)	север
L11	nord-est (le)	Nordosten (der)	north-east	noreste (el)	nordeste (o)	северо-восток
L11	nord-ouest (le)	Nordwesten (der)	north-west	noroeste (el)	noroeste (o)	северо-запад
L18	normalité (la)	Normalität (die)	normality	normalidad (la)	normalidade (a)	нормальность
L29	notification (une)	Mitteilung (eine)	notification	notificación (una)	notificação (uma)	уведомление
L26	numérique (adj.)	digital (Adj.)	digital (adj.)	digital (adj.)	digital (adj.)	цифровой (прил.)
L33	objet culte (un)	Kultobjekt (ein)	cult object	objeto de culto (un)	objecto de culto (um)	предмет культа
L26	objets connectés (des)	vernetzte Objekte (die)	connected objects	objetos conectados (unos)	objectos conectados (os)	связанные объекты
L28	objets du quotidien (les)	Alltagsgegenstände (die)	everyday objects	objetos cotidianos (los)	objectos do dia-a-dia (os)	повседневные объекты
L28	objets improbables (les)	unwahrscheinliche Objekte (die)	unlikely objects	objetos inverosímiles (los)	objectos improváveis (os)	невероятные объекты
L28	objets nouveaux (les)	neue Objekte (die)	new objects	objetos nuevos (los)	objectos novos (os)	новые объекты
L28	objets réinventés (les)	wieder neu erfundene Objekte (die)	re-invented objects	objetos reinventados (los)	objectos reinventados (os)	вновь открытые объекты
L2	obtenir un travail	eine Arbeit erhalten	to get a job	conseguir un trabajo	obter um trabalho	получать работу
L37	odeur (une)	Geruch (ein)	smell (noun)	olor (un)	odor (um)	запах
L8	œuvre (une)	Werk (ein)	work (noun)	obra (una)	obra (uma)	произведение
L26	ondes (les)	Wellen (die)	waves	ondas (las)	ondas (as)	волны
L4	opportunités (les)	Gelegenheiten (die)	opportunities	oportunidades (las)	oportunidades (as)	возможности
L25	organes (les)	Organe (die)	organs	órganos (los)	órgãos (os)	органы
L3	orthographe (l')	Rechtschreibung (die)	spelling	ortografía (la)	ortografia (a)	орфография
L3	orthographique (adj.)	orthographisch (Adj.)	orthographical (adj.)	ortográfico (adj.)	ortográfico (adj.)	орфографический (прил.)
L11	ouest (l')	Westen (der)	west	oeste (el)	oeste (o)	запад
L38	palmarès (le)	Erfolgsliste, Auszeichnungen (die)	honours	palmarés (el)	palmarés (o)	список награжденных
L16	papa (un)	Papa (ein)	dad	papá (un)	papá (um)	папа
L8	paparazzi (un)	Paparazzi (ein)	paparazzi	paparazzi (un)	paparazzi (um)	папарацци
L29	paramétrer (v.)	einstellen (V.)	to configure (v.)	configurar (v.)	configurar (v.)	задавать параметры (гл.)
L31	paraskevidékatriaphobe (un)	Paraskavedekatriaphober (ein) (jemand, der Angst vor Freitag, dem 13. hat)	phobia of Friday the thirteenth	friggaatriscaidecafóbico (un)	parascavedecatriafóbico (um)	боязнь пятницы 13-го
L15	parcourir (v.)	zurücklegen (V.)	to cover (a distance) (v.)	examinar (v.)	percorrer (v.)	проходить (гл.)
L23	parcourir (une distance) (v.)	(eine Distanz) zurücklegen (V.)	to cover (a distance) (v.)	recorrer (una distancia) (v.)	percorrer (uma distância) (v.)	проходить (дистанцию) (гл.)
L18	parent solo (un)	Alleinerziehender (ein)	single parent	padre soltero (un) / madre soltera (una)	pai/mãe a solo (um/a)	родитель-одиночка
L37	paresse (la)	Faulheit (die)	laziness	pereza (la)	preguiça (a)	лень

185

Lexique

Leçon	Français	Allemand	Anglais	Espagnol	Portugais	Russe
L37	paresseux (des)	Faulenzer (die)	lazy	perezosos (unos)	preguiçosos (os)	лентяи
L15	pari (un)	Wette (eine)	bet (noun)	apuesta (una)	aposta (uma)	пари
L15	parier (v.)	wetten (V.)	to bet (v.)	apostar (v.)	apostar (v.)	держать пари (гл.)
L2	parler d'un fait	über ein Ereignis sprechen	to talk about a fact	hablar de un hecho	falar de um facto	говорить о факте
L40	paroles (les)	Worte (die)	words	palabras (las)	falas (as)	слова
L4	particuliers (les)	Privatpersonen (die)	particulars	particulares (los)	particulares (os)	частные лица
L12	partir à l'aventure	ins Blaue fahren	to go off on an adventure	lanzarse a la aventura	partir à aventura	отправиться куда глаза глядят
L23	pas (des)	Schritte (die)	steps	pasos (unos)	passos (os)	шаг
L8	passionnant (adj.)	faszinierend (Adj.)	exciting (adj.)	apasionante (adj.)	apaixonante (adj.)	увлекательный (прил.)
L11	pasteurs (des)	Hirten (die)	shepherd	pastores (unos)	pastores (os)	пасторы
L11	pays (le)	Land (das)	country	país (el)	país (o)	страна
L9	pays natal (le)	Geburtsland (das)	country of birth	país natal (el)	país natal (o)	родная страна
L40	paysage (un)	Landschaft (eine)	countryside	paisaje (un)	paisagem (uma)	пейзаж
L25	peau (la)	Haut (die)	skin	piel (la)	pele (a)	кожа
L30	percevoir (v.)	wahrnehmen (V.)	to perceive (v.)	percibir (v.)	perceber (v.)	чувствовать (гл.)
L16	père (un)	Vater (ein)	father	padre (un)	pai (um)	отец
L2	période de crise (une)	Zeit der Krise (eine)	period of crisis	período de crisis (un)	período de crise (um)	период кризиса
L1	permettre de (v.)	ermöglichen (V.)	to allow (v.)	permitir (v.)	permitir (v.)	позволять (гл.)
L2	personnel (le)	Personal (das)	staff (employees)	personal (el)	pessoal (o)	персонал
L4	perspective d'emploi (une)	berufliche Perspektive (eine)	job prospects	perspectiva de empleo (una)	perspectiva de emprego (uma)	перспектива найма
L22	perte de poids (la)	Gewichtsverlust (der)	weight loss	pérdida de peso (la)	perda de peso (a)	потеря веса
L28	pèse-personne (le)	Personenwaage (die)	scales (to weigh people)	báscula (la)	balança (a)	напольные весы
L20	petit papa (mon)	Papi (mein)	dear Daddy (my)	papaíto (mi)	paizinho (o meu)	папочка
L20	petite maman (ma)	Mami (meine)	dear Mummy (my)	mamaíta (mi)	mãezinha (a minha)	мамочка
L11	peuple (un)	Volk (ein)	people (noun)	pueblo (un)	povo (um)	народ
L36	peuple français (le)	französisches Volk (das)	the French	pueblo francés (el)	povo francês (o)	французский народ
L22	pharmaceutique (adj.)	pharmazeutisch (Adj.)	pharmaceutical (adj.)	farmacéutico (adj.)	farmacêutico (adj.)	фармацевтический (прил.)
L8	phénomène (un)	Phänomen (ein)	phenomenon	fenómeno (un)	fenómeno (um)	явление
L9	photographie en noir et blanc / en couleurs (une)	Schwarz-Weiß-Foto / Farbbild (ein)	black and white / colour photograph	fotografía en blanco y negro / en color (una)	fotografia a preto e branco / a cores (uma)	фотография черно-белая / цветная
L26	pièces de la maison (les)	Zimmer des Hauses (die)	rooms in the house	habitaciones de la casa (las)	divisões da casa (as)	комнаты дома
L27	piloter (v.)	führen (V.)	to guide, to manage (v.)	gobernar (v.)	conduzir (v.)	управлять (гл.)
L14	plage du débarquement (une)	Landungsstrand (ein)	landing beach	playa del desembarco (una)	praia do desembarque (uma)	пляж для высадки
L6	plan d'ensemble (un)	Gesamtplan (ein)	overall plan	plan de conjunto (un)	plano geral (um)	общий план
L8	plébiscité (adj.)	bewährt (Adj.)	supported by a large majority	recomendado (adj.)	plebiscitado (adj.)	избранный большинством (прил.)
L8	pluridisciplinaire (adj.)	pluridisziplinär (Adj.)	multidisciplinary (adj.)	pluridisciplinar (adj.)	pluridisciplinar (adj.)	междисциплинарный (прил.)
L31	porte-bonheur (un)	Glücksbringer (ein)	lucky charm	amuleto (un)	amuleto (um)	амулет
L31	porte-malheur (un)	Unglücksbote (ein)	unlucky charm	gafe (un)	enguiço (um)	предмет, приносящий несчастье
L37	portrait (le)	Porträt (das)	portrait	retrato (el)	retrato (o)	портрет
L29	pot (un)	Blumentopf (ein)	pot (noun)	florero (un)	vaso (um)	горшок
L25	pouls (le)	Puls (der)	pulse (noun)	pulso (el)	pulso (o)	пульс
L40	prairie (une)	Wiese (eine)	meadow	pradera (una)	pradaria (uma)	луг
L19	prendre (qqch) au sérieux	(etwas) ernst nehmen	to take something seriously	tomarse (algo) en serio	levar (algo) a sério	относиться (к чему-либо) серьезно
L16	prendre des décisions	Entscheidungen treffen	to make decisions	tomar decisiones	tomar decisões	принимать решения
L29	prendre en main	in die Hand nehmen	to take in hand	tomar las riendas	assumir o controlo	брать в руки
L6	presse (la)	Presse (die)	press (noun)	prensa (la)	imprensa (a)	пресса

Leçon	Français	Allemand	Anglais	Espagnol	Portugais	Russe
L25	pression artérielle (la)	Blutdruck (der)	blood pressure	presión arterial (la)	pressão arterial (a)	артериальное давление
L13	prestataires (les)	(Dienstleistungs-) Anbieter (die)	(service) providers	prestatarios (los)	fornecedores de serviços (os)	поставщики
L39	prêter (v.)	leihen (V.)	to lend (v.)	prestar (v.)	emprestar (v.)	давать в долг (гл.)
L34	prier (v.)	beten (V.)	to pray (v.)	rezar (v.)	rezar (v.)	просить (гл.)
L34	prière (la)	Gebet (das)	prayer	oración (la)	oração (a)	просьба
L36	prise de la Bastille (la)	Sturm auf die Bastille (der)	storming of the Bastille	toma de la Bastilla (la)	tomada da Bastilha (a)	взятие Бастилии
L36	prison (une)	Gefängnis (ein)	prison	cárcel (una)	prisão (uma)	тюрьма
L37	produits cosmétiques (les)	Kosmetikprodukte (die)	cosmetic products	productos cosméticos (los)	produtos de cosmética (os)	косметические средства
L4	profession (la)	Beruf (der)	profession	profesión (la)	profissão (a)	профессия
L29	profil d'utilisateur (un)	Nutzerprofil (ein)	user profile	perfil de usuario (un)	perfil de utilizador (um)	профиль пользователя
L27	programmer (v.)	programmieren (V.)	to program (v.)	programar (v.)	programar (v.)	программировать (гл.)
L27	progrès (le)	Fortschritt (der)	progress (noun)	progreso (el)	progresso (o)	прогресс
L4	progresser (v.)	vorankommen (V.)	to progress (v.)	progresar (v.)	progredir (v.)	прогрессировать (гл.)
L13	projet d'aide au développement (le)	Entwicklungshilfeprojekt (das)	development aid project	proyecto de ayuda al desarrollo (el)	projecto de ajuda ao desenvolvimento (o)	проект помощи развитию
L36	promouvoir (v.)	fördern (V.)	to promote, to encourage (v.)	promover (v.)	promover (v.)	продвигать (гл.)
L37	propre (adj.)	sauber (Adj.)	clean (adj.)	limpio (adj.)	limpo (adj.)	собственный (прил.)
L37	propreté (la)	Sauberkeit (die)	cleanliness	limpieza (la)	limpeza (a)	собственность
L22	propriété médicale (une)	medizinische Eigenschaft (eine)	medical property	limpieza médica (una)	propriedade médica (uma)	лечебное свойство
L34	protestant (un)	Protestant (ein)	Protestant	protestante (un)	protestante (um)	протестант
L18	proximité (la)	Nähe (die)	proximity	proximidad (la)	proximidade (a)	близость
L6	public (le)	Öffentlichkeit (die)	public (noun)	público (el)	público (o)	публика
L35	puissance (une)	Macht (eine)	power (noun)	poder (un)	potência (uma)	мощность
L38	qualité (la)	Qualität (die)	quality	calidad (la)	qualidade (a)	качество
L19	quitter (qqn) (v.)	(jemanden) verlassen (V.)	to leave (somebody) (v.)	dejar (a alguien) (v.)	abandonar (alguém) (v.)	покидать (кого-либо) (гл.)
L23	rajeunir (v.)	verjüngen (V.)	to rejuvenate (v.)	rejuvenecer (v.)	rejuvenescer (v.)	омолаживать (гл.)
L32	ramasser (v.)	aufsammeln (V.)	to pick up (v.)	recoger (v.)	reunir (v.)	собирать (гл.)
L25	ramener (les genoux) (v.)	anziehen (die Knie) (V.)	to bring back (knees) (v.)	doblar (las rodillas) (v.)	subir (os joelhos) (v.)	поднимать (колени) (гл.)
L21	ramollo (adj.)	lahm, vertrottelt (Adj.)	soft, misshapen (adj.)	flojo (adj.)	mole (adj.)	мягкий (прил.)
L38	rang (le)	Reihe (die)	row (noun)	fila (la)	fila (a)	ряд
L21	raplapla (adj.)	schlapp (Adj.)	pooped (exhausted) (adj.)	agotado (adj.)	murcho (adj.)	опустошенный (прил.)
L2	rapporter (v.)	berichten (V.)	to report (v.)	contar (v.)	repetir (v.)	передавать (гл.)
L16	rapports (des)	Beziehungen (die), Verhältnis (das)	relations	relaciones (unas)	relações (as)	отношения
L26	raquette de tennis (une)	Tennisschläger (ein)	tennis racket	raqueta de tenis (una)	raquete de ténis (uma)	теннисная ракетка
L23	rayons ultraviolets (UV) (les)	UV-Strahlen (die)	ultraviolet rays	rayos ultravioleta (UV) (los)	raios ultravioleta (UV) (os)	ультрафиолетовые лучи (УФ)
L9	recevoir un prix	einen Preis erhalten	to receive a prize	recibir un premio	receber um prémio	получать премию
L20	réconciliation (une)	Versöhnung (eine)	reconciliation	reconciliación (una)	reconciliação (uma)	примирение
L10	recueillir (v.)	(auf)sammeln (V.)	to collect (v.)	recoger (v.)	recolher (v.)	собирать (гл.)
L7	rédacteur en chef (un)	Chefredakteur (ein)	editor in chief	jefe de redacción (un)	chefe de redacção (um)	главный редактор
L17	refaire sa vie	ein neues Leben anfangen	to change one's life	rehacer su vida	refazer a sua vida	начать новую жизнь
L31	référence religieuse (une)	religiöser Bezug (ein), religiöse Überzeugung (eine)	religious reference	referencia religiosa (una)	referência religiosa (uma)	религиозная основа
L1	réfléchir (v.)	nachdenken (V.)	to reflect (v.)	reflexionar (v.)	reflectir (v.)	размышлять
L26	réfrigérateur (un)	Kühlschrank (ein)	refrigerator	frigorífico (un)	frigorífico (um)	рефрижератор
L11	région (une)	Region (eine)	region	región (una)	região (uma)	регион
L3	règle (une)	Regel (eine)	rule (noun)	regla (una)	norma (uma)	правило

Lexique

Leçon	Français	Allemand	Anglais	Espagnol	Portugais	Russe
L1	règle numéro 1 / 2 / … (la)	Regel Nummer 1 / 2 / … (die)	rule number 1 / 2 / etc.	regla número 1 / 2 / … (la)	regra número 1 / 2 / … (a)	правило номер 1 / 2 / …
L34	regret (un)	Bedauern (ein)	regret (noun)	arrepentimiento (un)	pesar (um)	сожаление
L22	rein (un)	Niere (eine)	kidney	riñón (un)	rim (um)	почка
L2	rémunérer (v.)	bezahlen, entlohnen (V.)	to remunerate (v.)	retribuir (v.)	remunerar (v.)	оплачивать (гл.)
L13	rencontre (la)	Begegnung (die)	meeting	encuentro (el)	encontro (o)	встреча
L39	rendre (v.)	zurückgeben (V.)	to give back (v.)	devolver (v.)	devolver (v.)	возвращать (гл.)
L32	renverser (v.)	umstoßen, stürzen (V.)	to tip over (v.)	derramar (v.)	virar ao contrário (v.)	опрокидывать (гл.)
L7	reporter (un)	Reporter (ein)	reporter	reportero (un)	repórter (um)	репортер
L37	représenter (v.)	darstellen (V.)	to represent (v.)	representar (v.)	representar (v.)	представлять (гл.)
L37	réputation (la)	Ruf (der)	reputation	reputación (la)	reputação (a)	репутация
L6	respecter une loi	ein Gesetz achten	to respect a law	cumplir una ley	respeitar uma lei	соблюдать закон
L13	responsable (adj.)	verantwortlich (Adj.)	responsible (adj.)	responsable (adj.)	responsável (adj.)	ответственный (прил.)
L4	retraite (la)	Rente, Pension (die)	retirement	jubilación (la)	reforma (a)	пенсия
L24	retrousser (v.)	umschlagen (V.)	to roll up (v.)	arremangar (v.)	arregaçar (v.)	закатывать (гл.)
L2	révéler que	aufdecken, dass	to reveal that	revelar que	revelar que	показывать, что
L2	revenu (un)	Einkommen (ein)	income	ingreso (un)	rendimento (um)	доход (зарплата)
L36	révolution (la)	Revolution (die)	revolution	revolución (la)	revolução (a)	революция
L40	rivière (une)	Fluss (ein)	river	río (un)	rio (um)	река
L27	robotique (la)	Robotik (die)	robotics	robótica (la)	robótica (a)	робототехника
L37	romantique (adj.)	romantisch (Adj.)	romantic (adj.)	romántico (adj.)	romântico (adj.)	романтический (прил.)
L12	ronfler (v.)	schnarchen (V.)	to snore (v.)	roncar (v.)	roncar (v.)	храпеть (гл.)
L6	rumeur (une)	Gerücht (ein)	rumour	rumor (un)	rumor (um)	слух
L10	rythme (le)	Rhythmus (der)	rhythm	ritmo (el)	ritmo (o)	ритм
L1	s'amuser (v.)	sich amüsieren (V.)	to enjoy oneself (v.)	divertirse (v.)	divertir-se (v.)	развлекаться (гл.)
L13	s'engager (v.)	sich verpflichten (V.)	to commit, to take a stand (v.)	comprometerse (v.)	alistar-se (v.)	брать обязательство (гл.)
L17	s'entendre (v.)	sich verständigen (V.)	to get on (with someone) (v.)	entenderse (v.)	compreender-se (v.)	договариваться (гл.)
L25	s'étendre (v.)	sich erstrecken (V.)	to stretch out (v.)	apagarse (v.)	estender-se (v.)	вытягиваться (гл.)
L8	s'informer (v.)	sich informieren (V.)	to inquire, to find out (v.)	informarse (v.)	informar-se (v.)	осведомляться (гл.)
L14	s'installer (v.)	sich einrichten, niederlassen (V.)	to settle (v.)	instalarse (v.)	instalar-se (v.)	устраиваться (гл.)
L8	s'intéresser à (v.)	sich interessieren für (V.)	to be interested in (v.)	interesarse por (v.)	interessar-se por (v.)	интересоваться (гл.)
L16	s'occuper de (v.)	sich kümmern um (V.)	to take care of (v.)	ocuparse de (v.)	ocupar-se de (v.)	заниматься (гл.)
L23	sable (le)	Sand (der)	sand (noun)	arena (la)	areia (a)	песок
L19	sacré (adj.)	heilig (Adj.)	holy (adj.)	sagrado (adj.)	sagrado (adj.)	священный (прил.)
L2	salarié (un)	Arbeitnehmer (ein)	employee	trabajador (un)	assalariado (um)	наемный работник
L37	sale (adj.)	schmutzig (Adj.)	dirty (adj.)	sucio (adj.)	sujo (adj.)	грязный (прил.)
L4	santé (la)	Gesundheit (die)	health	salud (la)	saúde (a)	здоровье
L1	savoir (v.)	können, wissen (V.)	to know (v.)	saber (v.)	saber (v.)	знать (гл.)
L25	scène (une)	Szene (eine)	scene	escena (una)	cena (uma)	сцена
L34	scepticisme (le)	Skepsis (die)	scepticism	escepticismo (el)	cepticismo (o)	скептицизм
L23	sculpter son corps	seinen Körper in Form bringen	to sculpt one's body	esculpir el cuerpo	moldar o seu corpo	моделировать тело
L23	se baigner (v.)	baden (V.)	to bathe (v.)	bañarse (v.)	tomar banho (v.)	купаться (гл.)
L1	se concentrer (v.)	sich konzentrieren (V.)	to concentrate (v.)	concentrarse (v.)	concentrar-se (v.)	сосредотачиваться (гл.)
L24	se dévêtir (v.)	sich ausziehen (V.)	to undress (v.)	desnudarse (v.)	despir-se (v.)	раздеваться (гл.)
L10	se disperser (v.)	sich zerstreuen (V.)	to disperse (v.)	dispersarse (v.)	dispersar-se (v.)	рассыпаться (гл.)
L16	se marier (v.)	heiraten (V.)	to marry (v.)	casarse (v.)	casar-se (v.)	жениться (гл.)
L37	se parfumer (v.)	sich parfümieren (V.)	to put perfume on	perfumarse (v.)	perfumar-se (v.)	душиться (гл.)
L22	se positionner (v.)	sich platzieren (V.)	to position oneself	posicionarse (v.)	posicionar-se (v.)	позиционироваться (гл.)
L18	se sentir soutenu	sich unterstützt fühlen	to feel supported	sentirse apoyado	sentir-se apoiado	чувствовать себя уверенно
L24	se vêtir (v.)	sich ankleiden (V.)	to get dressed	vestirse (v.)	vestir-se (v.)	одеваться (гл.)

Leçon	Français	Allemand	Anglais	Espagnol	Portugais	Russe
L7	secret professionnel (le)	Berufsgeheimnis (das)	professional secrecy	secreto profesional (el)	segredo profissional (o)	профессиональная тайна
L4	secteur (un)	Sektor (ein)	sector	sector (un)	sector (um)	сектор
L21	séduire (v.)	verführen (V.)	to charm, to seduce (v.)	seducir (v.)	seduzir (v.)	соблазнять (гл.)
L16	semaine (la)	Woche (die)	week	semana (la)	semana (a)	неделя
L11	semi-nomade (adj.)	halbnomadisch (Adj.)	semi-nomadic (adj.)	seminómada (adj.)	semi-nómada (adj.)	полукочевой (прил.)
L37	sentir bon	gut riechen	to smell good	oler bien	cheira bem	чувствовать себя хорошо
L37	sentir mauvais	schlecht riechen	to smell bad	oler mal	cheira mal	чувствовать себя плохо
L17	séparation (une)	Trennung (eine)	separation	separación (una)	separação (uma)	разделение
L27	serein (adj.)	heiter (Adj.)	calm (adj.)	sereno (adj.)	sereno (adj.)	спокойный (прил.)
L4	services (les)	Dienste (die)	services	servicios (los)	serviços (os)	услуги
L24	s'exhiber (v.)	sich zeigen (V.)	to show oneself in public (provocatively)	exhibirse (v.)	exibir-se (v.)	выделяться (гл.)
L15	silencieux (adj.)	still (Adj.)	quiet (adj.)	silencioso (adj.)	silencioso (adj.)	беззвучный (прил.)
L24	s'imposer (v.)	sich durchsetzen (V.)	to be imperative	imponerse (v.)	impor-se (v.)	утверждаться (гл.)
L18	singularité (la)	Originalität, Einzigartigkeit (die)	singularity	singularidad (la)	singularidade (a)	единичность
L11	situer (v.)	sich befinden (V.)	to locate (v.)	situar (v.)	situar (v.)	размещать (гл.)
L22	slogan (un)	Slogan (ein)	slogan	eslogan (un)	slogan (um)	девиз
L13	solidaire (adj.)	solidarisch (Adj.)	supportive, showing solidarity	solidario (adj.)	solidário (adj.)	солидарный (прил.)
L37	sonorité des mots (la)	Klang der Wörter (der)	the way words sound	sonoridad de las palabras (la)	sonoridade das palavras (a)	звучность слов
L22	source (une)	Quelle (eine)	source	fuente (una)	fonte (uma)	источник
L34	spiritualité (la)	Spiritualität (die)	spirituality	espiritualidad (la)	espiritualidade (a)	духовность
L34	spirituel (adj.)	spirituell (Adj.)	spiritual (adj.)	espiritual (adj.)	espiritual (adj.)	духовный (прил.)
L33	spirituel (le)	Spirituelle (das)	that which is spiritual	espiritual (lo)	espiritual (o)	спиритуал
L22	spot publicitaire (un)	Werbespot (ein)	commercial break	anuncio publicitario (un)	spot publicitário (um)	рекламный ролик
L22	station thermale (une)	Thermalkurort (ein)	spa	centro termal (un)	termas (uma)	бальнеологический курорт
L37	stéréotypes (des)	Stereotype (die)	stereotypes	estereotipos (unos)	estereótipos (os)	стереотипы
L25	stéthoscope (le)	Stethoskop (das)	stethoscope	estetoscopio (el)	estetoscópio (o)	стетоскоп
L26	stockage (le)	Lagerung (die)	storage	almacenamiento (el)	armazenamento (o)	хранение
L6	studio (de télévision) (un)	(Fernseh-)Studio (ein)	(television) studio	estudio (de televisión) (un)	estúdio (de televisão) (um)	студия (телевизионная)
L37	supérieur (un)	Vorgesetzter (ein)	line manager	superior (un)	superior (um)	начальник
L31	superstitieux (adj.)	abergläubisch (Adj.)	superstitious (adj.)	supersticioso (adj.)	supersticioso (adj.)	суеверный (прил.)
L31	superstitions (des)	Aberglauben (die)	superstitions	supersticiones (unas)	superstições (as)	суеверия
L4	supplémentaire (adj.)	zusätzlich (Adj.)	additional (adj.)	suplementario (adj.)	suplementar (adj.)	дополнительный (прил.)
L34	synagogue (une)	Synagoge (eine)	synagogue	sinagoga (una)	sinagoga (uma)	синагога
L29	synchronisé (adj.)	synchronisiert, gleichzeitig (Adj.)	synchronised (adj.)	sincronizado (adj.)	sincronizado (adj.)	синхронизированный (прил.)
L30	synthétiser (v.)	zusammenfassen (V.)	to summarise (v.)	sintetizar (v.)	sintetizar (v.)	обобщать (гл.)
L22	taille (la)	Taille (die)	waist	cintura (la)	cintura (a)	рост
L29	température (la)	Temperatur (die)	temperature	temperatura (la)	temperatura (a)	температура
L34	temple (un)	Tempel (ein)	temple	templo (un)	templo (um)	храм
L29	tendance (adj.)	angesagt (Adj.)	fashionable (adj.)	a la última (adj.)	tendência (adj.)	модный
L22	tendance (une)	Trend (ein)	trend (noun)	tendencia (una)	tendência (uma)	тенденция
L20	tendresse (la)	Zärtlichkeit (die)	tenderness	ternura (la)	ternura (a)	нежность
L24	tenue (une)	Kleidung (die)	dress (noun)	atuendo (un)	apresentação (a)	одежда
L11	terre de légende (une)	Land der Legenden (ein)	land of legends	tierra de leyenda (una)	terra de lendas (uma)	легендарная земля
L35	terrible (adj.)	schrecklich (Adj.)	terrible (adj.)	terrible (adj.)	terrível (adj.)	ужасный (прил.)
L4	tertiaire (le)	Dienstleistungssektor (der)	tertiary sector	terciario (el)	terciário (o)	третичный

189

Lexique

Leçon	Français	Allemand	Anglais	Espagnol	Portugais	Russe
L22	thermalisme (le)	Thermalbad (das)	spa treatments	termalismo (el)	termalismo (o)	бальнеология
L28	thermostat (le)	Thermostat (der)	thermostat	termostato (el)	termóstato (o)	термостат
L26	tige (une)	Stiel (ein)	stem (noun)	tallo (un)	caule (o)	стержень
L25	tirer (v.)	ziehen (V.)	to pull (v.)	tirar (v.)	puxar (v.)	тянуть (гл.)
L2	titulaire (de) (adj.)	diplomiert (in) (Adj.)	holder (of) (adj.)	titular (de) (adj.)	titular (de) (adj.)	дипломированный (прил.)
L25	toucher (v.)	berühren (V.)	to touch (v.)	tocar (v.)	tocar (v.)	касаться (гл.)
L13	touristes (les)	Touristen (die)	tourists	turistas (los)	turistas (os)	туристы
L11	tradition (une)	Tradition (eine)	tradition	tradición (una)	tradição (uma)	традиция
L31	trahison (la)	Verrat (der)	treachery	traición (la)	traição (a)	предательство
L27	tranquillité (la)	Ruhe (die)	tranquillity	tranquilidad (la)	tranquilidade (a)	спокойствие
L4	transports (les)	Verkehr, Transport (der)	transport (noun)	transportes (los)	transportes (os)	транспорт
L1	travailler (v.)	arbeiten (V.)	to work (v.)	trabajar (v.)	trabalhar (v.)	работать (гл.)
L14	traverser (un pays) (v.)	durchqueren (ein Land) (V.)	to cross (a country) (v.)	atravesar (un país) (v.)	atravessar (um país) (v.)	пересекать (страну) (гл.)
L10	trembler (v.)	zittern (V.)	to tremble (v.)	temblar (v.)	tremer (v.)	дрожать (гл.)
L6	tribune (une)	Tribüne (eine)	forum	tribuna (una)	tribuna (uma)	трибуна
L32	trinquer (v.)	anstoßen (V.)	to clink glasses, to drink to something	brindar (v.)	brindar (v.)	чокаться (гл.)
L16	Tu vois ?	Siehst du? Verstehst du?	Do you see?	¿Ves?	Vês?	Понимаешь?
L32	tuer (v.)	töten (V.)	to kill (v.)	matar (v.)	matar (v.)	убивать (гл.)
L24	une-pièce (un)	Einteiler (ein)	one-piece swimsuit	bañador (un)	fato de banho (um)	слитный купальник
L26	utilisateurs (des)	Nutzer (die)	users	usuarios (unos)	utilizadores (os)	пользователи
L13	vacances (les)	Ferien (die)	holidays	vacaciones (las)	férias (as)	отпуск
L19	valeur (une)	Wert (ein)	value (noun)	valor (un)	valor (um)	ценность
L33	valeurs (les)	Werte (die)	values	valores (los)	valores (os)	ценности
L2	valorisé (adj.)	geschätzt (Adj.)	valued (adj.)	valorizado (adj.)	valorizado (adj.)	оцененный (прил.)
L35	vampire (un)	Vampir (ein)	vampire	vampiro (un)	vampiro (um)	вампир
L4	vaste (adj.)	weit (Adj.)	vast (adj.)	amplio (adj.)	vasto (adj.)	огромный (прил.)
L4	vente (la)	Verkauf (der)	sale, selling (noun)	venta (la)	venda (a)	продажа
L25	ventre (le)	Bauch (der)	belly	vientre (el)	ventre (o)	живот
L21	vie (la)	Leben (das)	life	vida (la)	vida (a)	жизнь
L18	vie en communauté (la)	Gemeinschaftsleben (das)	life in a community	vida en comunidad (la)	vida em comunidade (a)	жизнь в обществе
L40	village (un)	Dorf (ein)	village	pueblo (un)	aldeia (uma)	деревня
L6	violer un principe	ein Prinzip verletzen	to violate a principle	violar un principio	violar um princípio	нарушать принцип
L27	virtuel (adj.)	virtuell (Adj.)	virtual (adj.)	virtual (adj.)	virtual (adj.)	виртуальный (прил.)
L13	visiter (v.)	besuchen (V.)	to visit (v.)	visitar (v.)	visitar (v.)	посещать (гл.)
L21	vitalité (la)	Vitalität (die)	vitality	vitalidad (la)	vitalidade (a)	жизнеспособность
L21	vitamine (une)	Vitamin (ein)	vitamin	vitamina (una)	vitamina (uma)	витамин
L21	vivre (v.)	leben (V.)	to live (v.)	vivir (v.)	viver (v.)	жить (гл.)
L11	vivre au rythme de	zum Rhythmus von etwas leben	to live in tune with	vivir al ritmo de	viver ao ritmo de	жить в ритме
L18	vivre en colocation / en coloc	in einer Wohngemeinschaft/ WG leben	to live in a house-share	compartir piso	viver em co-arrendamento	снимать квартиру вместе
L10	voie (une)	Weg (ein)	way	vía (una)	via (uma)	путь
L13	voyager (v.)	reisen (V.)	to travel (v.)	viajar (v.)	viajar (v.)	путешествовать (гл.)
L11	voyageurs (les)	Reisende (die)	travellers	viajeros (los)	viajantes (os)	путешественники
L13	voyagistes (les)	Reiseveranstalter (die)	tour operators	operadores turísticos (los)	operadores turísticos (os)	туроператор